Jean-Marc Généreux

DANSE AVEC L'ESPOIR

Avec la collaboration de Gilbert Jouin

Michel LAFON

118, avenue Achille-Peretti – CS 70024
92521 Neuilly-sur-Seine Cedex

www.michel-lafon.com

À mon fils,
à ma fille, et à mes deux « France »,
celle que j'aime et celle qui a appris
à m'aimer.

– 1 –

PRUDENCE AVEC LES STARS !

12 février 2011. 20 h 55.

La Plaine-Saint-Denis, en proche banlieue parisienne, dans un des plus gros studios de télévision de France…

Mais qu'est-ce que je fais là ? Qu'est-ce que je fais là ?

Depuis un petit moment, cette question lancinante tourne en boucle dans ma tête. Je suis dans une sorte d'état second, partagé entre inquiétude et excitation. À ma droite se tient une partenaire qui est trop grande pour moi, la belle et sculpturale Alessandra Martines, et à ma gauche, j'ai un gars plein d'énergie mais qui pour moi a trop de cheveux ! C'est « Monsieur la Banane », Chris Marques… Nous sommes tous les trois debout dans la pénombre, entre deux rangées de gradins du studio 217. Autour de nous, on entend et l'on voit s'affairer une armée de techniciens. Nous sommes au sein d'une fourmilière géante. Pendant ce temps-là, je pense à ma femme et à mes enfants. Mais surtout à ma femme. Nous n'avons jamais été séparés. Quand j'étais sur

So You Think You Can Dance en Californie, France m'accompagnait. Et quand l'émission était enregistrée au Canada, elle était à cinquante minutes d'avion, ou six heures de voiture. Là, pour la rejoindre, il me faudrait à peu près vingt-quatre jours à la nage. Je suis vraiment seul. J'aimerais que France soit là pour me tenir la main… J'ai aussi une pensée pour tous les Québécois qui rêveraient de se trouver dans mes souliers. Mais ils ne peuvent même pas m'envier car, dans mon pays natal, paradoxalement, personne n'est au courant de ce qui m'arrive. C'est fou, non ?

Dans l'obscurité, on entend soudain s'égrener le compte à rebours : 8… 7… 6… 5… 4… 3… Sur l'écran de contrôle placé à côté de nous, on voit défiler le début du générique : TF1, BBC Worldwide France, TF1 Production et *Danse avec les stars*… Puis la voix chaude et grave, tellement identifiable, de Richard Darbois annonce :

– Savez-vous danser le jive, le quickstep, le cha-cha, le foxtrot ? Êtes-vous prêts à oser les chorégraphies les plus folles ? Pouvez-vous allier grâce, souplesse et sensualité ? Huit personnalités de la mode, de la chanson, du cinéma, du sport et de l'humour se retrouvent au bras des plus grands danseurs professionnels. Ensemble, ils s'affrontent en direct sous le regard intransigeant de trois juges. À l'issue de la compétition, un seul couple de danseurs sera sacré champion.

À ce moment apparaissent à l'image Jean-Marie Bigard, Sofia Essaïdi, David Ginola, Adriana Karembeu,

André Manoukian, Marthe Mercadier, Rossy de Palma et M. Pokora.

Il y a là huit célébrités que je connais à peine, à part quelques renseignements dans le dossier qu'on m'a confié avant l'émission et quelques autres récoltés sur le Net. Jean-Marie Bigard, qui a rempli le Stade de France, est celui dont j'ai le plus entendu parler, surtout en raison de sa présence au festival « Juste pour rire » qui a lieu chaque année en juillet à Montréal… Le nom de Marthe Mercadier m'est un peu familier. Je sais qu'elle est actrice. Pour ce qui concerne les six autres candidats, c'est plus flou encore. Même David Ginola, je ne connais guère ses prouesses. Je me passionne pour les sports nord-américains comme le hockey, le base-ball ou le football américain, mais le foot ne fait pas partie de ma culture… Ce n'est pas évident pour moi de juger des personnes célèbres, certes, mais dont la personnalité, le tempérament m'échappent. Une courte « bio » ne suffit pas au ressenti. *Danse avec les stars* est une émission qui possède un format un peu spécial. Elle rassemble en effet des célébrités issues d'univers différents. Il y a des comédiens, des humoristes, des sportifs, des chanteurs, des mannequins… C'est une sorte de vitrine de ce qui est le plus représentatif et le plus populaire en France. Il y en a pour tous les goûts, ce qui est très incitatif pour réunir le plus grand nombre de téléspectateurs curieux de voir ces célébrités se mettre en danger. La danse, mine de rien, fait toujours un petit peu peur… L'appréhension est palpable.

En revanche, ce qui me saute immédiatement aux yeux, c'est la qualité de l'image. Je constate que les plus gros moyens ont été réunis par TF1 pour réaliser un spectacle magnifique. Et la question me taraude à nouveau de façon obsédante, « Pourquoi moi ? Est-ce que je vais être à la hauteur de l'ambition des producteurs ? » Je suis un parfait inconnu, ici. Dans le domaine de la danse sportive, je bénéficie certes d'une réelle reconnaissance : avec ma femme, France Mousseau, nous avons « compétitionné » sur tous les continents et nous sommes renommés dans ce monde-là, mais il n'est pas forcément connu du grand public… Je ressasse tout ça dans ma tête. Je ne sais pas comment je vais être perçu. Deux personnes en moi se disputent. L'une me dit de foncer, que si on m'a appelé, c'est que j'ai une certaine légitimité, et la seconde me souffle de ne pas trop me lâcher pour ne pas décontenancer les gens. Et puis je me demande surtout si l'on va me comprendre…

À peine Richard Darbois a-t-il terminé en voix off la présentation de l'émission que David Dahan, le chef d'orchestre de *Danse avec les stars*, abaisse sa baguette. La musique explose. Elle emplit tout l'espace du studio 217. Des faisceaux lumineux embrasent le plateau en virevoltant. C'est un croisement entre *La Guerre des étoiles* et le glamour des grandes émissions américaines. Il y a du show, on est à Hollywood !

Le public est gonflé à bloc. Les gens applaudissent et hurlent à tout rompre. Je me demande si on ne les a pas dopés au Red Bull juste avant l'émission tant leur enthousiasme est débordant. Ça crie tellement que je redoute qu'ils ne fassent péter le presto[1]. Quand il se dégage une telle énergie, on sait qu'on est en direct. C'est tellement bruyant autour de moi que je ne m'entends pas respirer, que je n'entends même pas mes genoux claquer. J'ai la sensation de me trouver à la finale de la coupe Stanley de hockey et qu'un but de Guy Lafleur vient de donner la victoire aux Canadiens de Montréal.

On distingue à peine les premiers commentaires de Sandrine Quétier et Vincent Cerutti. Malgré cette ambiance de folie, je suis tout de suite impressionné par le professionnalisme de ces deux animateurs. Si bien que, de nouveau, je me remets en question. Ils sont tellement à l'aise, leur diction et leur accent sont si parfaits. Je suis en admiration. Si, à cette époque, j'avais connu cette expression, j'aurais pu déclarer « je les kiffe grave » ! Avec eux, la barre est très haut. Serai-je capable de relever le défi ? À ce moment précis, je n'ai qu'une envie, appeler le 911, le numéro des urgences au Québec. Je suis à deux doigts d'un arrêt cardiaque. Mais il est inutile d'essayer de défibriller mon cœur, il est déjà parti aux îles Mouk-Mouk[2].

---

1. Péter le presto : faire exploser la Cocotte-Minute.

2. Expression populaire québécoise signifiant partir loin, très, très loin.

Nous sommes toujours dans le noir. Tout cela fait partie d'une dramaturgie remarquablement orchestrée par Fred Pedraza, qui produit le concept avec Jean-Louis Blot, et Déborah Nahon. Leur but est de faire monter la pression.

La lumière bascule. Le moment est venu pour les « stars » de faire leur entrée. Leur présentation a été enregistrée, maintenant elles apparaissent enfin physiquement en haut des escaliers, chacune au bras de son partenaire. C'est la première fois que je les découvre et je les étudie attentivement. Jean-Marie Bigard, humoriste, avec Fauve Hautot. M. Pokora, chanteur de R'n'B, avec Katrina Patchett… Quel couple ! M. Pokora, le beau gosse, est un croisement entre James Dean et Bradley Cooper et Katrina a tout d'une vedette hollywoodienne… Marthe Mercadier, comédienne, et Grégoire Lyonnet. Quel contraste, on dirait mamie avec son arrière-petit-fils ! Adriana Karembeu, célèbre top-modèle devenue comédienne et animatrice télé, avec Julien Brugel. David Ginola, international de football, avec Silvia Notargiacomo ; André Manoukian, pianiste, auteur-compositeur, comédien et animateur dans l'audiovisuel, avec Candice Pascal. Sofia Essaïdi, chanteuse et comédienne, avec Maxime Dereymez… Je la remarque tout de suite, Sofia. Elle n'attend même pas de se retrouver sur la piste, elle négocie la descente des marches en dansant, ondulant des hanches. Je me dis « Oh là là chihuahua ! Elle, elle n'est pas venue pour faire de la figuration »… Et enfin, fermant la marche, se présentent Rossy de Palma et Christophe Licata… On voit que Rossy est une actrice. Elle capte toute la lumière. Avec sa coupe à la Louise Brooks, façon Catherine Zeta Jones dans *Chicago*, elle est magnifique.

Pour moi, c'est un casting de folie, que j'étudie encore en spectateur. J'appréhende l'instant où il va falloir que je me métamorphose en juge et en acteur.

Et ce moment crucial arrive ! La lumière éclaire un desk derrière lequel se trouvent trois sièges vides. Vincent Cerutti s'adresse directement aux téléspectateurs :

– Nos stars ont suivi un entraînement intensif pour une prestation d'une minute trente chacune. Pour revenir la semaine prochaine, elles doivent vous séduire, mais pas seulement…

Sandrine Quétier enchaîne :

– Eh oui, parce que vous allez être notés par trois juges aux exigences aussi hautes que les talons de nos danseuses, c'est dire !

Vincent reprend :

– On a discuté avec eux tout à l'heure avant le début de l'émission, ils ont un regard très incisif… Alors, qui sont ces experts qui vont faire irruption dans vos salons ?

Et Sandrine de conclure par un vibrant :

– Vous ne verrez plus jamais la danse comme avant ! Regardez…

Et c'est là qu'on envoie le magnéto concernant les juges, magnéto que nous avons tourné au préalable. J'y ai prononcé un million deux cent mille conneries, et je ne sais pas laquelle on a gardé. Si le réalisateur a sélectionné une ânerie, ce sera de façon immuable la première impression que les gens auront de moi...

C'est parti ! Et en fanfare !

La musique qui nous annonce est martiale. On dirait celle d'un péplum. Ça décoiffe !

Le premier à se présenter, c'est Chris Marques. Il explique un peu son parcours. Il est né en France, en Alsace, il a fait ses classes en danse sportive avant de se spécialiser dans la danse latine.

– Avant d'être chorégraphe et metteur en scène, j'ai été trois fois champion du monde de salsa. Je vais être un juge absolument intransigeant.

Chris annonce clairement la couleur. Je trouve qu'il commence fort. Je ne me situe pas au même niveau. Mon approche, c'est de l'exigence dans de la compassion. Ma devise, c'est « *Passion and love... Always* », « Passion et amour... Toujours ». Quand j'envoie une lettre à quelqu'un, je termine régulièrement par cette formule.

Puis c'est au tour d'Alessandra Martines. Elle, elle est déjà connue. C'est une ancienne grande ballerine de l'Opéra de Paris devenue actrice, elle a été mariée à monsieur Claude Lelouch.

– J'ai été danseuse étoile et aujourd'hui je suis comédienne. Je serai très attentive. Je crois à la musicalité et à la sensibilité. C'est surtout ça qui va influencer ma note.

Et, enfin, on en arrive à moi.

Après un court préambule, « Je suis Jean-Marc Généreux », je trouve drôle de claironner : « Vous ne l'avez peut-être pas remarqué, mais je suis canadien ! »

C'était une vanne. Elle n'est pas loin d'être pourrie. Ça s'entend assez bien que je suis canadien, et je n'avais certainement pas besoin de le préciser. Mais surtout, je ne sais pas comment je « sonne ». J'ai essayé de bien articuler pour savonner le moins possible. Et je continue :

– Professionnel, j'ai gagné une centaine de compétitions dont le Blackpool Dance, qui est la compétition la plus prestigieuse au monde. Je juge les grandes réunions internationales…

Et, tel Monsieur Loyal, je lance la phrase fatidique :

– Que le spectacle commence !

Là, comme par magie, notre trio apparaît pour la première fois sur l'écran. Nous sommes installés derrière le desk. Je trône au milieu, Alessandra est à ma droite, Chris à ma gauche.

Pour l'occasion, je me suis offert le petit plaisir d'un nouveau look. J'ai demandé à Fabien, le coiffeur, de me composer une coiffure aérée, aérienne. Il n'avait certes pas beaucoup de matière à travailler. Toujours est-il que j'ai fini avec une tarentule sur la tête ! Ce serait à refaire, ce n'est pas ce genre de coupe que je choisirais… J'ai également opté pour le port de lentilles à la place de mes lunettes. Mais j'ai bien vite constaté que j'avais du mal à m'adapter quand je passais de la lecture de mes notes à la vision de loin.

Ce n'est pourtant pas la première fois que je suis associé à un grand projet sur une grande chaîne puisque j'ai été juge en chef de l'émission *So You*

Think You Can Dance diffusée aux États-Unis sur la Fox, ainsi que dans sa version canadienne. En revanche, c'est quand même la toute première fois que je m'aperçois sur un écran de télévision français. Je ressens un mélange de fierté et d'émotion… Il y a toutefois une différence importante entre le concept américano-canadien et le français. Outre-Atlantique, on jugeait des danseurs de talent mais qui étaient des anonymes pour le grand public, comme dans les émissions de télé-crochet où les candidats sont des inconnus. Ici, au contraire, les concurrents sont tous des célébrités… Elles prennent de gros risques par rapport à leur image. Notre responsabilité de juges en est accrue. Il nous faut montrer plus d'indulgence tout en restant honnêtes et critiques quant au niveau de leurs prestations.

Nous voici donc en place. Désormais la machine est lancée, on ne peut plus rien arrêter. Vincent Cerutti en précise alors la mécanique. Non seulement nous, les juges, nous allons donner des notes aux concurrents, mais les téléspectateurs chez eux ont aussi le droit de voter. Je suis habitué à ce concept-là. Je sais qu'il apporte son lot de surprises, voire de grosses surprises. Il n'est pas rare que les gens ne soient pas d'accord avec l'avis des juges.

Et la compétition commence…

*

*   *

Le premier couple à s'élancer sur la piste est celui de Jean-Marie Bigard et Fauve Hautot. Je me mets immédiatement la pression. Je me prépare à prendre des notes et je sais surtout que je n'ai qu'une minute et demie pour emmagasiner des formules judicieuses à exprimer. Il faut que je sois capable de mettre des munitions dans mon fusil pour pouvoir tirer. Je suis toujours écartelé entre mon statut de juge et mes réactions de spectateur émerveillé devant la qualité esthétique des images. J'essaie sans arrêt de me reconditionner dans mon rôle. Je ne peux pas être dans la télé et la regarder en même temps. Cette dichotomie me perturbe un peu.

La prestation de Jean-Marie Bigard est très honnête, même si ç'aurait pu être plus souple au niveau des jambes ou des pieds. Je découvre un homme charmant, très élégant dans son costume à la James Bond, en complet décalage avec son personnage de comique. Il est totalement investi. Je salue intérieurement le travail de Fauve. Le concours est parti sous les meilleurs auspices.

Au moment de donner les notes, je réalise seulement la proximité qu'il y a entre une partie du public et notre desk. On a placé des gens, en majorité des jeunes femmes, debout à un mètre derrière nous ! Je sens la chaleur de leur souffle dans mon dos. Mais le pire, c'est que leur voix est à la hauteur de nos oreilles.

Je suis celui qui a la responsabilité du premier commentaire. J'aurais vraiment préféré passer en troisième position… Je félicite le couple pour sa performance, en faisant des pauses tous les trois mots pour bien m'exprimer en français, mais j'ai à peine terminé ma première phrase que Vincent Cerutti, pensant que j'en ai fini, s'adresse à Alessandra Martines. Alors que je n'ai pas encore évoqué les aspects techniques ! Je me suis laissé dépasser par l'énergie du plateau. Peu fier de moi, je suis déjà en train de m'auto-flageller. Je n'ai pas pu exprimer tout ce que j'avais de pertinent à dire.

Au base-ball, on dit « une balle, une prise » quand, avec la batte, on « swingue dans le beurre ». En clair, quand on frappe dans le vide. C'est ça qu'on appelle « une prise ». À la troisième « prise » on est out. Dans mon esprit, j'en ai déjà une au compteur. Je suis persuadé que le public français se demande ce que je fais là. Entre ma coiffure ridicule et mes premiers propos incohérents, je n'en mène pas large. Je me sens tout petit dans mes shorts.

Lorsque j'entends les commentaires des autres juges, je trouve que pour eux, ça coule tout seul. Ils sont parfaits. Le train va trop vite pour moi. Il a démarré de la gare, j'ai un pied dedans, l'autre à l'extérieur et mes valises sont restées sur le quai… Et ma France qui n'est pas là ! Si elle était là, je crois qu'elle me foutrait des baffes… Vient le moment où il faut qu'on lève la plaque sur laquelle figure la note qu'on a attribuée. J'ai dû la vérifier dix-huit fois avant de la brandir. Coup de chance, Alessandra Martines met la même note que moi, un 6. Je ne me fais donc pas remarquer.

*

*   *

C'est le moment où « Monsieur R'n'B », M. Pokora, fait son entrée. Il dégage un charisme de folie. Il n'en fait jamais trop. Il paraît que dans les coulisses il est calme, concentré comme un joueur de foot qui va disputer un « classico ». Mais dès qu'il le faut, il part au quart de tour. Là, il annonce que la seule personne qu'il veut remplir de fierté, c'est sa grand-mère. C'est pour elle qu'il va danser. Il est le plus jeune de tous les concurrents, et on lui a affecté la danse la plus ancienne, un quickstep… Attention les filles, il va y avoir de l'émotion dans les chaumières. Il est beau comme un cœur avec sa chemise blanche, son nœud pap' et ses bretelles. Il a l'audace de partir d'une position fermée, il saute sur le parquet, et il s'envole comme une fusée. Il prend le plateau d'assaut. Il y a de la qualité, de l'humour, de l'énergie. C'est magnifique.

Cette fois, je sais que je n'ai plus droit à l'erreur. Pas question de me prendre une seconde « prise ». Je pars dans un délire où il est question de dinosaure, de préhistoire de la danse, de hip-hop, de breakdance, d'opération à cœur ouvert… Et je termine avec cette suggestion :

– Il va falloir que tu changes les paroles de tes chansons parce que là, c'est toi qui es *dangerous* !

Ce dernier mot, que je chante en le prononçant, ne m'est pas venu par hasard. Je me suis retourné préalablement vers les jeunes filles debout derrière moi et je leur ai demandé quels tubes de M. Pokora elles préféraient. J'ai surtout retenu *Dangerous* et *MP3*…

Là, je pense que j'ai bien frappé la balle. Ce n'est pas le coup du siècle, mais il est honorable. J'ai évité la deuxième « prise ».

De toute façon, je n'ai pas le temps de trop gamberger car Vincent Cerutti annonce un magnéto dont je suis le héros, *Le Tour du monde des danses avec Jean-Marc Généreux*, dans lequel je présente certaines danses sur un mode humoristique. Je l'avais complètement oublié, celui-là ! J'appréhende ce petit film dont le tournage m'a donné tant de misères. Mais je trouve le résultat plutôt probant. Je félicite secrètement son réalisateur, Volodia[1], d'avoir pu en tirer quelque chose de bien car, de toute évidence, je ne parle pas la même langue que les gens sur ce territoire…

*

*   *

Les troisièmes candidats à concourir sont Marthe Mercadier et Grégoire Lyonnet. Je ressens énormément de respect pour cette jeune femme de quatre-vingt-deux ans. À l'issue de sa prestation, je la félicite de « se lancer encore des défis » et je conclus par :

– Vous donnez de l'espoir à ceux qui n'osent plus.

---

1. Voir p. 60 (chapitre 4).

Je viens de me rendre compte qu'il ne sert à rien de prendre des notes et des notes ; ça donne un ton un peu mécanique qui manque de spontanéité. Il suffit de parler avec le cœur.

*

*   *

Quand vient le moment de juger Adriana Karembeu, j'essaie de faire l'intéressant.

– Je ne suis pas encore immunisé contre ces jambes, ces hanches et ces... yeux... Une performance et une mise en scène intelligentes, une femme convaincante avec un cavalier, Julien, impeccable... Top-modèle, elle est nickel – j'ai appris ce mot cet après-midi...

Puis je termine par mon appréciation technique :

– Le cha-cha, c'est du latino, ça prend les percussions, ça prend le rythme. Mais ce n'était pas là !

À ce moment, un incroyable tollé éclate dans mon dos. J'ai l'impression que les gens sont carrément nichés dans ma veste. Je suis lapidé en place publique. Je ne suis pas habitué à me faire huer. Je ne le vis pas nécessairement bien. Alors, j'essaie de m'expliquer. Je ne m'entends pas. Je n'ai pas d'oreillette, donc pas de retour son. J'y vais avec toute mon énergie. Plus je m'emporte et plus les gens hurlent. C'est l'escalade. À moi tout seul, je suis en train d'ériger la tour de Babel ! Je continue à m'adresser à Adriana :

– Vous devez marteler le plancher !

Je tente de développer, mais ma voix est couverte par les huées. Et même Chris Marques se met de la partie. Il se tourne vers moi, met ses mains en porte-voix et me crie « Hou hou ! » dans les oreilles.

Ce n'est pas méchant de sa part, c'est simplement pour me taquiner. Je sais que je peux et que je pourrai toujours compter sur Chris, mais quand même…

Je profite d'un court moment d'accalmie pour essayer de me rattraper.

– Il n'y a pas que le rythme, il y a aussi la sensualité, et là, elle est brûlante… Il faut que je compose le 18, le 18. Allez, les pompiers. Elle est brûlante !!! Chris, sauve-moi, sauve-moi !

Avec un grand sourire, il me lâche :

– Impossible de te sauver…

Pendant ce temps-là, Vincent Cerutti essaie de rétablir le contact avec moi en poussant des « Jean-Marc » véhéments. Je suis en train de vivre un grand moment de solitude… Derrière ce sourire de façade que j'affiche pour la caméra, je ris jaune.

*

*   *

Je suis encore un peu secoué lorsqu'il me faut intervenir sur le cinquième debrief, qui concerne David Ginola. Il s'est éclaté. Visiblement il a pris son pied. Certes, il y a quelques petits problèmes de rythme mais, pour moi, il a réussi un tir cadré. Encore une fois, Vincent Cerutti s'adresse à moi en premier. Et j'attaque.

– David, tu as la pêche ! Il a de l'énergie, ce gars ! Mais oui. Il est habitué à marquer des points avec ses pieds…

Je n'ai pas le temps de poursuivre que Vincent m'apostrophe :

– Jean-Marc, pourquoi vous hurlez tout le temps comme ça ?

Comme je viens de me prendre un concert de huées avec Adriana, j'ai décidé de partir avec un niveau assez haut en décibels pour que personne n'essaie de couvrir ma voix. Je veux juste pouvoir finir mon propos. Je me suis donc autorisé une octave supplémentaire… Quand Vincent m'interpelle, je lui rétorque : « Je ne sais pas pourquoi. Je sais pas… Je vais essayer de ne pas hurler. » Vincent s'excuse d'être ainsi intervenu : « Pardon, pardon », et je ne sais que répondre « merci ». Ce que je ne peux pas savoir, c'est que la Troisième Guerre mondiale vient d'éclater dans son oreillette, que tous les techniciens dans le car régie ont perdu patience : « Pourquoi il gueule toujours comme ça ? On l'entend ! »

En raison de la proximité de gens en furie derrière moi, j'ai l'impression d'être dans un stade. Ils ont été chauffés à blanc lors du précédent debrief et j'ai peur d'être décapité. Quand Vincent Cerutti m'a posé cette question, ç'a été la honte. Lorsque le présentateur de l'émission te fait une telle remarque devant cinq millions de téléspectateurs, déjà que tu te sens fébrile et insécure, tu te prends une flèche en plein cœur. Je n'ai plus le goût de rire, de faire des blagues. À partir de ce moment-là, je me replie un peu sur moi-même.

Heureusement, j'ai gardé des réflexes de danseur professionnel : même si tu as manqué le pas numéro 3, tu sais qu'il faut que tu ailles jusqu'au pas numéro 12. On n'a pas le choix. *The show must go on*… J'ai attendu que Chris en termine avec son analyse pour essayer de reprendre la main avec finesse.

– Nous, on n'a pas de carton jaune ni de carton rouge. On a juste des petites plaquettes numérotées de 1 à 10. Mais elles sont aussi dévastatrices.

Malgré tout, je sens que je peux colorer, imager mes propos, mais je ne sais pas si j'atteins mes cibles ou non. Avec mon accent, ma vitalité, mon rythme et mes expressions, je me demande si je ne perturbe pas le public. J'ai tellement de respect pour la langue française et pour les Français que j'essaie de m'appliquer. J'écoute tout le monde autour de moi, les présentateurs, les juges, les célébrités, et je trouve que leur diction est complètement différente de la mienne. Il faut que j'accepte cette différence. À cet instant, je me dis que j'aurais aimé être né en France… Mais je ne veux pas renier mes origines.

Quand j'ai signé pour participer à ce show, j'ai pensé : « Cool baby, six semaines à Paris, c'est l'Eldorado. » Moi qui rêvais de colonies de vacances, je me retrouve aux travaux forcés.

*

* *

Même si je ne le montre pas, c'est un juge extrêmement stressé qui doit noter André Manoukian. Je ne le connais pas du tout, je découvre un homme charmant, cultivé. Pour moi, c'est un vrai gentil. Il connaît ses limites, il veut juste bien faire pour Candice Pascal, sa partenaire. Hélas, il joue de malchance car il a été victime d'un lumbago dès le deuxième jour des répétitions. Il a surmonté sa souffrance pour aller au bout de l'épreuve. Lorsque je m'adresse à lui, vu ce qui s'est passé avant, j'essaie d'être plus sobre, de me recentrer uniquement sur le côté technique, alors qu'avec lui j'aurais aimé sortir des choses plus poétiques. Je parle des positions des pieds, du jeu des articulations, de centre de gravité et je conclus par un définitif :

– C'était très bon, mais je n'ai pas vu de cha-cha.

Et, de nouveau, les huées montent des travées. Pourtant, je suis resté neutre, très carré ; à la limite, j'aurais pu lui envoyer mon appréciation par texto. Je n'ai pas encore récupéré mon aplomb.

La coupure publicitaire intervient pour moi au bon moment. Vu l'état de mon moral, elle revêt plus d'importance que les précédentes. Je remarque que personne ne vient me voir. Je suis complètement dans le doute. La direction de TF1, les producteurs, Gérard Louvin se trouvent à quelques mètres. Ils se sont rassemblés sur le plateau pour discuter. Tout ce beau monde m'ignore. J'aurais tellement aimé à ce moment-là être rassuré, encouragé. Même si nous sommes une équipe de trois avec Alessandra et Chris et que je sais pouvoir compter sur la gentillesse de mes partenaires, je me sens un peu seul dans mon délire. Ils ont sans doute leurs propres questionnements, ils n'ont pas de conseils à me donner… Pour ne pas continuer à me morfondre, j'ai comme une impulsion. Je me lève et je vais parler avec le public. Et là, je reçois de la part d'une demi-douzaine de jeunes femmes une formidable bouffée de confiance. Elles rechargent ma batterie, remplissent mon réservoir de bonheur. Leur accueil et leurs sourires me font vraiment chaud au cœur. Le courant est passé. C'était d'autant plus sincère qu'elles ne me connaissaient pas du tout. Les vrais juges, c'est le public. Il n'a pas d'a priori. Il est surtout sans arrière-pensée commerciale… Grâce à lui, mine de rien, je me sens validé dans mon rôle. Le livre ouvert que je suis a trouvé ses lecteurs…

À la fin de la pause, Fred Pedraza traverse le plateau pour regagner sa place et, en passant à côté de moi, il me glisse en hochant la tête : « Tout va bien, continue ! » Je me tourne vers les gens derrière moi pour m'offrir une dernière dose de réconfort. Je suis de nouveau blindé pour me concentrer sur la performance que j'attends le plus depuis l'après-midi : celle de Sofia Essaïdi.

*
* *

Pour moi, Sofia Essaïdi est une des favorites de l'épreuve. Elle a des capacités. Elle a fait la *Star Academy*, elle a été Cléopâtre, elle sait bouger.

Mais on a appris qu'elle s'était blessée. Au cours de ma carrière, je n'ai pas souvent eu de blessures. Cependant, lors d'une croisière à bord d'un bateau où nous devions faire une démonstration France et moi, j'avais joué au foot sur le pont supérieur, j'avais glissé et j'avais heurté un poteau de plein fouet. C'est une de mes côtes qui avait absorbé le choc. J'avais si mal que j'ai été incapable de performer. Je ne pouvais pas respirer. Je n'avais rien de cassé ni même de fêlé, je ne souffrais que d'une contusion des cartilages…

Dans le magnéto des répétitions présenté au public avant la performance, on voit Sofia chuter lourdement sur Maxime Dereymez suite à un porté. Le verdict du médecin tombe : « contusion des cartilages entraînant une douleur pendant deux à trois semaines ». Je sais donc, pour l'avoir vécu, qu'il est impossible de danser avec un tel handicap. Sofia a bien eu trois-quatre jours pour récupérer, mais ce n'est pas suffisant. D'autant que pour danser le quickstep, il faut écarter les bras et ouvrir la cage thoracique. Pour elle, ce sera le martyre. Elle doit tout contrôler, son souffle comme ses gestes…

Je regarde au-dessus de moi et j'aperçois Sofia accrochée à une balançoire à sept mètres du sol. C'est de la folie. Elle est habillée en matelot, un matelot très sexy, et Maxime en marin. Elle descend des cintres, rejoint son partenaire, et commence à danser. Je n'y crois pas, je me dis qu'on a fait appel à une doublure. Elle a la niaque, elle fait flèche de tout bois. Sa prestation est carrée, fluide, elle est d'une légèreté incroyable. Impeccable. On dirait Fred Astaire et Ginger Rogers. Alors qu'elle doit avoir très mal, elle affiche en permanence un grand sourire et ses yeux brillent. On a judicieusement supprimé de la chorégraphie le porté « meurtrier ».

Elle termine avec un kick qui fait tomber Maxime et elle finit seule à la barre. Et là, tout en conservant une vraie prestance, elle ne peut s'empêcher d'éclater en sanglots. Elle garde la posture mais elle craque. Elle est acclamée par tous les autres concurrents et ovationnée par le public. Pour moi, cette demoiselle n'aurait jamais dû se trouver là. C'est ce dépassement de soi que je tiens à souligner en lui déclarant :

– À cœur vaillant, rien d'impossible. Tu es un exemple pour tous les gens qui sont ici. Si on veut, on peut !

Nous, les juges, on n'a pas le droit de céder aux émotions et de laisser parler notre cœur. Mais j'aurais vraiment voulu serrer Sofia dans mes bras – en faisant attention à ses côtes – et la féliciter et pour son courage et pour la qualité de sa démonstration.

*

*   *

La dernière candidate à concourir est Rossy de Palma. Elle, elle déchire tout ! On dirait une panthère noire affamée qui surgit à la recherche de sa proie. Elle accomplit un étrange mélange de pas très bien réussis et de moments un peu sur-joués. Elle a un regard de tueuse. C'est un croisement entre Mireille Mathieu pour la coupe de cheveux et Cruella pour la noirceur de son personnage…

Dans mon commentaire, je souligne son intensité, la dramaturgie de son jeu et je dénonce son « côté obscur ». Elle réagit aussitôt très vivement en m'expliquant qu'elle a interprété une femme essayant d'échapper à la mort. C'est la comédienne qui s'exprime. Avec elle, il faut faire attention à ce qu'on dit… Elle est accueillie comme une reine en coulisses. Alessandra lui accorde un 8, Chris et moi un 7. Quand elle entend ma note, Rossy hoche la tête, mais quand elle découvre celle de Chris, elle lui lance un menaçant : « Je vais te tuer. » Comme quoi, selon les gens, les notes n'ont pas la même valeur ! Je crois que les célébrités estiment que mes appréciations sont justes et fondées alors qu'elles trouvent celles de Chris sévères. C'est bizarre tout de même. Peut-être mon air jovial est-il perçu de façon plus positive que l'attitude plus stricte de Chris ?

*

* *

Il ne reste plus qu'à assister au face-à-face, à l'ultime duel entre les deux derniers du classement après les votes du public, David Ginola et André Manoukian. Personnellement, c'est la première fois que je vois l'émission *Danse avec les stars* avec les performances et les résultats diffusés au cours de la même soirée. Aux États-Unis et au Canada, cela donne lieu à deux émissions distinctes. Mais, apparemment, ça fonctionne… Je donne le signal de cette dernière épreuve d'un sentencieux : « La dernière danse, c'est la dernière chance. » À l'issue d'un âpre combat de gladiateurs, la confrontation a tourné à l'avantage de David Ginola. Le sportif l'a emporté sur le poète.

*

* *

Cette première édition française de *Danse avec les stars* terminée, nous nous rejoignons tous dans la Red Room, la pièce qui se trouve en coulisses et dans laquelle sont réunis les concurrents durant l'épreuve. Je ne suis pas encore remis de mes émotions. Je suis partagé entre des debriefs dont je suis plus ou moins satisfait et d'autres où j'ai été totalement à côté de la plaque. Mon esprit flotte un peu, je suis persuadé que j'aurais pu mieux faire. Mais l'heure est à la fête. On vient de mettre au monde une nouvelle émission en France. Je ne suis qu'un élément de la toile. Sauf que, s'il y a une tache, on la remarque plus facilement quand tout est blanc autour. Je ne veux pas être cette tache. En prévision de la deuxième émission, j'ai une grosse remise en question à opérer au cours de la semaine. J'ai un Everest à gravir, il faut que je sois mieux équipé.

– 2 –

TEMPÊTE SOUS UN CRÂNE

Nuit du 12 au13 février 2011.

Après l'émission, je n'ai même pas le temps de penser à moi, de me reconcentrer. Tout se passe très vite. Je suis embarqué sur le *scenic railway*. L'ambiance est à la fête. Un grand cocktail a été prévu. J'en serre, des mains ! Sans savoir qui est qui. Et il y a des photographes partout.

C'est la première fois que je rencontre les responsables de l'équipe technique, Fred Carné, le directeur de production et son frère, Tristan, réalisateur. Le problème, c'est qu'ils sont jumeaux et qu'ils s'habillent pareil. Impossible de les différencier, je ne sais jamais auquel je m'adresse. J'ai l'impression bizarre de remercier toujours le même mec !

J'ai également fait la connaissance de l'état-major de TF1 qui me découvre seulement maintenant pour de vrai.

Dans les coulisses, je croise le regard de Frédéric Pedraza, le producteur de l'émission, qui est un grand perfectionniste : j'en déduis qu'il est moyennement satisfait. En revanche, Déborah Nahon, la chef de projet, salue la qualité du travail accompli par tout le monde. La première étape est franchie. C'est un énorme soupir de soulagement qu'exhale un gigantesque poumon car on fait tous partie d'un même corps.

Moi, je n'ai qu'une idée en tête : revoir l'enregistrement de l'émission. Je suis encore sous le choc. Je me sens un peu comme un type en train de pelleter de la neige et qui la balance derrière lui. J'avance, mais je ne vois pas ce que je dépose derrière moi. J'essaie de ne pas trop me flageller, même si la réflexion de Vincent Cerutti sur ma surpuissance vocale m'a un peu déstabilisé.

De retour dans ma loge, c'est une autre histoire. Je m'interroge, je me demande si j'ai été à la hauteur de l'événement. De toute façon, en général, lorsque je me livre à l'autocritique, j'estime toujours que je peux mieux faire. J'ai hâte de revoir ma prestation.

Je réalise que je me trouve sur une très grosse production et que la responsabilité de chacun est engagée. *Danse avec les stars*, c'est une vraie ruche, mais où il y a plusieurs reines. L'émission cartonne aux États-Unis et en Angleterre. Il faut qu'on soit à la hauteur en France. Je croyais venir en colo, ce n'est plus du tout le cas. Ce sont six semaines d'un boulot intense qui m'attendent. Il va falloir travailler et je ne veux surtout pas être le maillon faible.

Je viens de passer trois heures avec des étrangers qui parlent presque la même langue que moi. Ils m'apprennent et m'apportent beaucoup de choses alors que je rêvais que ce soit l'inverse. Je me sens décalé, en retrait, et je n'aime pas ça. On m'a passé le ballon, mais je ne suis pas certain d'avoir réussi au moins un tir cadré.

Étant donné que l'émission a été diffusée en direct, je n'ai plus aucun recours. J'ai vécu ce moment comme une répétition. Hélas, tout est déjà gravé. La mécanique est lancée, je ne sais pas où elle a splashé et si j'ai éclaboussé les Français. Pendant quelques minutes, je reste prostré, comme tétanisé. Puis le sang se remet à circuler dans mes veines et je commence à ressentir de la chaleur au bout de mes doigts. Peu à peu, mon âme de compétiteur reprend le dessus. J'ai envie de m'y remettre tout de suite.

Je me raccroche à l'échange de regards que j'ai eu avec Fred Pedraza. Tout le monde a été scruté à la loupe. C'était comme un contrôle à l'école. Je ne sais pas si j'ai coché les bonnes cases et si j'ai apporté les bonnes réponses. Quelle honte pour moi si on m'a déjà inscrit sur le prochain vol retour !

Mais en dehors du fait que j'ai parlé un peu trop fort, je n'ai pas essuyé de critique particulière. Apparemment, je serai encore présent la semaine prochaine. Et je m'y projette déjà.

*

*   *

C'est en remettant mes vêtements de ville dans ma loge que j'ai été brutalement ramené à la réalité. L'odeur de l'assouplissant que ma femme met dans ses lessives, qui les imprégnait encore, m'a submergé. Moi, je n'ai jamais fait la lessive de ma vie. C'est toujours France qui s'en est chargée. Je passe l'aspirateur, je déneige, je fais plein de trucs, mais pas la lessive. Même ici, à Paris. Je m'organise toujours de façon à avoir suffisamment de vêtements dans mes valises pour ne pas avoir à la faire. Je rapporte systématiquement mon linge sale à la maison…

À cause de cette odeur qui colle à mes vêtements, me voilà comme téléporté à Montréal. J'ai soudain le désir irrépressible de communiquer avec France, de partager mes impressions avec elle. C'est la première fois que je vis une expérience de cette importance sans elle. J'ai participé à un événement exceptionnel, haut en couleur, mais tout le monde au Québec l'ignore. Je ne sais pas si je vais être lapidé, crucifié ou encensé. Si France était là, elle m'apporterait un jugement exact, précis. Elle ne fait jamais dans la dentelle. Avec elle, pas de fioritures, elle est d'une intransigeance rare.

Il est 1 heure du matin à Paris, 19 heures au Québec. Je veux appeler France, mais je ne sais pas ce que je vais lui dire. Elle, tout autant que moi, appréhende ce coup de fil. Je pense un moment à attendre demain, puis je prends mon courage à deux mains et le téléphone dans la troisième, et j'appelle… France décroche très vite. Son premier mot, c'est

« Pis ? » Nous, au Québec, on ne dit pas « Eh bien, comment ça s'est passé ? », on dit juste « Pis ? »

– Pis ?

– Ben… moyen !

– Pas plus que ça ?

– Qu'est-c'tu veux qu'j'te dise ? (Nous on ne dit pas « Qu'est-ce que tu veux que je te dise ? », on mange les mots.)

– T'as été bon ?

– J'sais pas…

– Arrête, Jean-Marc ! J'suis sûre que ç'a bien été.

– Je sais VRAI-MENT pas. Ça s'est passé très vite, il y a eu de très belles performances, les artistes se sont surpassés et les danseurs pros ont super bien géré l'affaire ; les deux animateurs sont fabuleux, l'équipe est merveilleuse…

– Oui, mais toi ??? Toi ???

– Ben, j'étais pas moi ! J'sais pas quoi t'dire. Apparemment, j'criais…

– T'as encore crié ! J't'avais dit d'pas crier !

– Ben…

– Écoute. Si t'as été toi-même, ils vont t'aimer. T'as pas essayé d'être quelqu'un d'autre, hein ?

– Non… Non… J'ai juste essayé d'être moi-même.

– Alors, t'inquiète. Ça va bien se passer. Mais j'ai hâte de le voir.

– J'ai hâte de te l'montrer. Et, en même temps, je n'suis pas sûr si j'ai hâte de te l'montrer…

– Écoute, va te reposer, ou va rejoindre les autres, et on se reparle demain.

– O.K. Comment vont les enfants ?

– Tout se passe bien.

– Donne un gros bec à Francesca et un autre gros bec à Jean-Francis. (Nous on ne se fait pas des bisous, on se donne des becs.)

Promis. On se parle demain.

Il faut savoir une chose : au Québec, on peut suivre les programmes de la télévision française via TV5 Monde, mais TF1 n'y est pas diffusé. On ne peut capter aucune image. Même les émissions en replay sont brouillées. Si bien que France ne peut pas voir *Danse avec les stars*, y compris en différé. Je suis sa seule source d'information. Elle doit se contenter de mes impressions et de mes commentaires qui, par la force des choses, sont totalement subjectifs. C'est frustrant pour nous.

*
* *

Après cette discussion, je vais retrouver les danseurs pros, ma nouvelle famille, qui sont encore en train de festoyer. Bizarrement, je sens que je suis adopté et même, comment dire… respecté. En tout cas par quelques-uns. Quand je croise le regard de certaines personnes dont je ne connais pas le nom, je lis de l'étonnement, de la joie, mais surtout du respect. Alors que d'autres m'envisagent carrément comme si j'étais un ovni. « Où est-ce qu'ils sont allés le chercher, celui-là ? » Mais je me sens bien quand même avec ma nouvelle famille. J'ai déjà vécu quelque chose de similaire quelques années auparavant sur *So You Think You Can Dance* aux États-Unis et au Canada. Mais j'étais alors avec France… Pour la première fois, je vole de mes propres ailes. Je suis seul pour faire face à la critique. Je ne peux pas m'appuyer sur la force, l'intégrité et la lucidité de France. Je réalise encore plus que je me trouve à Paris sans mon inséparable.

Je n'ai ressenti chez personne aucune méchanceté ni aucun mépris. Tant chez les professionnels que chez les artistes. Quant à mes deux partenaires de jeu, Alessandra et Chris, on n'a pas échangé énormément. Il y a tellement de monde ! C'est la première d'un énorme show et TF1 a sorti le grand jeu. On est sans cesse sollicités par les photographes. Photos avec l'un, photos avec l'autre. On ne s'appartient plus. Il est difficile d'avoir un échange verbal prolongé avec qui que ce soit. Une grande effervescence règne. Tout le monde est heureux. Enfin, presque…

D'un côté, on partage le bonheur des sept artistes qui vont revenir en deuxième semaine, mais de l'autre on est tristes pour André Manoukian, tristes qu'il nous quitte aussi rapidement. Il accepte pourtant la défaite avec beaucoup d'humilité et de philosophie. Il n'a aucune amertume. Il plaisante avec tout le monde, il se montre chaleureux. Il est même venu me trouver pour me complimenter sur mes interventions, ce qui, venant de lui, m'a fait énormément plaisir. La seule chose qu'il regrette vraiment, c'est que l'aventure soit également terminée pour Candice, sa partenaire. Elle a travaillé tellement dur pour l'amener là où il est arrivé… Ils forment vraiment un très beau couple… De son côté, David Ginola, qui a été son concurrent dans l'épreuve de « La dernière danse », a montré son véritable esprit de compétiteur. Il a assuré. Comme je l'ai souligné plus tôt, le sportif l'a emporté sur le poète.

*

*   *

Quand les flonflons se sont éteints, un chauffeur me reconduit à mon hôtel.

Je passe brutalement d'un bain de foule intense à une solitude glaciale. Je me retrouve dans ma chambre, qui est magnifique, mais qui ne ressemble en rien à mon quotidien. Il y manque une âme, une présence, une chaleur… celle de ma tendre épouse. La formidable poussée d'adrénaline qui m'a porté pendant plus de trois heures d'intense émotion retombe comme un soufflé. Je ne suis pas préparé à subir cette grande solitude. Même le son de la voix de France au téléphone ne peut combler ce vide. Une douche de réalité se déverse sur ma tête et je me dis : « Waouh ! Il reste encore cinq émissions ! »… Je n'allume même pas la télé. Je suis paralysé. Et même un petit peu effrayé.

Je crains toujours que la production débranche le plug qui me relie au show, et que ce manège infernal qu'est *Danse avec les stars* ne passe pas la deuxième semaine. En même temps je subodore que je bénéficie d'une sorte d'immunité parce que je suis québécois. J'ai deux-trois jokers dans ma manche, un privilège dont ne jouissent ni Chris, ni Alessandra. Néanmoins, en criant trop fort, j'ai peur d'avoir fait une boulette monumentale qui m'aura coûté mes trois jokers d'un coup.

Plus je ressasse tout ça, moins j'obtiens de solutions. Alors je me dis : « Mon bon Jean-Marc, essaie de dormir. » Et j'éteins la lumière.

Impossible de trouver le sommeil… J'ai la même impression de vide que j'ai connue à sept ans, quand on a déménagé à Longueuil et que j'ai eu pour la première fois une chambre pour moi tout seul. Jusque-là, à Saint-Hubert, je partageais ma chambre avec mes sœurs. J'avais beaucoup plus d'espace mais leur absence était très dure à vivre. Pour moi, espace égale solitude. En revanche, l'écho du silence fait vibrer le cerveau et m'emmène dans des réflexions très, très profondes. Je me retire dans mes retranchements les plus secrets. J'accède à des zones que la folie et l'énergie que je déploie dans mon quotidien m'empêchent généralement d'atteindre. Dans ce refuge très intime, je puise une source d'inspiration, mais je dois aussi faire face à mes peurs. Et là, il n'y a rien pour mettre un petit côté « givré-sucré ». Je suis face à moi-même, je deviens mon propre juge. Je ne suis pas sûr d'aimer ça. Je cogite, je cogite…

J'ai déjà une carrière qui marche super bien aux États-Unis, au Canada et au Québec, il n'y a pas assez de jours dans mon agenda pour répondre à toutes les sollicitations, j'ai du boulot à ne savoir qu'en faire… Et me retrouve en France dans un truc que je n'ai pas l'impression de maîtriser. J'étais à bord de mon Airbus A320, j'en connaissais toutes les commandes, tous les voyants, j'étais bien. Ici, je suis dans un char d'assaut et je ne sais pas ce qui va se produire si j'appuie sur tel ou tel bouton ; si je ne vais pas faire exploser tout le plateau ! Je sais que j'ai déjà fait sauter l'animateur. Dans son oreillette, apparemment, Vincent Cerutti a reçu son lot de décibels.

J'éprouve cette vague sensation de désespoir que je n'ai pas vue depuis longtemps se pointer à l'horizon. Ça fait un bon moment que je suis dans la maîtrise de ma vie. Mais là, dans ma tête, il y a une petite voix qui murmure : « Mais pourquoi as-tu accepté cette aventure ? Pourquoi t'es-tu mis autant en danger ? Qu'est-ce que tu avais encore à te prouver ? Tout va bien pour toi, qu'est-ce que tu as à gagner à venir en France ? »

Cette question trouvera sa réponse un peu plus tard lorsque je rencontrerai Rachid Badouri[1] lors de l'émission d'Arthur *En route vers 2012*, et qu'il m'expliquera : « La France, c'est notre Las Vegas, notre New York City. *If you can make it there, you'll make it anywhere…*[2] »

Je me suis mis dans une forme d'insécurité mais, en même temps, une chance énorme s'offre à moi. J'ai quitté cette Nouvelle-France qu'est le Québec, et

1. Humoriste québécois.
2. « Si tu t'en sors ici, tu peux t'en sortir partout. »

je pars à la conquête de mon « nouveau territoire » à moi. Or, pour l'instant, ce territoire m'apparaît comme enveloppé d'une épaisse couche de brouillard. Ma première prestation a-t-elle eu le même effet qu'une lame de couteau trop chaude plongée dans une motte de beurre ? En plus, j'ignore totalement comment les danseurs professionnels et les célébrités m'ont perçu. Pour moi, c'est primordial. En dépit de mon expérience et de mes titres, j'accorde toujours la priorité à l'aspect humain de chaque aventure.

Ça bouillonne dans ma tête. Mon obsession est de décrypter cette foutue soirée… Je suis venu avec l'ambition d'onduler, de créer des ruptures, mais je ne voulais surtout pas être en décalage. Je ne voulais pas indisposer les candidats et les téléspectateurs. En effet, les gens qui découvrent cette émission ne sont pas des experts de la danse sportive. En revanche, ce sont des pros de la zapette. Si ce qu'on leur propose ne leur plaît pas, ils peuvent aller voir s'il y a mieux ailleurs.

Je remue tout ça, je suis agité, je me sens comme un poisson tropical qui aurait fait trempette dans la mer du Nord !

À un moment, quand même, la fatigue prend le dessus et je sombre dans un sommeil sans cauchemars…

*

*   *

À mon réveil, la première chose que je fais est d'allumer mon téléphone portable. J'ai un texto de

Jean-Louis Blot, « Bravo à toute l'équipe ! », ainsi qu'un bref message de félicitations de Fred Pedraza. À peine rassuré, je me jette sur mon ordinateur. Il faut que je me confronte aux commentaires du public. Il y en a, des critiques ! Dans l'ensemble elles ne sont pas trop mitigées. Quatre-vingt-dix pour cent d'entre elles se révèlent positives. Le show a apporté quelque chose de nouveau et les gens ont apprécié de voir des célébrités relever le défi. Les noms qui ressortent le plus sont ceux de M. Pokora, Sofia Essaïdi, Jean-Marie Bigard et Marthe Mercadier.

En revanche, du côté des médias, ce n'est pas vraiment le même son de cloche. Je prends du plomb dans l'aile lorsque je lis qu'un critique télé a été atterré par ma « voix de cancéreux » ! Mais le pire est à venir. Le coup de grâce m'est donné quand je découvre le contenu du blog d'un homme du nom de Jean-Marc Morandini. Je crois que je le connais encore par cœur. Le voici in extenso :

« *Hier soir, la première de* ***Danse avec les stars*** *a été marquée par la prestation du jury !*

Un jury qui n'a cessé de hurler tout au long de la soirée, et en particulier du côté des deux membres masculins, complètement hystériques à chacune de leurs prestations ! Il est certain qu'il leur a été demandé de faire le show, mais trop c'est trop !

On est obligé de baisser le son à chacune de leurs interventions. Tous les deux semblent plutôt drôles et sympathiques, mais par pitié, il y a des micros, on vous entend très bien, inutile de hurler. »

Comme d'habitude, alors que la majorité des avis me sont favorables, ce sont les dix pour cent de critiques négatives que je retiens. Et elles me font mal ! Pas question de me reposer sur mes lauriers. Je ne connais pas ce monsieur Morandini mais, vu son importance dans les médias, j'ai hâte de le rencontrer. Apparemment, il ne pratique pas la langue de bois et exprime son ressenti en toute honnêteté. C'est à moi d'être plus attentif et de corriger le tir. Son blog m'a touché, m'a fait mal, mais ça fait partie du jeu. Je préfère envisager cette critique dans ce qu'elle a de constructif.

*

*   *

Ce dimanche matin s'est passé comme si on m'avait servi au petit déjeuner des œufs brouillés bien chauds mais avec du café froid…

J'ai collé sur le mur de ma chambre un Post-it sur lequel j'avais résumé les points négatifs. Je voulais être regardé par cinq millions de téléspectateurs, pas par cinq millions de critiques. Encore faudrait-il bien connaître le public français…

Puis je suis sorti pour m'oxygéner un peu la tête. Dans la rue, dans la petite épicerie voisine de l'hôtel, des gens m'ont reconnu. Je les ai trouvés aimables et bienveillants. Apparemment, ils m'avaient « acheté »… Certes, ce n'était pas de la folie. Je n'avais pas besoin de gardes du corps pour sortir.

De toute façon, la seule personne que j'accepte pour garder mon corps, c'est ma France.

Le dimanche après-midi, je l'ai passé à écouter la radio, à regarder la télévision et à lire les journaux. J'espérais y trouver une solution à mon énigme et définir les armes qui me permettraient de me sortir de ce guet-apens dans lequel je m'étais fourré moi-même.

Et puis, le temps passant, mon naturel de battant, de compétiteur et d'éternel positif a peu à peu repris le dessus. J'avais hâte d'être au lendemain et de m'attaquer à la préparation du deuxième « prime »… J'étais dans un bien meilleur état d'esprit que la veille, où je me demandais pourquoi je m'étais laissé embarquer dans cette galère…

– 3 –

L'APPEL DE L'INCONNU

Je me suis laissé embarquer dans cette galère à la fin de l'année 2010. Je suis à Calgary, dans la province d'Alberta, au Canada, en plein recrutement de nouveaux danseurs pour la prochaine saison de *So You Think You Can Dance* dont je suis le juge en chef, quand je reçois un appel téléphonique. C'est une voix féminine que je ne connais pas. Elle s'exprime avec un fort accent français. Pour moi, comme pour tous les Québécois, quand on entend du « français de France », on ne rigole plus. Personnellement, j'adore cet accent… Je ne sais pas comment cette dame a eu mes coordonnées. Tout ce que je comprends, c'est qu'elle me demande de lui faire parvenir une vidéo de moi. Interloqué, j'essaie d'en savoir un peu plus. Elle m'apprend alors qu'un certain Jean-Louis Blot, directeur général de BBC Worldwide France, lance un casting pour une émission qui s'appelle *Danse avec les stars*, qu'il semble intéressé par mon profil mais que, pour cela, il a besoin d'images de moi dans l'exercice de mes fonctions. Je lui conseille alors, plutôt que de lui envoyer une vidéo, de se rendre sur YouTube. Là, elle trouvera tout un tas de documents d'archives me concernant. Elle me répond qu'elle est bien sûr allée sur ce site, mais que tout y était en anglais. La production voulait savoir comment je « sonnais » en français…

Comment je sonne en français ? En voilà une question ! O.K., je vais essayer de tourner un petit clip en français. Je suis en compagnie de mon copain Martin Lefèbvre… Martin et son épouse Diana, Kelly Lannan et Eric Caty, ma femme France et moi avons créé et organisons à Calgary une compétition de danse que nous avons baptisée « Rocky Mountain DanceSport Grand Prix ». Elle a lieu chaque année au mois d'octobre. Martin et moi sommes en repérage pour engager des danseurs participant à *So You Think You Can Dance* afin de les intégrer à notre propre spectacle.

Décontenancé par le coup de fil que je viens de recevoir, étonné surtout que mon nom ait circulé en France, je demande à Martin, qui possède une petite caméra, de bien vouloir me filmer. Nous sommes dans le sous-sol de sa maison. L'éclairage est quasi inexistant. En fond d'écran, on a mis un poster de notre événement. Des conditions on ne peut plus basiques… Je me présente, je dis que je suis québécois et j'improvise. Je ne sais pas trop ce que je raconte. En gros, j'évoque mon palmarès de danseur, et ajoute que je suis chorégraphe et juge sur *So You Think You Can Dance* et que je serais ravi de venir les « visiter » en France et de participer au show *Danse avec les stars*. Non seulement je n'ai pas préparé de texte mais je ne sais pas du tout ce qu'on attend de moi. Je parle pendant environ deux minutes.

Après ça, on a essayé de mettre notre clip dans un format qui nous permette de l'envoyer. Il fallait le convertir de manière à ce qu'il puisse être lu en France. J'ai mis le DVD dans une enveloppe, je me suis rendu au bureau de poste et je l'ai envoyé. C'était exactement comme si je lançais une bouteille à la mer. Je me sentais flatté qu'on pense à moi outre-Atlantique, mais comme j'avais déjà du boulot par-dessus la tête, je n'y attachais pas plus d'importance que ça. Et je me suis remis au travail sur *So You Think You Can Dance*.

Trois semaines plus tard, je suis de retour chez moi. Je reçois un nouvel appel de la même dame qui m'avait approché à Calgary. Tout se suite, elle m'informe qu'elle a une bonne et une mauvaise nouvelle. La mauvaise, c'est que la qualité de la vidéo est quasiment nulle ; quant à la bonne, c'est que le peu qu'ils ont pu distinguer a plu aux producteurs. Et elle me propose de venir les rejoindre en France pour tenter l'aventure *Danse avec les stars* avec eux.

Réflexion faite, je suis très heureux de cette proposition. J'en parle tout de suite avec France. Sa première réaction a été pragmatique : il allait falloir réorganiser mon planning en fonction des sept semaines que j'allais devoir passer à Paris. J'avais déjà de nombreux engagements à droite, à gauche. J'avais des élèves dont je devais m'occuper, des professionnels et des amateurs à entraîner, des cours à donner… Il fallait jongler avec ce dispositif. Sept semaines, c'était énorme !

Finalement, j'appelle tout le monde pour me décommander et reporter le maximum de rendez-vous. Plutôt que de se montrer déçus comme je m'y attendais, les gens se disent heureux d'apprendre que je vais participer à cette expérience en France. Tout le monde me souhaite bonne chance…

Dans mon esprit, comme je l'ai dit, je partais en colonie de vacances…

Un certain Cédric Lacolley, directeur de production sur l'émission, m'avait envoyé le casting quelques jours à peine avant mon départ de Montréal. C'était assez succinct. Je ne voulais pas juger des inconnus. Je voulais savoir d'où ils venaient, ce qu'ils faisaient, quel était leur parcours, leur actualité… Mais huit personnalités à découvrir, ça faisait beaucoup de boulot… Je n'ai finalement pas eu le temps de le faire. Et puis je me suis dit que, n'ayant aucun a priori sur quiconque, je ne pourrais pas être taxé de favoritisme. D'un autre côté, je pourrais, sans le vouloir, blesser quelqu'un par méconnaissance de son passé. Il allait falloir y aller sur la pointe des pieds…

En plus de ça, dans la production, tout le monde m'était inconnu. Une seule chose me réconfortait et donnait une certaine légitimité à ma présence : je connaissais parfaitement le format de cette émission, car *Dancing with the Stars* cartonnait aux États-Unis. Je connaissais aussi, de réputation, les danseurs professionnels. Je savais qu'ils étaient tous très bons. De ce côté-là, j'étais assuré que la qualité des performances chorégraphiques serait au rendez-vous. Mais pour le reste, j'étais dans le brouillard.

Et, bien sûr, je ne savais rien non plus des deux autres membres du jury. On n'avait jamais croisé le fer avec Chris sur un plancher de danse et il avait bifurqué vers la salsa. Je partais donc complètement dans l'inconnu.

Ce n'est qu'en arrivant à Paris que j'apprendrais le fin mot de cette histoire et quel a été l'heureux concours de circonstances qui a fait que moi, Jean-Marc Généreux, je me suis retrouvé à faire partie du jury de *Danse avec les stars*...

*

* *

Flash-back. Fin 2010, Jean-Louis Blot, directeur général de BBC Worldwide France, effectue un voyage à Montréal pour y rendre visite à ses amis de Trio Orange, Pierre Paquet, Carlos Soldevila et Éric Hébert, qui dirigent cette maison de production. Il leur apprend qu'il va adapter le format de *Dancing with the Stars* en France sous le nom de *Danse avec les stars*. Éric Hébert, que je n'ai jamais rencontré de ma vie, lui parle d'un certain Jean-Marc Généreux, qui participe à des émissions de danse au Canada anglais et aux États-Unis, « un mec qui a une pêche d'enfer, beaucoup d'énergie et qui plaît au public ; qui est québécois et qui parle bien français… » Et il lui suggère de prendre contact avec moi. Circonspect, Jean-Louis Blot ne peut que demander : « Jean-Marc qui ?... »

À ce moment-là, c'est un premier domino qui tombe et qui va engendrer toute une cascade d'événements.

Ces conversations se passent à mon insu. Je n'ai aucune relation particulière avec Trio Orange dans quelque domaine que ce soit. Ce n'est que bien après cette rocambolesque péripétie que je ferai connaissance avec eux. Et en fait, Trio Orange et moi, nous allons créer treize émissions s'intitulant « Tout le monde danse avec Jean-Marc Généreux », qui ont pour but de voyager et de faire connaître l'origine des danses latines. C'est un super concept. J'aimerais bien l'adapter en France. Avis aux intéressés…

Quoi qu'il en soit, voilà comment je me suis retrouvé juge sur *Danse avec les stars*.

*

* *

Au début du mois de février 2011, je m'apprête à m'envoler pour Paris.

La veille même de mon départ, je reçois par mail une douzaine de pages du scénario d'un petit film au titre pour moi totalement énigmatique : *Le Tour du monde des danses avec Jean-Marc Généreux*. On m'y indique les textes de présentation que je dois faire, mais pour le reste, je n'y comprends pas grand-chose.

J'évalue très sommairement ce qui m'arrive. Il y a beaucoup de flou autour de ce projet. Je sens bizarrement comme un appel, mais je suis incapable de discerner les contours de cette aventure. Je suis obnubilé par ces deux mots, « six primes ». Je n'ai pourtant aucune idée de ce que veut dire ce mot, « prime ». On ne l'utilise jamais aux États-Unis ni au Canada pour parler d'une émission diffusée en première partie de soirée, le terme américain étant *primetime*. Je me dis : « Tu fais ces six émissions, février, mars, en avril tu es chez toi, et c'est terminé. » Les conditions étaient optimales. Alors, pourquoi pas ?

Ma seule vraie appréhension était mon utilisation du français dans le berceau même de cette langue. Nous sommes des cousins éloignés qui en ont reçu les fondements il y a quatre cents ans et qui depuis ont évolué, ce qui fait que le québécois demande parfois une traduction pour être compris des Français ! Jusqu'à quel point voulait-on que je continue à utiliser mes expressions ?

Mais, surtout, ma plus importante préoccupation, c'était ma famille… Je pars sans ma reine, sans ma maîtresse, sans mon bourreau, sans ma fée du logis… Sans ma France, quoi ! Si bien que je calcule très précisément ce dont j'ai besoin comme affaires pour ne pas faire de lavage. Tout cela tient dans deux grosses valises et un bagage à main. Je rentrerai donc à Montréal en fonction de mes lessives. Lol ! Je ne voudrais pas priver ma femme de ce plaisir. Et elle repasse aussi… Je sais, ça fait affreux macho, mais je ne peux pas avoir que des qualités… Non, je plaisante : j'ai beaucoup, beaucoup de défauts, et mon aversion pour l'entretien de mes affaires en est un.

Pour ce qui était de mon point de chute à Paris, n'ayant pas beaucoup de temps, je ne pouvais pas effectuer de recherches sur Internet. La production m'a fait quelques propositions de quatre étoiles. Ils tenaient à ce que j'aie le plus de confort possible. Aujourd'hui, quatre ans plus tard, j'occupe toujours la même chambre dans l'hôtel que j'ai choisi. Car, personnellement, j'avais un kif dans ma tête : voir la tour Eiffel depuis mon palace. Et mon vœu a été largement exaucé. Non seulement j'ai vue sur la tour Eiffel mais, quand je me trouve sur mon balcon, je vois l'Arc de triomphe en prime ! Je sais, ça fait un peu cliché. Pendant toute ma carrière professionnelle, j'ai été amené à voyager aux quatre coins du monde, mais je n'étais pas particulièrement porté à y faire du tourisme. Je prenais l'avion pour travailler, pas pour visiter… Là, exceptionnellement, j'avais besoin de points d'ancrage. Avant de partir, je voulais m'accrocher à des symboles que je connaissais. Le lieu où j'allais poser mes deux valises et demie était essentiel. Ça me sécurisait.

Au cours de la dernière soirée chez moi, je regarde mon fils, je regarde ma fille, et je regarde ma femme. C'est clair qu'ils me souhaitent du bonheur. Mon fils a quinze ans ; il est grand… O.K., pour lui, ça va le faire ! Francesca, elle, a douze ans. Francesca, ma douleur… C'est elle que j'aurai le plus de mal à quitter. Mais vu son état de dépendance, je sais qu'elle va de toute façon être couverte d'amour par tous les membres de la grande famille. Et puis il y a ma femme, ma France. Elle reste à la maison pour assurer, et pour maintenir tous les morceaux bien collés entre eux… En fait, je ne m'absente que sept semaines. Je ne pars pas en France pour y refaire ma vie !

Je ne pouvais vraiment pas soupçonner que ce deuxième domino que je faisais tomber allait provoquer toute une série d'enchaînements qui ont fait que je suis toujours là quatre ans plus tard. Tant de surprises me pendaient au nez…

– 4 –

À SCOOTER EN SMOKING ET NŒUD PAP'

Lundi 7 février 2011. Il est 8 h 23. Le vol Air Canada 870 atterrit à l'aéroport Charles-de-Gaulle.

Dans l'avion, en dépit du grand confort de mon siège, j'ai peu dormi. De temps en temps, je jetais un œil sur le document que l'on m'avait envoyé concernant *Le Tour du monde des danses avec Jean-Marc Généreux*, le petit film que j'allais tourner à Paris, mais je ne parvenais pas à fixer mon attention car je ne comprenais pas trop le contexte. En revanche, quelque chose m'intriguait : on m'avait appelé de France pour être juge sur *Danse avec les stars* alors que chez moi, au Québec, il existe une émission sur la danse qui s'appelle *Le Match des étoiles*, et que là, on n'avait jamais fait appel à mes services. Dans mon propre pays ! C'était tout de même sacrément paradoxal.

À mon arrivée, je suis dans un mélange d'excitation et d'appréhension.

Après avoir récupéré mes deux valises, je me rends au *meeting point*. Là, personne, pas de petite pancarte avec mon nom écrit dessus. Je ne possède que le numéro de téléphone de Cédric Lacolley, le directeur de production sur l'émission. Et j'ai commis l'erreur de bloquer les appels entrant d'Europe sur mon iPhone. Il est donc impossible de me joindre. J'attends. Dix minutes, vingt minutes, une demi-heure… Je commence sérieusement à m'inquiéter. Enfin, un chauffeur arrive. Il a été retardé dans les embouteillages. À peine ai-je embarqué qu'il m'apprend que la journée va être très chaude, que je dois rapidement déposer mes bagages à mon hôtel parce qu'« on m'attend à l'Olivier pour un tournage ». Un tournage ? Quel tournage ? Qu'est-ce que c'est que cet Olivier ? Je réalise qu'il me parle d'un studio d'enregistrement.

Arrivé à l'hôtel et après en avoir référé à Cédric Lacolley, le chauffeur m'autorise tout juste à prendre une douche, et nous voilà repartis direction Malakoff, en proche banlieue sud de Paris, où se trouvent les fameux studios de l'Olivier. En route, on passe devant la tour de TF1. J'ai l'impression qu'elle me fait un clin d'œil de bienvenue. Vu la taille du bâtiment, je me rends compte de l'importance de cette chaîne.

Quand j'arrive dans le studio d'enregistrement, à l'intérieur duquel trône un énorme… olivier, je me retrouve face à des gens quelque peu fébriles. Ils ont déjà pris pas mal de retard sur le planning.

Un mec s'avance vers moi, main tendue. Il se présente. Il s'appelle Volodia Guinard, on va travailler ensemble. Moi, débordant comme d'habitude d'enthousiasme, je lui lance :

– Parfait, j'ai vraiment hâte d'aller faire ça !

Et là, je lis un immense désarroi dans ses yeux. Son sourire s'efface et il me demande de répéter. Je m'exécute.

– J' suis tell'ment content d'être avec vouz'autres, ça va êtr' cool...

Je comprends qu'il vient de réaliser qu'il a affaire à un Québécois ! Une grande partie de sa motivation semble s'être envolée... Il m'entraîne à sa suite dans une pièce assez exiguë où je me fais coiffer et maquiller. On me remet une chemise blanche, un smoking et un nœud papillon. Je m'habille et je gagne le studio proprement dit. C'est un endroit architecturalement improbable. Pour y accéder, il faut monter et descendre plusieurs volées de marches. En bas des marches, je me retrouve face à un scooter rouge, devant un fond vert. Dans cet espace assez réduit, il y a deux cadreurs et un preneur de son. On est en février, mais il fait très chaud dans le studio. Marqué par un accident de moto qu'a eu mon neveu, François Généreux, je n'ai jamais eu un grand feeling pour les deux-roues. En outre, danseur et motard, ce n'est guère compatible... « Volo » me demande de m'installer sur le scooter et il me tend un casque. Je le mets sur ma tête, mais je n'entends plus grand-chose. Et je commence à essayer de balancer un texte que je ne connais pas très bien. Volo s'en inquiète. Je lui explique que je ne pensais pas tourner dès mon arrivée et que je croyais donc avoir le temps d'apprendre mon discours.

Volo est un mec au grand cœur, il est compréhensif, mais il est aussi plutôt carré. Il sait ce qu'il veut. D'autant que TF1 et BBC Worldwide France lui ont mis une certaine pression sur les épaules. Il a une commande spécifique à honorer et à remettre dans les délais les plus brefs…

*

* *

Mon histoire avec *Danse avec les stars* débute ainsi : juché sur un scooter qui ne va nulle part en smoking et nœud pap' !

Il est aux alentours de midi quand je me lance. Je commence à beugler : « Bienvenue !... » Je ne vais pas plus loin, Volo m'interrompt et me demande si je vais parler ainsi tout le temps. Je lui rétorque que ma voix est comme ça et qu'il me paraît difficile d'en changer. Patient, Volo me conseille d'essayer d'abord de bien m'imprégner du texte que j'ai à dire. Et il précise :

– O.K., tu as dit les mots, mais on ne les comprend pas !

Ce à quoi je crois bon de répliquer :

– Et moi je ne comprends pas que tu ne les comprennes pas !

Il réagit en grand professionnel. Il faut que ce petit film soit en boîte le jour même. Il prend néanmoins le temps de me coacher, de me guider pour la prononciation et la syntaxe. Il m'incite à ralentir mon débit, à parler moins fort. On répète, on recommence. Tout le monde essaie de m'aider.

Mais, avec ce foutu casque sur la tête, je ne capte que la moitié de ce qu'on me dit.

Je n'ai pas de prompteur. Il faut donc que j'apprenne vraiment les phrases que j'ai à dire. Je vis une grosse galère. Je pars sur un chemin cahoteux avec des nids-de-poule un peu partout. Tous les trois mots, je m'enfarge[1]. En revanche, je me montre très créatif dans les gestes et dans les attitudes. La partie comédie va dans le bon sens. Volo apprécie toutes mes inventions, mais les mots ne suivent pas. Finalement, après six heures de tournage, on décide d'écrire les bribes de phrases sur des morceaux de papier. Mais même si après tout ce temps je sais mes textes par cœur, je ne parviens pas à trouver la bonne intonation, la diction satisfaisante, et surtout j'ai des problèmes avec la ponctuation. Je suis complètement dépassé par le travail à rendre.

De temps en temps Volodia reçoit un appel téléphonique. C'est la production qui vient aux nouvelles. J'essaie de décrypter son langage gestuel et il ne m'incite pas à l'optimisme.

Tant bien que mal, on termine à 2 heures du matin.

Ils ont dû galérer grave au montage. Je pense que la personne qui s'en est chargée a dû prendre des congés pour se remettre ou aller consulter un psy…

Après cette pénible épreuve, je réalise que le langage va être pour moi un énorme mur à gravir. Et je n'ai

1. Je m'empêtre.

pas à ma disposition les mousquetons, les crochets et les cordages qui m'aideraient à me hisser jusqu'en haut. Ç'a été une expérience très déstabilisante. Ma mise en danger n'était plus hypothétique, je venais d'y être confronté dans sa dure réalité.

Je ne remercierai jamais assez Volo. Il n'a jamais cessé de m'encourager. Il a été là *every step of the way*, à chaque étape du parcours. On s'est souvent croisés depuis cette aventure et on en plaisantait à chaque fois.

Volodia Guinard, dit « Volo », réalisateur du film *Le tour du monde des danses avec Jean-Marc Généreux*, est une des victimes de l'accident d'hélicoptère survenu le lundi 9 mars en Argentine sur le tournage de *Dropped.* Il avait trente-six ans. Il était chef de projet de la société ALP qui produisait ce jeu d'aventures.

Sur un plan personnel, il a été mon mentor. C'était un homme de ressources et un grand perfectionniste. Il n'hésitait jamais à faire refaire une prise jusqu'à ce que le résultat soit conforme à son exigence. Il aimait la vie et véhiculait des valeurs importantes, comme le respect de l'autre, le travail bien fait et l'amour de son métier.

*

* *

Quand je regagne enfin mon hôtel, j'ai la sensation d'être complètement calciné de l'intérieur. Je suis vidé. Je me démaquille, je me douche, et je me couche…

À 9 h 30, mon téléphone sonne. J'ai dû dormir cinq heures. Je suis loin d'avoir récupéré. C'est l'assistante de Fred Pedraza. Elle me fixe rendez-vous à TF1 pour 13 heures. Je soigne ma tenue : c'est la première fois que je vais rencontrer mes futurs patrons…

À l'heure dite, un chauffeur me dépose à Boulogne devant la grande tour de TF1. Je pénètre dans une vraie forteresse. N'y entre pas qui veut. Je dois montrer patte blanche, décliner les noms des personnes que je vais rejoindre. Une assistante vient me chercher et me guide en bipant de porte en porte car tout est sécurisé. Je suis vraiment impressionné. Nous traversons un grand atrium, très clair, agrémenté de nombreuses plantes vertes. Je suis frappé par la beauté des lieux. Lorsque je fais mon entrée dans le bureau de Fred Pedraza, je me retrouve face à toute une assemblée. Tout le monde est assis. Outre Fred, producteur à TF1, il y a là Jean-Louis Blot, le producteur de BBC Worldwide France, Déborah Nahon, chef de projet à TF1 Production, Alessandra Martines, Chris Marques. En lui serrant la main, je peux enfin mettre un visage sur le nom de Jean-Louis Blot, l'homme grâce auquel je suis arrivé dans cette aventure. Je le devine immédiatement droit, intelligent. Il a une silhouette élégante, avec un petit côté rock'n'roll. Il est chic et décontracté en même temps. On voit qu'il a roulé sa bosse et qu'il jouit d'une grande expérience professionnelle. L'accueil bienveillant qu'il me réserve me met en confiance.

Je suis bluffé par la jeunesse de Fred Pedraza. À sa façon de me regarder, j'ai la sensation bizarre qu'il est en train de me scanner. En fait, il me découvre vraiment. Ce n'est pas la misérable vidéo que j'avais envoyée qui a pu lui fournir les meilleurs éléments. J'ai l'impression que le courant passe entre nous dès ce premier contact.

Déborah Nahon est elle aussi très jeune. Effervescente, pleine de curiosité, dynamique. Elle est décidée à mettre en place un programme glamour, innovant et spectaculaire.

Se présentent alors à moi mes futurs complices, Alessandra Martines et Chris Marques. Ce dernier me rassure. Comme nous avons sensiblement la même taille, on pourra se parler les yeux dans les yeux ! En lui serrant la main, je sens un mélange de gentillesse et d'énergie. Il est gonflé à bloc. Il est aussi rigoureux que sa banane dont on dirait qu'elle est le prolongement direct de sa colonne vertébrale. Il y a en lui une grande assurance et une certaine rigidité. Je sens déjà qu'il va être d'une intransigeance totale.

Quand Alessandra se lève, je découvre qu'elle fait deux têtes de plus que moi. Elle est rayonnante de beauté. Elle semble très à l'aise dans cet environnement. Elle a une voix de miel. Elle est solaire, lumineuse, familière et conviviale. Nous sommes tout de suite en empathie.

Les chaudrons sont sur le feu, l'eau est en train de bouillir… Mine de rien, on est dans l'urgence. On est à J moins 4. On n'a pas beaucoup le temps de papoter car Fred Pedraza prend la parole. Après avoir expliqué rapidement qui est qui et le parcours de chacun, il aborde le cœur du sujet. Son leitmotiv est de dé-ringardiser la danse de salon. Il s'appuie sur le format original de *Strictly Come Dancing* tel qu'il a été créé en Grande-Bretagne pour l'adapter au public français. Ça passe par les choix musicaux, les costumes et les chorégraphies. Il faut que ce soit intergénérationnel. Le défi n'est pas gagné car les précédentes expériences du genre à la télévision française ont échoué.

Fred développe alors sa vision de la mécanique du show et nous précise que, pour lui, le jury en est la pièce maîtresse. Sur un écran, il projette la vidéo d'une performance, nous demande de bien la regarder et de donner ensuite notre avis. Il s'adresse en premier à Chris Marques. Celui-ci se montre précis, clair, structuré, punchy. En quelques secondes, on sait comment il se positionne… Puis vient le tour d'Alessandra. Dès ses premiers propos, on comprend qu'elle va être beaucoup plus dans la sensibilité. Elle utilise les mots de « connexion », elle parle du toucher et des mouvements du corps en ramenant systématiquement le geste à l'émotion qu'il peut susciter.

Arrive mon tour de m'exprimer. Je démarre au quart de tour et « bla, bla, bla » pendant deux minutes. Je vois les épaules de Fred s'affaisser, les yeux de Jean-Louis s'écarquiller et je sens que j'ai déjà soûlé Déborah… Un ange passe, et tous les regards convergent vers Fred. Il pose les yeux sur moi et un seul mot sort de sa bouche :

– Fascinant !

Il semble enthousiaste. Après un silence, il ajoute :

– Fascinant… Je n'ai rien compris, mais c'est fascinant !

Si sa réaction peut paraître positive, pour moi elle ne l'est pas du tout. J'ai l'impression d'être un poisson-clown. Entre l'intransigeance de Chris et l'émotion d'Alessandra, je suis multicolore.

Ce qui me fait souci, c'est que je ne suis pas habitué au programme de l'adaptation française. Dans *Dancing with the Stars*, la version américaine, le mercredi était consacré aux performances et le jeudi aux résultats. Ici, tout est combiné. On part pour faire un show de deux heures et demie. En plus, le prime est programmé le samedi soir. Et, cerise sur le gâteau : c'est en direct ! Pour moi, c'est l'équivalent de la soirée du hockey au Canada où toute autre vie s'arrête pour qu'on puisse la regarder. Même si j'ai déjà une bonne dizaine d'années de télévision sous le capot, je suis circonspect… En outre, si mon producteur ne comprend pas ce que je dis, j'imagine que ça va être la même chose pour le restant de la France.

Quand cette première réunion se termine, je tente de faire bonne figure, mais intérieurement, je suis rongé par l'incertitude. Mon piano est beau, mais il joue faux !

De retour dans ma chambre d'hôtel, je ressens un grand désarroi. Je n'ai aucun interlocuteur. Je sais qu'en cas de problème, je peux appeler Jean-Louis Blot. En me quittant, il m'a donné son numéro de portable, précisant qu'il était à mon entière disposition. Mais, trop fier sans doute, je sais que je ne téléphonerai pas…

Je suis de nouveau confronté à un mot très présent dans ma vie : le silence. Cette fois, il fait partie du processus. Il faut que je m'entende penser. Ce silence est réparateur et inspirant, mais jusqu'à un certain point. Il est également générateur de doutes.

*

* *

Mercredi 9 février. J moins 3. Je suis convoqué dans le lobby d'un hôtel pour enregistrer une nouvelle vidéo, celle des juges. Pas de styliste à l'horizon, je dois porter mes propres vêtements. Je retrouve mon ami Volodia. Il s'est remis de ses émotions de l'avant-veille. C'est lui qui va réaliser nos trois clips de présentation. Je suis à Disneyland. Je passe d'un manège à l'autre. On consacre encore pas mal de temps à tourner. Au cours de cet enregistrement, je sens qu'il n'y aura jamais la guerre entre Alessandra, Chris et moi. Nous nous estimons, nous nous respectons…

C'est impressionnant de voir autant de gens s'affairer autour de nous. Il y a des câbles partout. Mais, malgré l'urgence, je ne constate aucune nervosité. Tout le monde travaille dans le calme. Dans tous les échanges il y a de la gentillesse. Et chaque fois que j'ouvre la bouche, je provoque un sourire.

Nous passons ensuite à la seconde étape. On s'assied sur un canapé blanc. Je ne sais pas pourquoi, mais je ne tiens pas en place. C'est comme si une petite souris s'était introduite dans mon pantalon. Volo m'explique que je n'ai pas à m'agiter, que c'est la caméra qui va bouger. Je trouve enfin mes marques. Nous devons improviser quelques phrases. Parce que je suis un juge, je dois être sérieux mais pas prétentieux, généreux mais pas « niaiseux ». Quand j'ai fini mon délire, je commence à me demander ce qu'ils vont bien pouvoir garder d'intéressant. J'ai l'impression de n'avoir dit que des conneries. D'autant que je n'ai pas encore récupéré du décalage horaire… Quand on termine, il fait déjà nuit noire.

Jeudi 10 février. J moins 2. Je prends mon déjeuner. Enfin… mon petit déjeuner. Chez vous, en France, les trois principaux repas sont le petit déjeuner, le déjeuner et le dîner ; au Québec nous les nommons déjeuner, dîner et souper. Il m'est arrivé de manquer des rendez-vous à cause de ce décalage ! Après avoir donc « petit-déjeuné », je m'installe confortablement dans mon lit, l'ordinateur sur les genoux, et je fouine pour trouver quelques renseignements sur les candidats. Ne serait-ce que prononcer le nom de certains me pose problème ! Je commence à me faire une idée sur chacun, mais il me sera difficile d'enrichir mon commentaire de réflexions personnalisées… Jean-Marie Bigard me fait un peu peur avec son franc-parler. Avec lui, je me prépare au pire… Heureusement, je connais assez bien les danseurs professionnels et leur parcours.

Vendredi 11 février. J moins 1. Dans la matinée, je contacte Jean-Louis Blot et je lui demande si je peux aller visiter le plateau du studio 217, où aura lieu l'émission. Il n'y voit aucune objection mais il me précise que les préparatifs ne sont pas terminés. À J moins 1 ! Sur des shows de cette importance, qui coûtent des millions, il y a tellement d'intervenants et de corps de métier qu'il n'est pas évident que tout soit prêt suffisamment en amont. J'ai vu ça partout.

Je retrouve Alessandra et Chris. Fred Pedraza et Déborah Nahon nous présentent la table du jury. Ils font des essais de placement, et ils m'attribuent la place centrale. Alessandra sera à ma droite et Chris à ma gauche. C'est peut-être pour faire « M-G-M » : Martines-Généreux-Marques, mais je pense que c'est plutôt pour m'empêcher de sauter partout…

Ensuite, je vais à la découverte des coulisses. Mon nom figure déjà sur la porte d'une loge. Je commence à prendre mes repères… De retour sur le plateau du studio 217, je fais la connaissance des deux animateurs de l'émission, Sandrine Quétier et Vincent Cerutti. Nos échanges sont tout de suite empreints de sympathie… Je ne passe guère plus de deux heures à La Plaine-Saint-Denis et je me fais reconduire à mon hôtel. Je veux m'informer sur les danses qui vont être proposées lors de cette première émission, c'est très important pour moi.

Lorsque je me couche, je prends bien garde d'être parfaitement calé entre mes deux gros oreillers préférés, le silence et, surtout, l'espoir…

*

*   *

Samedi 12 février. Jour J. Au lever, je me sens fébrile. J'ai hâte d'y être, de découvrir les vêtements qu'on va me faire porter, de prendre connaissance du « conducteur », ce document sur lequel est inscrit le déroulement de l'émission… Je suis impatient, l'adrénaline est déjà en train de monter. J'ai l'impression d'avoir pris quatorze cafés. Or avec quatorze cafés, je deviens dangereux, je me connais…

Un chauffeur vient me chercher à 10 heures. Il me dépose au studio 217. Je salue tous les gens que je croise, grimpe les escaliers, rejoins ma loge et m'y enferme. C'est une habitude que j'ai. Je m'installe sur mon petit canapé, je prends une grande respiration et je me dis : « Si le palet arrive sur ta crosse, il faut que tu convertisses cette passe en but. » Je sais qu'on attend beaucoup de moi et je ne veux décevoir personne. Mais au-delà de toutes ces réflexions, je pense surtout à ma femme, à mon fils et à ma fille qui ne pourront pas assister à cette grande première. Et qui sont si loin…

À midi, j'ouvre la porte de ma loge et je me lance. Je pars en chasse. Je veux rencontrer tout le monde. Je vais rendre visite aux danseurs. En revanche, je ne veux pas me présenter aux célébrités. Je tiens à garder mon libre-arbitre, sans me laisser influencer. J'ai jeté un œil sur les enregistrements des répétitions et j'en ai tiré quelques informations. Je sais par exemple que Sofia Essaïdi a été victime d'une chute et qu'il n'est pas encore sûr qu'elle puisse concourir.

Lorsque je regagne le plateau, tout est fin prêt. En moins de vingt-quatre heures, les techniciens ont accompli un travail de ouf. C'est magnifique. Je hume l'air, je prends la température ambiante. Puis vient le moment du « filage », une répétition du déroulement de la soirée. Je m'imprègne de l'ordre des séquences tout en sachant qu'au dernier moment tout peut encore changer.

Chris Marques, qui est également chargé de la direction artistique de l'émission, supervise les lumières. Alessandra est au maquillage et à la coiffure. Je continue de m'intéresser à la mécanique du spectacle.

L'heure arrive enfin de passer à des choses encore plus sérieuses. Je vais à l'étage choisir mon costume. Puis je passe à mon tour à la coiffure. Comme je suis loin de mes bases, j'ai envie d'essayer un truc. Je demande au coiffeur, Fabien, de tenter quelque chose de créatif. Je l'ai dit au début de ce livre : au final, j'ai l'impression de me retrouver avec une tarentule sur la tête ! Pauvre Fabien ! Malheureusement pour lui, je ne dispose pas de la crinière de Chris Marques. Il a fait ce qu'il a pu avec ce qu'il avait sous les ciseaux et le peigne. Quelle idée j'ai eue, aussi ! « Quelque chose de créatif » ! Qu'est-ce qu'on peut créer avec trois fois rien ? En tout cas je ne me suis jamais vu avec un tel look. Mais bon, c'est fait, c'est fait. Et irréversible. De toute façon, il n'y aura guère que cinq millions de personnes pour me voir…

On nous a demandé d'être fin prêts quarante-cinq minutes avant la prise d'antenne. Je vais me restaurer et retourne dans mon refuge : ma loge.

Je suis interrompu dans mes réflexions par un coup à la porte. C'est Jean-Louis Blot qui vient me renouveler la confiance de toute l'équipe. Il m'encourage à m'amuser, me conseille de ne pas être trop long et, surtout, d'être moi-même. On se donne une belle accolade et Jean-Louis part vaquer à ses nombreuses occupations… C'est marrant, ces accolades à répétition ! Depuis que je suis ici, j'ai embrassé plus d'hommes que de femmes ! Ça me fait tout drôle. Dans les milieux de l'audiovisuel et du showbiz, en France, tout le monde s'embrasse. C'est comme ça…

On frappe de nouveau à la porte de ma loge. C'est au tour de Déborah Nahon de venir me visiter.

Elle m'étudie de haut en bas et de long en large. Sa priorité, c'est l'image. Elle aussi me recommande de ne pas être trop long… Elle est à peine partie que Fred Pedraza lui succède. À sa réaction en me voyant, je ne suis pas certain que mon look le séduise particulièrement, mais il ne fait aucun commentaire. Il me serre longuement la main en me regardant droit dans les yeux et il me recommande lui aussi d'être moi-même. Et avant de tourner les talons, il ajoute :

– Sois pas trop long !

Décidément, je fais l'unanimité.

Il reste une heure avant le show. Soudain, c'est l'effervescence. On nous bouscule un peu. Il faut que les juges aillent se faire prendre en photo. Ces clichés sont destinés à la presse. Nous prenons la pose devant une grande toile blanche. Nos attitudes respectives confirment que nous sommes tous trois très différents les uns des autres. Chris se montre très tonique et volubile. Alessandra, radieuse, la joue « glamour ». Moi je prends des poses que j'espère dynamiques et drôles… Mais le grand moment, c'est lorsqu'on nous réunit et que l'on se retrouve Chris et moi de chaque côté d'Alessandra. C'est Blanche-Neige et les deux nains ! L'image est à se tordre. Là, l'ego en prend un coup. Mais on en rit de bon cœur.

Vingt minutes avant le début de l'émission, on vient nous chercher. On descend sur le plateau. Chris et moi nous nous encourageons des yeux. On nous équipe avec des micros-cravates de chaque côté. J'aurais volontiers échangé ma place avec le technicien du son pour appareiller Alessandra… Et nous voilà dans l'arène. J'essaie en vain de relire les quelques notes que j'ai prises. Ce qui est déconcertant, c'est que nous nous tenons carrément devant le public…

Soudain, dans l'obscurité, on entend s'égrener le compte à rebours : 8… 7… 6… 5… 4… 3…

– 5 –

UN « PETIT CARIBOU » DANS L'ARÈNE

Lundi 14 février 2011.

Ce matin-là, à mon réveil, c'est à mon père que je pense, à la promesse que je lui ai faite de continuer à exercer mon métier et à gérer ma vie et celle des miens avec le sens des valeurs et la rigueur qu'il m'a inculqués. Ce n'est donc pas le moment de baisser les bras. Il faut que j'arrête de me lamenter sur mon sort.

Je n'ai jamais aimé regarder mes prestations à la télévision. Quand j'ai revu l'émission en replay hier, j'ai trouvé mon intervention très moyenne. En dépit des nombreux compliments que j'ai reçus, je sais que je dois apporter de multiples corrections. Mais je sais aussi ce que je ne dois pas modifier. Mes efforts doivent porter en priorité sur l'élocution – modérer sa vitesse – et sur le niveau sonore – baisser le volume des décibels. Je m'y applique tout seul dans ma chambre.

Pendant la semaine, nous sommes sollicités pour enregistrer de nouvelles vidéos. C'est pour moi l'occasion de revoir tout le monde. Ils sont tous adorables avec moi. Je n'ai donc pas été si mauvais que ça !

Une jolie relation est née avec David Dahan, le chef d'orchestre de *Danse avec les stars*. Avec sa riche expérience des shows nord-américains, il a tout de suite apprécié la fantaisie exotique que j'apporte à l'émission. Il fait tout pour me faire accepter… Quand je croise Fred Pedraza, c'est toujours à l'arrache. Il n'a jamais plus de trois secondes. Le mec est à donf. Mais il ne me quitte jamais sans me rappeler de raccourcir mes interventions !

Je vis une semaine à deux vitesses. Les jours passent très vite mais mon angoisse s'atténue très, très lentement. Pour ne pas penser à moi, je me rends dans les salles de répétitions. Je prodigue ça et là quelques conseils techniques. C'est en réalité la première fois que je rencontre les célébrités en dehors de l'émission. Là, je sors de mon rôle de juge, c'est le vrai Jean-Marc qui leur apparaît. Si les danseurs, qui me connaissent bien, sont sensibles à ma démarche, les artistes découvrent de leur côté que je suis habité par une authentique passion pour mon métier.

Je suis allé les voir tous. J'ai donné quelques conseils. J'ai changé l'ordre établi. De juge, coach et ami, j'ai inversé la hiérarchie en ami, coach et juge. Je tenais à ce qu'ils sachent que mes jugements quels qu'ils soient ne porteraient jamais préjudice à leur image.

Au cours de cette semaine, j'ai été très touché par un appel de Vincent Cerutti. Il s'était procuré mon numéro et il voulait prendre de mes nouvelles. Me sachant seul à Paris, il m'a même proposé de déjeuner ou de dîner avec lui. À ce moment-là, je me sentais trop fébrile pour accepter, mais grâce à cette démarche, j'ai découvert en lui un homme de cœur. Encore aujourd'hui, il est un des seuls avec Chris Marques à me téléphoner régulièrement.

Bien sûr, j'ai mis à profit ces six jours pour revoir mes notes et étudier plus avant le profil des candidats.

Samedi 19 février 2011.

Je décide de me faire conduire beaucoup plus tôt que la dernière fois sur le plateau 217. Fabien en profite pour arranger ma coiffure. Ma tarentule n'a plus qu'une patte. Elle est unijambiste. Laure, la maquilleuse, persiste gentiment à m'appeler son « petit caribou ». Sa comparaison me surprend car un caribou, c'est un des plus gros cervidés existants. Je trouve que « castor bricoleur » m'aurait été plus approprié. J'ai compris un peu plus tard que « caribou » était un terme générique pour qualifier un Québécois. Je crois aussi que Laurent Gerra a beaucoup œuvré pour répandre ce surnom avec ses sketchs mettant en scène Céline Dion…

J'ai à peine vu passer l'après-midi que le deuxième prime commence. La machine, bien huilée, part au quart de tour.

Les sept candidats en lice descendent les marches. Je les sens encore plus motivés que la semaine dernière. Marthe Mercadier bondit comme une gazelle. David Ginola a la killer attitude. Sophia Essaïdi vole au-dessus des marches. M. Pokora, les cheveux lissés en arrière, a troqué son nœud pap' pour une superbe cravate rouge. Vincent Cerutti accompagne l'apparition de Rossy de Palma d'une petite phrase qui se voudrait prémonitoire : « Avec cette comédienne, on peut s'attendre à tout. Surtout au meilleur... » Ce qu'il ne sait pas, c'est que, pour elle, le pire se profile. Jean-Marie Bigard est encore d'une extrême élégance. Adriana Karembeu me captive une fois de plus. Je sens comme une invasion de fourmis derrière les genoux. Tout doux, Jean-Marc, tout doux !

Bien calé dans mon fauteuil de juge, j'ai toujours en tête les paroles que Vincent Cerutti m'a adressées pendant le debrief sur la prestation de David Ginola lors du premier prime : « Jean-Marc, pourquoi vous hurlez tout le temps comme ça ? » Je suis très concentré. Je sais que mes anges gardiens veillent sur moi. La présence de David Dahan face à ses quinze musiciens à cinq mètres de moi me rassure. Quand Sandrine Quétier me présente, j'affiche un sourire plutôt réservé, tout en retenue. Et lorsque Vincent me demande comment s'est passée ma semaine, je lui réponds sobrement : « excellente ». Pas question que je parte dans une explication lyrique et rocambolesque.

*

* *

C'est Sofia Essaïdi qui inaugure l'émission avec un jive. À l'issue de sa prestation, Alessandra et Chris se montrent plutôt emballés. À mon tour, très calmement, je livre mon appréciation : « Je suis juste un peu moins excité que mes deux amis… » J'émets quelques critiques techniques et je conclus par : « Le jive est un menu principal, ce n'est pas une entrée. Je suis resté sur ma faim. » Ça ne rate pas, le public exprime immédiatement son mécontentement. Mais, cette fois, j'ai retenu la leçon. Je m'y suis préparé. J'ai « la couenne plus épaisse ». Je suis imperméable. L'unanimité de nos notes, trois « 8 », prouve que si mes propos sont durs, ma note est juste.

Pour Jean-Marie Bigard, qui éclipse presque Patrick Swayze dans *Dirty Dancing*, je reste toujours aussi pondéré, diction parfaitement maîtrisée. Je termine mon intervention avec une image en forme de jeu de mots : « C'est la Fauve qui t'a dompté ! », une image que Vincent Cerutti ponctue d'un : « Jean-Marc, le doute n'est plus permis, vous savez parler aux femmes. »

Rossy de Palma se présente en troisième. À un moment, dans le scénario de sa chorégraphie, son partenaire, Christophe Licata, lance un billet d'avion en l'air. Le billet volette un peu et vient se poser juste derrière Rossy. La présence de ce morceau de papier par terre la déstabilise. Elle s'arrête net et demande de couper la musique. Bien que nous lui fassions signe de continuer, elle se penche, se saisit du billet et va le déposer plus loin. L'orchestre arrête de jouer. Vincent Cerutti décide d'intervenir.

Il gère l'incident avec une extrême diplomatie. Rossy explique qu'elle a eu peur que Christophe glisse sur le billet et se blesse, et elle demande à l'orchestre de reprendre. Moi qui ai été jury ou président dans des dizaines d'émissions dans plusieurs pays, jamais je n'ai vu un candidat exiger de recommencer sa performance. Surtout dans une émission en direct ! Ce n'était pas à elle d'arrêter le cours de l'épreuve. Pour moi, elle s'est mise hors compétition… Chris dénonce « trop d'erreurs » dans les pas et, quand vient mon tour, Rossy de Palma me prie de me montrer « Généreux ». Je lui explique qu'elle est entrée dans la « zone grise » et que sa technique est trop approximative. Je n'ai pas voulu l'accabler.

La prestation de David Ginola fait spontanément se lever les juges. Pour situer sa performance, je parle d'« explosion » et de « finesse ». Et pour montrer que j'ai bien étudié son cas, sachant qu'il s'est installé en Angleterre, je précise : « Tu es revenu ici parce que tu aimes la France. Et tu es encore ici parce que la France t'aime »… Une acclamation de plaisir explose des gradins.

Comme je l'avais fait lors du premier prime, je profite de la pause publicitaire pour retourner voir les gens installés derrière moi. Je prends de plus en plus conscience du plateau. Je reçois pas mal d'encouragements. Je contrôle mieux la situation.

Vient le tour de M. Pokora. Il exécute *Roxane*, qui est pour moi le plus beau tango du monde, avec une formidable maestria. Je compare le couple à Nicole Kidman et Brad Pitt, j'évoque un mix de « séduction » et de « violence » et je joue une fois de plus sur *Dangerous* et *MP3*. Mais, auparavant, j'ai commencé mon intervention par un enthousiaste : « Super canon… J'achète ! » J'avais entendu le mot « super canon » dans la semaine et je me l'étais fait expliquer. Je croyais que ce vocable ne s'adressait qu'aux filles vraiment superbes. Je l'ai donc jugé tout à fait approprié pour définir la démonstration de M. Pokora. Et, je ne sais pas pourquoi, j'y ai ajouté « J'achète ! »

À partir de ce moment, j'ai senti que tout basculait. Nous sommes le 19 février 2011, il est 22 h 16, le public français m'entend pour la première fois prononcer la formule « J'achète ! » La salle exulte. M. Pokora arbore un grand sourire. Alessandra est prise d'un fou rire. Ce dont j'avais rêvé au cours de la première émission vient de se produire à cet instant. Je viens d'établir la connexion : « J'achète ! » Et je ne vais pas regretter cet achat…

Pour ce qui concerne Marthe Mercadier qui, tout en courant après la musique, prenait un plaisir gourmand à taper sur le popotin de Grégoire Lyonnet, je choisis de laisser l'aspect technique à Chris pour essayer de personnaliser mon jugement. J'ai lu à propos de cette grande dame qu'elle avait pris une part active à la Résistance. Le rapprochement est trop beau : « Vous représentez, non, vous ÊTES la Résistance. Vous allez au front. Mais vous n'avez pas tout à fait gagné la bataille du jive. Revenez à un peu plus de technique et vous pourrez gagner la guerre. »

C'est à Adriana Karembeu que revient l'honneur de terminer – en beauté – ce deuxième prime avec une rumba. Pour elle, les métaphores sont simples. Je déclare qu'elle a su utiliser « tout son arsenal : ses pieds, ses chevilles, ses genoux, ses jambes, ses hanches, son cou, son corps et ses yeux tellement ravageurs ! » et je n'ai pas peur d'aller encore plus loin dans le parallèle érotique en ajoutant : « La rumba, c'est ce qu'on fait à la verticale mais qu'on rêve de faire à l'horizontale. » Le public approuve et le fait entendre, Vincent Cerutti éclate de rire. Je sens qu'il commence à apprécier mes sorties et que nous devenons de plus en plus complices.

Je sais déjà que je viens de récupérer le joker que j'ai perdu la semaine dernière.

La fin de l'émission se profile. Robbie Williams vient prêter brillamment son concours. Quelle voix ! Et arrive le moment fatidique de la dernière danse, celle qui détermine qui va quitter la compétition. Elle oppose Marthe Mercadier à Rossy de Palma. Les téléspectateurs éliminent cette dernière. Peut-être en réaction avec son comportement quelque peu cavalier…

Moi, j'ai le cœur léger. Mes émotions sont cette fois positives. J'ai saisi ma deuxième chance.

*
* *

Quand je me présente au petit cocktail qui suit l'émission, je constate que je suis accueilli beaucoup plus chaleureusement. À moins que je ne sois simplement plus réceptif que la dernière fois. Les félicitations sont sincères. L'état-major de TF1, les producteurs, les techniciens viennent m'encenser. Je me sens enfin à ma place, légitime. Je trinque avec toute l'équipe. Nous venons tous ensemble de remporter une belle victoire. Je dois encore ajuster des choses, mais je suis sur la bonne voie…

Maintenant, j'ai hâte d'appeler France. Le chauffeur le plus rapide de la production me reconduit à mon hôtel. Il est 2 heures du matin. Vingt heures au Québec.

À l'appareil, France prononce son mot habituel :

– Pis ?

J'essaie de tempérer mon euphorie.

– Ça s'est beaucoup mieux passé.

Notre conversation est apaisée. France se dit fière de moi. Elle sait que j'ai fait le job. Nous nous quittons heureux l'un et l'autre.

Quand je me couche, je me sens serein. Le sentiment de solitude est certes toujours présent, mais je suis moins tourmenté, je n'ai plus d'appréhension pour la suite. Je vois la lumière au bout du chemin.

Samedi 26 février 2011.

J'aborde le troisième prime avec une faim de loup. J'ai retrouvé tous mes moyens, la confiance est là.

Cette fois, je suis totalement détendu quand Sandrine Quétier et Vincent Cerutti lancent le programme. Je goûte particulièrement la traditionnelle descente des marches par les candidats. J'adore ce moment.

Cette troisième soirée est placée sous le signe du cinéma.

Sandrine nous rappelle de façon un peu solennelle, car au-delà du show une grande compétition est en jeu, que Rossy de Palma a quitté l'aventure à la conclusion du deuxième prime et que, à la fin de cette soirée, si brillante et haute en couleur soit-elle, une autre célébrité nous tirera sa révérence...

« Tabarouette ! », elle a tout à fait raison. Je suis encore sur mon petit nuage. Il est temps de se remettre à l'ouvrage. Comme me l'a si bien rappelé Fred Pedraza, le grand manitou : « Ton boulot, Jean-Marc, consiste à décrypter. Il faut donner les clés aux téléspectateurs pour éclairer leur jugement. » Et, une fois encore, il a cru bon d'ajouter : « Mais essaie de faire court ! »

Contrairement à ce qui se passe au cinéma – le thème imposé –, nous, nous sommes en direct. On ne peut pas recommencer une prise ratée, il n'y a pas de truquage possible. Juges, animateurs, célébrités, danseurs, personne n'a droit à l'erreur.

Clap de départ.

Danse avec les stars à la sauce hollywoodienne. Silence ! On tourne, on bouge, on saute…

Le premier couple à faire feu dans un paso doble estampillé 007, c'est Jean-Marie Bigard avec, en James Bond girl, Fauve Hautot. Chris estime que la performance, un peu en dents de scie, mérite plus « un double zéro qu'un 7 ». Il commence fort ! Une telle critique n'est pas pour plaire au sanguin Jean-Marie. Le pseudo-James Bond se mue en Dark Vador. Avec sa voix de stentor, il hurle que les juges ne sont « que des plantes vertes » et que c'est le public qui doit avoir le dernier mot. C'est plutôt violent… Sentant qu'il n'est pas à prendre avec des pincettes, lorsque je prends la parole après Alessandra, je décide au début de la jouer diplomate : « Tu es un homme fort, un homme fier, mais tu dois canaliser ton énergie. » Puis je termine, cette fois sans mettre de sucre dans son café, par un péremptoire : « Je veux de la puissance. Mais si tu ne suis pas la cadence, ce sera la potence ! » Je n'ai guère apprécié les « plantes vertes » de Jean-Marie, même si les paroles de Chris avaient été un peu provocantes. Les notes tombent en rafale : 5, 5, 5. Un piètre résultat pour Jean-Marie. L'émission commence en fanfare. Le film d'espionnage tourne au film d'horreur.

Puis, comme pour calmer les esprits, et à ma grande surprise, on présente une vidéo extraite de l'émission canadienne *So You Think You Can Dance*, qui nous montre France et moi dans un jive endiablé. Cette attention me touche. Vincent ne manque pas de saluer à distance cette fille aux cheveux rouges qui est ma partenaire. Revoir ainsi ma France m'apporte un petit vent de nostalgie.

La compétition reprend avec Sofia Essaïdi et Maxime Dereymez sur une version foxtrot de *Singing in the Rain* que n'auraient pas désavouée Gene Kelly et Debbie Reynolds. Je conclus ma litanie de compliments par un sincère « Sofia Essaïdi, je suis ébloui, je suis ébloui ! » Peu après j'accorde le premier 10 historique de l'émission. Pour moi, Sofia méritait même un 11 !

Ensuite, nous revenons au paso doble avec la musique du film *Pretty Woman*. Je donne quelques conseils au *pretty boy* David Ginola tout en soulignant son « manque de finesse »... À la fin de la performance d'Adriana Karembeu et Julien Brugel sur *Kill Bill*, je m'écrie : « Ce n'est pas Bill qu'elle a tué... c'est moé ! » Mais parce que je crois bon de comparer ses muscles à des baudruches dégonflées et ses jambes à des bouts de bois trop secs, je soulève un concert de protestations. La leçon de la première semaine est gravée dans ma tête. Indifférent à la bronca, je reste fermement campé sur mes positions, sans élever la voix, même si mes partenaires ne sont pas d'accord.

*

* *

Enfin vient la pause pub. Chris et Alessandra sont tout sourire. Nous sommes au top. L'ambiance entre nous est excellente. Mon comportement me semble plus satisfaisant. Si mes intonations et mon accent sont loin d'être parfaits, je claironne beaucoup moins. Mes envolées à la Castafiore appartiennent au passé. Elles ne font plus trembler les lustres qui ornent le plafond du studio 217. Fred Pedraza vient faire un point rapide. Tout va bien. Il faut qu'on reste dans la bonne humeur et il trouve constructif que nous ne soyons pas toujours d'accord. En revanche, il nous interdit toute surenchère parce que, d'après lui « ça devient chiant, ça devient lourd ! » Puis il se tourne vers moi avec un petit sourire.

– Encore un truc… Jean-Marc, fais juste un peu plus court !

– Oui, chef !

Wow, je suis en progrès.

*

* *

Le retour aux affaires est marqué par l'entrée en scène de notre beau gosse national, M. Pokora. Aidé par Katrina, il tire son épingle du jeu avec un étrange mélange disco-foxtrot sur la musique de *Drôles de dames*. Le plus « drôle », sur le plateau, est quand même la coupe de cheveux qu'arbore Chris, choucroutée sur le dessus et « rasée à fesse », très court, sur les côtés. Cette coupe fera fureur quatre ans plus tard. Toujours en avant de la vague, monsieur Marques !

Un moment très émouvant vient clôturer cette troisième émission : le duo formé par Marthe Mercadier et Grégoire Lyonnet sur la musique de *Titanic*. Les images et la mise en scène sont superbes. J'essaie de ne pas me focaliser là-dessus pour ne m'en tenir qu'à l'aspect technique. Évidemment, sur ce thème, les métaphores « coulent » d'elles-mêmes. J'explique à Marthe que son voyage est « en péril » car son « bateau prend l'eau ». Je suis un peu dur mais je tiens à rester cohérent avec la ligne directrice que je me suis fixée. En dépit de toute ma tendresse pour cette délicieuse octogénaire, je m'interdis de tomber dans un favoritisme à cinq cennes[1].

En apothéose à cette soirée, la production innove audacieusement avec « Le Marathon de la danse », une épreuve pénible qui propose trois danses au menu, soit une danse l'une après l'autre, non-stop, bien sûr. Chaque couple donne son meilleur. Et, sans grande surprise, c'est M. Pokora qui est couronné vainqueur.

À l'issue des votes, Sandrine et Vincent annoncent que ce sont Marthe Mercadier et David Ginola qui sont opposés pour l'impitoyable face-à-face. Ce remake de *David et Goliath*, car Marthe est une géante du septième art, a vu, alors que c'était une soirée consacrée au cinéma, le sportif terrasser l'actrice !

1. À deux balles.

*

*   *

Pour le prime numéro 4, on sent tout de suite qu'il y a de la pression dans le chaudron. Et ce pour tous les protagonistes de cette formidable aventure.

Pour moi, les choses sont désormais différentes. Me sentant enfin légitimé dans mon rôle, ne nourrissant plus d'appréhension particulière, l'hyperactif que je suis commence à trouver le temps long entre deux émissions. Je cherche de l'occupation. Dans ce but, je suis toujours pendu aux basques de Jean-Louis Blot et surtout de Déborah Nahon pour qu'ils me trouvent un truc sympa à faire pendant le show. Après avoir consulté Jean-Louis et Fred Pedraza, Déborah propose une idée géniale : me faire danser en direct pendant le prime !

Deux jours avant la date fatidique, je répète avec Candice Pascal, Christophe Licata et Grégoire Lyonnet. Je me régale avec eux. Ils sont beaux, ils sont drôles et, surtout, ils sont pros. Mais on a du boulot. La proposition de Déborah est quand même un peu casse-gueule…

Samedi 5 mars 2011.

Place au quart de finale.

Ça démarre fort. Le rideau se lève sur M. « Elvis » Pokora, avec Katrina Patchett en policière, sur un jive inspiré par *Jailhouse Rock*. Je suis impressionné. Je déclare au chanteur que ses pieds ont littéralement

« mitraillé le plancher ». Je me lance dans mon premier bruitage, « tacata-cata-cata », en faisant mine de mitrailler le desk et le public, et je sanctionne la prestation d'un nouveau « disse ».

Pour ce quart de finale, toutes les célébrités doivent présenter deux chorégraphies. Double passage donc double dose de travail, mais avec un même nombre de jours dans la semaine. C'est chaud !

Le tango de Jean-Marie Bigard est tout à fait respectable. Il efface le double zéro de Chris la semaine précédente ! Un 7 unanime vient le récompenser.

C'est alors qu'on annonce en intermède un jive interprété en trio. Le public découvre une chorégraphie parfaitement huilée avec Christophe, Grégoire et Candice quand, soudain, cette dernière quitte ses deux partenaires et vient m'inviter à les rejoindre sur la piste. Je risque gros, je suis « frette ben raide[1] » mais je me lance. Seuls la régie et l'état-major de la production étaient au courant de mon intervention. Cette démonstration inattendue à quatre, qui aurait pu tourner à la cata vu le court laps de temps accordé pour cette véritable cascade, recueille un tonnerre d'applaudissements. Autant que je me souvienne, ce doit être une des premières fois au monde que, sur ce format d'émission diffusé dans quarante pays, un membre du jury se mêle en direct à une chorégraphie. Lorsque, tout essoufflé, je regagne le desk, c'est pour recevoir les chaleureuses félicitations de mes deux complices, Alessandra et Chris.

1. Je suis glacé.

Après mes petites galipettes, l'émission reprend son cours. Toutes les célébrités affichent des signes de progrès indéniables. Si bien que nous distribuons un total de six 9 et pas moins de cinq 10. Le niveau prend de la hauteur… Mais le point d'orgue de cette soirée, c'est la double performance de Sofia Essaïdi et Maxime, une rumba qui leur vaut un double 10, suivi d'un 9 pour un tango sur le titre de Katy Perry *I Kissed a Girl*, au cours duquel on a pu apercevoir très distinctement en ombres chinoises Sofia embrassant une autre girl… Oh là là là, Sofia !

Finalement, après dix performances de nos stars arrive l'épreuve fatidique de « La dernière danse ».

Ce soir-là, après qu'on a combiné les votes du public et les appréciations des juges, le duel se réduit à une confrontation entre « la Belle » et « la Bête », Adriana Karembeu et Jean-Marie Bigard… Le charme l'ayant emporté sur l'humour, Jean-Marie, très ému, se répand en propos pleins d'admiration et de gentillesse pour celle qui a réussi l'exploit de faire de lui un danseur, sa « petite » Fauve Hautot. Quant à Adriana et Julien, ils accèdent à la demi-finale.

Ouf ! Ce prime très dense et très intense se termine en beauté. Quand je l'analyse à froid, je me sens le cœur léger. Mes dix debriefs ont été relativement bien structurés et j'ai démontré au public français que j'étais capable de relever le défi de la danse.

*

* *

La semaine de la première demi-finale de *Danse avec les stars* va être très mouvementée. Comme je désire toujours m'impliquer, Déborah me suggère de préparer un petit stimuli de Jive avec Adriana Karembeu...

Me revoici au studio de l'Olivier à Malakoff, là où j'ai tourné *Le Tour du monde des danses avec Jean-Marc Généreux*. Cette fois-ci, je suis beaucoup plus détendu. À l'entrée, je croise David Lem, le réalisateur qui va tourner cette nouvelle vidéo, toujours sous le contrôle de Volodia. Je me mets immédiatement à improviser. Je lui demande de me procurer deux blouses de médecin, un marteau, un tournevis, une scie, du ketchup, des rondelles de tomate et, si possible... un chat. En trente minutes, David a exaucé mes vœux. Je lui explique alors mon petit scénario ainsi qu'à Moulay, le cadreur, et à Julien Brugel, le danseur partenaire d'Adriana Karembeu. Quand il entend de quoi il s'agit, Julien me conseille d'exposer quand même mon projet à la jeune femme ! Aussitôt proposé, aussitôt fait. Et Adriana adhère avec enthousiasme.

Ready... Moteur... Silence... On tourne !

Adriana, la mine anxieuse, est en place à l'intérieur d'une pièce aménagée sur le plateau, Julien et moi faisons irruption habillés en chirurgiens. Tout de suite j'explique à notre patiente que, si ses jambes de deux mètres sont parfaites pour les podiums, elles constituent en revanche un gros handicap pour bien danser le jive. Dans cette perspective, nous allons devoir procéder à une intervention très délicate. Adriana joue parfaitement le jeu. Nous l'invitons à s'allonger sur une table et nous la couvrons d'un drap blanc dont on relève un pan à la verticale, de façon que les spectateurs ne puissent pas voir les jambes d'Adriana, mais qu'ils suivent juste mes gestes.

J'effectue alors une véritable parodie d'opération. Avec solennité, je demande au « docteur » Julien de me passer le marteau. Je me mets à cogner comme un forcené. Puis je passe au tournevis. Je m'éponge le front… Adriana oscille entre vrai fou rire et faux gémissements… C'est le moment que je choisis pour demander à mon assistant quelque chose de totalement inattendu. Je crie :

– Trouve-moi quelque chose d'organique, n'importe quoi de vivant, mais avec des pattes.

Julien me tend alors le fameux chat que David avait noté sur sa liste et, à la stupeur générale, je le lance dans la pièce. L'animal effectue un joli vol plané pendant que je m'écrie :

– Non, pas un chat !

Après quoi, je réclame une scie. Il est temps d'employer les grands moyens. Je suis en gros plan. Mon masque dégouline de ketchup, la scie est couverte de morceaux de tomate. Nous sommes en plein Grand-Guignol.

Enfin, épuisé, je proclame avec un air démoniaque que l'opération a parfaitement réussi.

La suite est top (c'est le cas de le dire à propos d'Adriana) : elle apparaît à genoux dans ses baskets, ce qui lui donne une taille de naine…

Je suis ravi. Tout le monde a bien voulu me suivre dans mon délire. Adriana a été à deux cents pour cent.

Maintenant, on peut se demander pourquoi personne n'a jamais vu cette vidéo qui empruntait au burlesque. C'est tout simple. Lorsque Volodia et les gens de la production ont visionné les images, ils ont relevé trois détails qui, manifestement, nous avaient échappé :

1/ Brutalité sur les femmes. Même si Adriana n'a cessé de lutter contre ses fous rires.

2/ Brutalité sur les animaux. Même si le chat est toujours retombé sur ses pattes, y compris pendant les répétitions.

3/ Atteinte à la dignité des personnes de petite taille. En fait, on se moquait de nous-mêmes car on peut se placer, Chris et moi, dans cette catégorie.

Malheureusement, nos censeurs avaient raison. Nous nous sommes rabattus sur une vidéo montrant une leçon de jive bien plus classique et consensuelle. C'est ce magnéto, certes plus pédagogique mais tellement moins cocasse, qui a été validé par la prod'.

Samedi 12 mars 2011.

Les choses très sérieuses commencent. Nous en sommes au stade de la demi-finale. Pour l'occasion, je porte une superbe veste gris argenté. Pour la petite histoire, il faut savoir que, lors de la première saison de *Danse avec les stars*, je puisais dans une garde-robe limitée, mise à disposition par Amélie, la styliste, et toujours validée par l'œil avisé de Déborah Nahon. Mais pendant ce temps-là, des tenues plus seyantes étaient fournies à d'autres. Comprenne qui pourra…

Pour cette demi-finale, nous avons eu droit à un spectacle haut en couleur. Nous sommes passés de l'univers de *Harry Potter* via Sofia et Maxime à celui du *Poker Face* de Lady Gaga avec David Ginola et Silvia ; puis, en dépit de mes cours si particuliers, Adriana ne nous a pas véritablement conquis avec son jive, alors que, une fois de plus, M. Pokora et Katrina nous offraient une sublime rumba adaptée du célèbre hit de Robbie Williams *Angels*. Au-delà du talent, du charisme et de la beauté du jeune chanteur, j'ai surtout retenu sa profonde sincérité.

Un nouveau marathon distingue cette fois la prestation de Sofia et Maxime… Puis, sans surprise, les votes propulsent directement en finale les couples M. Pokora-Katrina et Sofia-Maxime. Reste à savoir quel sera le troisième binôme qui les y accompagnera. C'est à « La dernière danse » de trancher. Le verdict tombe : Adriana et Julien nous quittent. Ce sont David et Silvia qui seront au rendez-vous de la semaine prochaine.

À ce stade de l'émission, je me dis que j'ai déjà vécu ici de grands moments de télévision, et de formidables moments humains. Mais c'est surtout l'impact sur le public de mon fameux « J'achète ! » qui commence à m'intriguer. Les gens s'adressent à moi en l'utilisant à n'importe quelle sauce. Bizarre…

*

* *

Durant la semaine précédant la finale, tout le monde est fébrile. Pour l'avoir vécu pendant plusieurs saisons sur *So You Think You Can Dance*, je connais bien cet état.

Je suis convoqué à TF1 pour faire un petit point avant la finale… Fred Pedraza, Déborah Nahon et Jean-Louis Blot sont ravis de la tournure des événements et du bilan. Mais rien n'est gagné… Les Américains ont dix saisons d'avance, c'est bon signe mais il faut que la version française, *Danse avec les stars*, obtienne les suffrages du public et les fidélise si l'on veut continuer. La barre est toujours maintenue très haut, et l'exigence reste la plus absolue.

Je me rappelle avoir vu David Dahan, notre merveilleux chef d'orchestre, s'arracher les cheveux devant la tâche colossale d'avoir à gérer quinze « scores » (partitions), voire plus, pour un seul prime. Mais il a toujours assuré. La prod' sait qu'elle peut compter sur lui en toute occasion.

Avant que je quitte la tour de TF1, Fred et Déborah m'annoncent qu'ils souhaitent que je danse pour la finale avec… toutes les filles. Candice, Fauve, Katrina et Silvia ! On n'a pas le droit de refuser un tel cadeau. Danser avec ces quatre superbes créatures, il y a de quoi se sentir tout émoustillé ; et inventif. Mon cerveau se met immédiatement en mode « trouvailles » et, après quelques propositions plus ou moins originales, tout le monde tombe d'accord sur ce thème : « Les Amazones et Indiana "Généreux" Jones »… J'ai déjà une idée précise de ce que je vais expliquer aux jumeaux Fred et Tristan Carné, qui réalisent l'émission…

Depuis le deuxième prime, j'ai pour habitude d'aller humer l'atmosphère dans les salles de répétitions et, de temps à autre, de prodiguer quelques conseils. Ce qui n'est pas toujours du goût de la production qui craint que mes petits coups de main puissent influer sur le cours de l'histoire. Je le connais bien, ce métier de coach. C'est un gros investissement que d'essayer de bien faire danser un novice. Et j'ai vu que l'aide que je pouvais apporter à leurs partenaires était la bienvenue chez les danseurs professionnels.

Il ne faut pas oublier que ces danseurs portent sur leurs épaules une énorme responsabilité. Au-delà du show, au-delà de la compétition, *Danse avec les stars* est une vraie aventure humaine. Il se crée entre les couples – professionnels et célébrités – une relation de complicité et surtout de confiance. Les célébrités s'en remettent totalement au savoir-faire et aux qualités pédagogiques de leur partenaire-instructeur.

Mon aide, désintéressée, toujours bienveillante et teintée d'humour, me semblait vraiment appréciée. Je pense que Sofia, David et Matt auront tiré quelque profit de certaines de mes suggestions.

Samedi 19 mars 2011.

Le Jour J. Le jour de la toute première finale de *Danse avec les stars* est arrivé. Plus de cinq millions de téléspectateurs sont au rendez-vous pour savoir qui de Sofia Essaïdi ou de M. Pokora va l'emporter. Ce n'est pas faire injure à David Ginola que de dire qu'il est l'outsider. On ne sait jamais ce qui peut arriver sur ce type de compétition, surtout quand on tient compte des aléas des performances en live et des improbabilités du vote du public. Dans cette optique, David est on ne peut plus légitime.

Je sens un petit vent de stress, mais il n'y a pas panique à bord. Après cinq primes, je suis parfaitement rôdé. Nous sommes tous hyper motivés. Je suis fin prêt. Le « caribou » est chaud bouillant.

Nos deux animateurs, les célébrités, les danseurs pros, Fred, Jean-Louis, Déborah… tout le monde est sur son « 36 ». C'est ce qu'on dit au Québec quand les gens s'habillent pour un grand événement style mariage ou remise de diplôme.

Lumière… Voix off de Richard Darbois… C'est parti pour une finale de folie !

La démonstration en est faite dès la première prestation, celle de Sofia et Maxime. Ils subliment la piste avec un quickstep endiablé sur *Diamonds Are a Girl's Best Friend*, le titre immortalisé par Marilyn Monroe. Je suis estomaqué. Je trouve que Sofia danse comme une pro. Maxime a réalisé un boulot de dingue. Cette chorégraphie est un vrai diamant, j'ajoute qu'elle « vaut plusieurs carats » et je termine par un tonitruant « Et ça… J'achète ! » Ce qui ne manque pas de faire ronronner le public de plaisir.

David et Silvia enchaînent avec un jive qui manque un peu de synchro, mais l'ex-footballeur donne le meilleur de lui-même.

Puis on balance l'enregistrement préalable de la séquence « Les Amazones et Indiana "Généreux" Jones ». En raison des contraintes techniques, nous l'avons tournée juste avant l'émission. J'avais tout réglé, la chorégraphie et la mise en scène, mais Fred Pedraza a voulu vraiment du Indiana Jones.

D'après ses directives, je me retrouve donc suspendu avec un harnais à cinq mètres du sol. Sous moi brûle un gros feu de joie. Fred Pedraza sait-il que ma mère s'appelle Jeanne d'Arc[1] ? Toujours est-il que la chaleur du brasier commence à se faire sentir. Pour en avoir vendu dans ma jeunesse, je connais trop la souffrance du hot dog en train de cuire… Mais cette appréhension ne dure que le temps pour les Carné de prendre leurs marques au niveau technique… Résultat, lorsque je me retrouve sur la piste, c'est pour y exécuter une samba enflammée,

1. Eh oui ! C'est un prénom relativement courant au Québec.

so caliente. Merci à vous, les incandescentes Candice, Fauve, Katrina et Silvia, d'avoir pris sur le peu de temps que vous laissait la compétition… En tout cas, sur le plan de la réalisation, ce film m'a prouvé une fois de plus que le made in France, ç'a de la gueule.

Pendant la coupure pub, Jean-Louis et Fred viennent nous encourager et nous dire de ne rien lâcher. La soirée ne fait que débuter…

La reprise du programme nous propose le premier passage de M. Pokora. Son paso doble sur la musique du *Thriller* de Michael Jackson aurait, selon mes dires, « réveillé un mort ».

Pour son deuxième passage, Sofia nous exécute une rumba de chez rumba. *Sooooooooo Hot !*

Ça se calme un peu avec une valse viennoise de grande qualité de la part de David qui, malgré quelques cours prodigués par un danseur classique, n'a pas toute la légèreté escomptée. Mais les efforts sont indéniables. Donc, respect.

De retour sur la piste, M. Pokora et Katrina démontrent qu'ils sont décidément dans une forme extraordinaire. Leur foxtrot sur *New York New York* est accompli dans les règles de l'art. Matt réussit à chaque fois à incorporer dans ses prestations une petite note théâtrale qui rehausse sa performance. Résultat : un triple 10 !

Mais ce qui était prévisible arrive. Sandrine et Vincent annoncent qu'un couple va devoir abandonner la compétition pour n'en laisser plus que deux en lice. À l'énoncé de son nom, David Ginola, triste mais fier du parcours réalisé, quitte l'aventure avec le large sourire d'un concurrent qui a tout donné et qui n'a rien à se reprocher. Heureux d'accéder à la troisième marche du podium, il tient à remercier chaleureusement sa partenaire, pédagogue, psychologue et parfois nounou, la belle et toujours aimable Silvia Notargiacomo (un nom que Vincent Cerutti prend toujours un plaisir fou à prononcer).

*
*   *

Nous nous frottons les mains. Nous allons assister à la finale annoncée. La guerre de titans entre Sofia Essaïdi et M. Pokora va se livrer sur le terrain du free-style.

Effectivement, nos deux artistes nous délivrent chacun une performance digne de grands champions.

Dans mon esprit, ils sont indissociables. Quant à notre tâche de juge, elle est reléguée à nos qualités d'analyste et de commentateur. C'est au public de trancher. Personnellement, j'accorde un léger avantage à Matt pour la part de comédie qu'il a introduite dans son attitude. Sur le plan purement technique, pourtant, Sofia s'est révélée un peu supérieure… La difficulté reste que l'on doit évaluer, mesurer et finalement juger deux couples qui ne dansent jamais la même danse et pas au même moment, deux couples avec deux parcours complètement différents. La comparaison est délicate.

Vient le moment fatidique. Qui remporte la toute première finale de la première édition française de *Danse avec les stars* ?

Rituel de l'enveloppe. On ménage un petit suspense.

Le nom dans l'enveloppe : M. Pokora !

Matt bondit de joie sous un tonnerre d'applaudissements accompagnés des cris stridents de ses nombreux fans.

Rétrospectivement, j'ai pensé que les deux titres sur lesquels Sofia et Matt avaient performé étaient subtilement révélateurs. Sofia et Maxime ont dansé sur *Last Dance*, alors que Matt et Katrina ont évolué sur *You're The One That I Want*. C'est exactement ce que le public a énoncé à travers son vote. Il a remercié Sofia pour sa « dernière danse » et il a déclaré à Matt « Tu es celui que je veux ».

M. Pokora reçoit son prix des mains de la belle et plantureuse Américaine Nicole Scherzinger, ex-chanteuse des Pussycat Dolls et grande gagnante de la saison 10 de *Dancing With The Stars* aux États-Unis en 2010, dont les hanches ondulent comme les vagues du Pacifique qui baignent son Honolulu natal.

Dans un élan plein de noblesse, M. Pokora choisit de remettre son trophée à sa partenaire. Katrina, émue, tend les mains et… la boule à facettes se détache de son socle et tombe sur le sol !

Plus tard, on m'a rapporté que, la veille de la finale, pour s'amuser, Matt avait voulu se faire prendre en photo avec le trophée. Or, en le manipulant, il avait malencontreusement disjoint la boule de son support. Il l'avait replacée tant bien que mal et reposée discrètement sur son présentoir. Sa petite cachotterie l'a rattrapé…

*

*   *

Une belle épopée vient de se terminer… Le premier tome de l'histoire de *Danse avec les stars* est écrit…

Pour l'instant, je ne mesure pas encore toute l'ampleur du phénomène. J'ai la satisfaction du travail accompli, au même titre que tous mes partenaires dans tous les domaines. L'après-midi précédant la finale, Jean-Louis Blot m'a confié que, malgré le succès, il n'était pas certain qu'il y aurait une deuxième édition. Ce show coûtant très cher, il fallait prendre le temps d'en étudier tous les paramètres artistiques et économiques avant de prendre la décision de le reconduire ou non.

Cette nouvelle m'a un peu déstabilisé. Mais, après tout, cette décision ne m'appartient pas. Alors, si c'est « non », ce sera sans rancune… *Hasta la vista Baby !*

Tributaire des audiences, le monde de la télévision privée est imprévisible. En fait, il faut se défoncer, se battre sans penser au lendemain.

Mais moi, au soir de 19 mars 2011, j'y pense, au lendemain ! Les miens m'attendent. Je repars vers eux sans m'attarder.

Je regagne le Québec, ma belle province, comme si rien ne s'était passé. Là-bas, tout comme au Canada anglais, personne ne sait ce que Jean-Marc Généreux a accompli en territoire français. On connaît l'adage, « nul n'est prophète en son pays ». C'est la vie. Mes valises sont remplies de beaux souvenirs, de grandes rencontres. Et, caché dans un coin, il y a un gimmick qui va se révéler beaucoup plus précieux que je ne peux l'imaginer. Le fameux « J'achète ! », qui m'est venu si spontanément face à la performance d'un certain M. Pokora, va devenir une arme de construction massive… Ce qui me semblait n'être qu'un tire-pois[1] est en fait une véritable bombe atomique.

Je rentre au Québec me ressourcer à l'amour des miens. Mais si, d'aventure, on a de nouveau besoin des services du caribou survolté, je reviens en courant. Enfin, en volant…

1. Une sarbacane.

– 6 –

QUATRE SAISONS ET DEUX TOURNÉES

De retour au Québec après la première saison de *Danse avec les stars*, je reprends l'enseignement, je travaille sur les chorés de *So You Think You Can Dance USA*. Mais surtout, je peaufine mes événements : Dancing à la carte, que j'organise depuis vingt ans avec David Rosinski à Springfield, dans le Massachusetts, et mon nouveau bébé, le Rocky Mountain DanceSport Grand Prix, qui se tient à Calgary… Pas de souci, mon assiette est « ben pleine ».

Fin mai 2011, je reçois un coup de fil de Cédric Lacolley, de la prod' de TF1. Ce qui ne manque pas de m'étonner car, lors de notre dernière conversation, Jean-Louis Blot s'était montré plutôt dubitatif à l'idée d'une deuxième saison. Or, contre toute attente, j'apprends non seulement qu'il va y en avoir une, mais qu'en plus la date est déjà fixée : ce sera… en octobre de cette année !

Là, je capote[1]. Deux émissions la même année ! Je suis partagé. D'une part, je suis fier de retourner vivre l'expérience du samedi soir sur TF1, mais à côté de ça, ce timing ne me convient guère car je vais devoir déclarer forfait pour Calgary. Je dois en informer mes partenaires et amis Martin, Diana, Eric et Kelly. Un peu ébranlés mais compréhensifs, mes boys et mes girls de Calgary me donnent leur bénédiction. Me voici donc de nouveau disponible pour *Danse avec les stars.*

Le moment venu, je remplis mes valises de tous mes gimmicks : « J'achète ! Je dis oui, oui, oui ; C'est beau, c'est chaud, t'as mis l'feu au plateau. » La version JMG 2.0, quoi !

Je débarque chargé à bloc dans le même hôtel que pour la première saison, dans la même chambre. Et je retrouve le personnel toujours aussi accueillant, jovial et discret. *Give me more of the Baltimore…*

La prod' a un nouveau visage : Marika. C'est elle qui est en charge des magnétos. Dès la deuxième semaine, elle commence à en baver grave avec mon accent pourri.

Quand je vais au studio de l'Olivier, les fans sont toujours aussi à donf. Fort de mon expérience de la première saison, je m'investis beaucoup plus. Nos danseurs pros sont aux oiseaux[2] ! En revanche,

1. Je perds la tête.
2. Aux anges.

on veut que je limite mes contacts avec les célébrités. Après force palabres, on m'autorise quand même à dispenser mon savoir. Mais, bizarrement, on fait de moins en moins appel à mes services de chorégraphe.

Je suis très heureux de retrouver mes complices du jury, la séduisante Alessandra Martinez ainsi que le toujours aussi intransigeant Chris et sa légendaire banana disco.

La saison 2 de *Danse avec les stars* est évidemment ponctuée de grands moments d'anthologie. Je pense au paso doble de Maxime Dereymez et Shy'm exécuté dans un cercle de feu, à leur prestation complètement *caliente* sur la version rumba de *You Can Leave Your Hat on*. Shy'm est définitivement l'une des raisons du réchauffement de la planète ! Et que dire des costumes et des personnages qu'a endossés l'incomparable Philippe Candeloro, tantôt sur une moto à la Johnny Hallyday, tantôt dans l'univers de Rocky ? Ces rôles lui allaient comme un gant… car il a mis K.O. tout ses opposants, sauf une, la « Shymi Soldier ».

Il y a eu aussi les compositions poétiques, voire ésotériques, d'un Francis Lalanne littéralement habité. Par la danse ou par autre chose de plus métaphysique. Il dansait pour son père qui le regardait d'en haut ! Je l'adore, ce mec. Il fallait que sa partenaire Silvia Notargiacomo soit aussi souple mentalement que physiquement pour pouvoir le gérer…

Le mannequin Baptiste Giabiconi, associé à la « Fauvette », débute par un quickstep approximatif, mais il ne lâche rien. Il se montre réceptif à mes conseils et si déterminé que sa progression sera fulgurante. Il se retrouve en finale, éliminant Sheila au passage ! Pour elle, ce n'était pas l'école qui était finie, mais bel et bien son parcours à *Danse avec les stars*... En finale, Baptiste est le premier éliminé, au grand désarroi de ses nombreuses « poulettes » venues l'encourager. Le ring est donc dégagé pour un dernier round mettant aux prises à ma droite Super Shy'm et Mad Max et, à ma gauche, « Candel » et Candice. On y voit Philippe traverser la piste accroché à une liane, ce qui ne manque pas de panache, mais manque en revanche de rythme et de précision. L'ex-patineur rebelle au grand cœur est plus apprécié du public que de Chris Marques qui ne manque pas de le lui faire savoir... À l'issue du free-style, Shy'm et Maxime l'emportent haut la main.

*

* *

La saison 3, qui se déroule du 6 octobre au 1er décembre 2012, connaît de grands bouleversements. Alessandra Martinez, enceinte, est obligée de se désister, son petit Hugo naîtra d'ailleurs fin octobre. Elle laisse un grand vide à combler. Pour la remplacer, la prod' ne fait pas appel à une personne, mais à deux ! En dépit de certains détracteurs, Shy'm, la grande gagnante de la saison 2, vient nous rejoindre au desk. Elle connaît bien l'émission, elle a bénéficié des enseignements de Maxime Dereymez, elle est donc tout à fait armée pour siéger à nos côtés. La deuxième surprise concoctée par la production, c'est l'arrivée parmi nous de LA Pietra, Marie-Claude Pietragalla, une grande dame de la danse, une ancienne danseuse étoile qui dirige aujourd'hui avec son mari Julien leur propre compagnie. Avec ces deux jeunes femmes, nous aurons pendant toute la saison des fous rires en quantité industrielle. Toutes les deux, elles s'entendent à merveille. Shy'm est une gamine qui adore s'amuser et Pietra, sous des dehors sophistiqués, est une vraie fofolle quand elle se lâche… Pour la petite histoire, Pietra a été ma partenaire pour la danse d'ouverture de la saison 3. Un gros kif. Je le grave dans mon CV… En revanche, Pietra et moi avons eu maille à partir avec Fred Pedraza, qui nous trouvait trop « lyriques » dans nos debriefs.

Il y en a eu, des grands moments, au cours de cette saison 3…

Une gazelle bulgare, Denitsa Ikonomova, et un caribou, Christian Millette, tous deux débarquant du pays du sirop d'érable, viennent grossir les rangs de nos danseurs professionnels, ce qui me touche et me fait grand plaisir car je les ai déjà coachés maintes et maintes fois. Les voir arriver me ramène à mon Canada profond. TF1, je l'ai déjà dit, n'est pas diffusé au Québec. Si bien que les grandes familles locales de la danse, les Millette ou les Nepveu, ne nous verront pas. Des pionniers comme les Jolicoeur, champions de père en filles, ne pourront pas voter pour leurs stars favorites. Tabarouette ! Je pense aussi à mon meilleur pote, Benoît Drôlet. À seize ans, nous rêvions de dominer le monde en dansant, et nous l'avons fait ! Tout en faisant rire la galerie avec nos clowneries. Nos anciens partenaires de show, Anik Jolicoeur et Alain Doucet, avec qui nous avons débuté aux Loisirs Galaxia au sein du gang des Préfontaine, ainsi que tante Cécile, n'auraient manqué pour rien au monde de suivre *Danse avec les stars* s'ils avaient pu le voir au Canada. Je pense très fort à eux…

Une conférence de presse est organisée par TF1 et BBC Worldwide France au théâtre Bobino. À cette occasion, je découvre les nouvelles célébrités qui vont concourir. Parmi elles, je repère l'inimitable Gérard Vives, la voix du *Juste Prix*, un homme qui met le feu partout où il passe. Avec Silvia, sa partenaire, ils laisseront dans cette saison 3 une marque indélébile. Gérard m'a confié plus tard que, pendant la conférence de presse, il avait tenté de joindre sa femme pour lui dire qu'il renonçait à l'émission parce qu'il était rongé de doutes. Heureusement pour nous, il n'a pas eu de réseau…

Cette saison 3, avec son nouveau casting, est largement à la hauteur des précédentes. Les primes de grande qualité s'enchaînent. Taïg Khris est associé à Denitsa, Bastian Baker à Katrina et Fauve, la reine des Amazones, au « Roi-Soleil » Emmanuel Moire pour former un couple impérial.

Avant l'émission, invité par Olivier Margerie à une avant-première de Disney, j'ai rencontré deux fées, la fée Clochette à qui Lorie prêtait sa voix, et la fée Cristal, interprétée par Amel Bent. Je suis donc ravi de les retrouver, rivales cette fois, dans la compétition. Les deux fées volent sans problème jusqu'à la demi-finale. Au début, Amel n'ayant pas trouvé la formule magique pour allier la technique à l'artistique, j'avais cru bon de lui déclarer que son style s'apparentait à celui d'une « danseuse de boîte de nuit ». Grossière erreur. En France cette image, plutôt péjorative, est associée au lap dance, alors qu'au Québec elle signifie que l'on évolue en free-style. Inutile de préciser le niveau des huées que j'ai provoquées. Quelle claque ! Par la suite, Amel m'a ému plus d'une fois… Pour Lorie et son prince charmant Christian Millette, ce fut une autre histoire. Mes colocataires du desk insistaient pour qu'elle soit plus intense, plus expressive, alors que moi je vantais les nuances qu'elle mettait dans ses performances. En tout cas, premier gros coup de théâtre, à la surprise générale, Taïg Khris coiffe Lorie au seuil de la finale. Le champion de rollers avait, il est vrai, bossé comme un fou pour en arriver là. L'élimination de Lorie a ravivé ma théorie selon laquelle tout peut se produire sur ce type d'émission.

La finale de la saison 3 est quand même âprement disputée. Taïg Khris et Denitsa s'effacent pour laisser en lice la chanteuse Amel Bent et le chanteur Emmanuel Moire… Sur *Ma révérence* en rumba, Amel décroche quatre 10. (Dont un accordé par Chris ! Je me suis demandé s'il n'était pas souffrant.) Avant le free-style, les pronostics penchent nettement en sa faveur. Mais Emmanuel va puiser des ressources au plus profond de son cœur, comme il l'avait fait au deuxième prime. En dédiant sa danse à son frère jumeau décédé dans un accident de voiture, il submerge le plateau d'une émotion absolument sincère. Sa prestation, véritablement inspirée, a fait couler beaucoup d'encre et de larmes. Nous avons alors tous compris que *Danse avec les stars* n'était décidément pas une émission comme les autres. La danse peut permettre à chacun d'exprimer des sentiments intimes parfois profondément enfouis.

La prestation élégante et douloureuse du Roi-Soleil a éclipsé toutes les autres.

Devant le succès de cette saison 3, TF1 et BBC Worldwide décident d'inclure au programme de fin d'année un *Danse avec les stars* spécial Noël, réunissant des célébrités qui ont marqué les trois premières saisons. Enregistré le 3 décembre, le divertissement est diffusé le samedi 22 à 20 h 50.

Le matin de l'émission est l'occasion pour Fred Pedraza et moi de nous parler un peu plus longuement. Fred, qui a pris l'habitude de m'appeler « ma petite Générosité », un sobriquet que je n'apprécie pas particulièrement mais que je supporte venant de lui ou de Déborah, me fait une grande déclaration :

– J'y ai mis un certain temps, mais je comprends enfin qui tu es et tout ce que tu peux apporter à l'émission.

Puis, comme c'est la période des cadeaux, il m'offre la possibilité de « déconner un peu », en appuyant lourdement sur le « un peu ».

Puisque j'avais la bénédiction du big boss, je me suis fait plaisir. Entre une Sofia Essaïdi – définitivement mon coup de cœur – et un Francis Lalanne qui a failli se tuer en tombant sur scène, j'avais de quoi être inspiré. Quant à Amel Bent, ex-fée Cristal, elle a été la reine des Neiges de la soirée.

Par ailleurs, ce prime m'a servi de laboratoire expérimental car j'y ai créé des personnages qui allaient me servir lors des futures tournées de *Danse avec les stars*.

*

* *

La saison 4 de *Danse avec les stars* arrive sur les petits écrans le 28 septembre 2013 avec son lot de nouveautés et de surprises.

La première, c'est l'arrivée dans la compétition de la danse contemporaine. Pietra et moi, tels saint Thomas, nous demandons à voir. Nos réticences sont vite balayées quand nous découvrons la qualité des performances de Damien Sargue et Candice Pascal sur *Formidable*, et de Brahim Zaibat et Katrina Patchett sur *Papaoutai*.

Dans ce nouveau casting figure un certain Laurent Ournac. Il doit sans cesse jongler entre le studio 217 et son *Camping Paradis*. Malgré son emploi du temps chargé et ses rondeurs assumées, il réussit, avec l'aide de Denitsa, à charmer le public. Laurent est pour moi la star la plus bluffante toutes saisons confondues.

Titoff est un garçon aussi délirant qu'attachant. Son parcours connaît des hauts et des bas, mais rien ne justifiait le regard noir qu'il nous a lancé en quittant le plateau lors de son élimination. Depuis, il a pris du recul et il admet ne pas regretter du tout cette aventure.

Danse avec les stars 4 a eu son lot de moments stressants. Vingt-quatre heures avant un prime, Christophe Licata est victime d'un accident. Au cours d'un porté, sa partenaire Laëtitia Milot se déséquilibre et chute lourdement sur sa nuque. Christophe étant parti d'urgence en ambulance se faire radiographier, la Mélanie de *Plus belle la vie* hérite d'un nouveau partenaire en la personne de Christian Millette. Pas évident de s'adapter en si peu de temps. Plein de compassion, le public l'amène jusqu'à la finale.

Une finale qui se déroule étonnamment sans Tal, en dépit de sa grande popularité, d'un parcours plus qu'honorable et d'un Lindy Hop[1] d'anthologie. Pas de Keen'V non plus, malgré tous ses efforts. Il a gagné mon respect à la « V » à la mort…

Les jeux sont faits. Restent en course Brahim Zaibat et Katrina, Laëtitia et Christophe, qui est revenu dans la compétition alors qu'il se trouve en convalescence, Alizée et Grégoire Lyonnet. Alizée ne va pas bien du tout. Elle ne peut pas bouger

1. Danse de couple de rue créée à Harlem.

son cou, ses épaules, ni lever les bras. Comme sa présence est indispensable pour l'audience, on lui établit un nouveau conducteur, juste au cas où elle devrait déclarer forfait… Pour la petite histoire, en fin d'après-midi, peu de temps avant le prime, je suis allé la retrouver dans sa loge. Sous le regard inquiet de Grégoire, elle était assise bien droite sur une chaise pour atténuer ses douleurs dorsales. Alors, je lui ai administré un petit massage, « le Jean-Marc spécial », que je réserve pour les cas d'urgence. Je l'ai réédité avant chacune de ses chorés. J'ose croire que ça lui a fait du bien…

Quand la finale commence, à 20 h 55, Alizée est là, prête à tout donner. La bataille est épique. D'une part, il y a ce diamant brut qu'est Brahim Zaibat, le meilleur danseur au monde de breakdance, connu aussi des tabloïds pour sa liaison avec Madonna. Il n'est pas avantagé pour autant car la danse de salon n'a rien à voir avec le break. Et d'autre part, il y a Alizée et Grégoire, nos deux tourtereaux surpris plus d'une fois en train de roucouler.

Ce sont eux que le public désigne. Mais le vote est serré comme jamais. Cinq pour cent seulement séparent les deux couples.

Alizée et son preux chevalier à l'armure d'abdominaux vont pouvoir vivre leur histoire d'amour au grand jour. Ce n'était plus un secret pour personne. La France entière en avait été le témoin en direct.

Quant à Brahim, je le tiens pour la star la plus explosive que nous ayons connue. Pour lui, j'ai inventé le qualificatif de « Brahimissime ». Je crois que ça lui plaisait bien.

*

* *

Début septembre 2013, une conférence de presse est organisée à TF1. À notre grande surprise, nous découvrons une affiche sur laquelle apparaît en gros caractères *Danse avec les stars* et tout de suite en dessous « La Tournée ». Mon étonnement fait très vite place à la perplexité car je ne vois que trois noms imprimés sous ce titre : Sandrine Quétier, Vincent Cerutti et Chris Marques. Mon cœur bat la chamade. Bonyenne[1] ! C'est quoi, ça ? Je suis où dans tout ça ? En bas de l'affiche, je note deux noms, BBC Worldwide France et Cheyenne Productions.

Cheyenne Productions… Il est impératif que j'aie un rendez-vous avec cette boîte. Ma rencontre avec Claude Cyndecki, le patron, est explosive. Cet homme est aussi haut en couleur que moi. Il se présente comme étant « un grand producteur colleur d'affiches » ; les tournées de *Stars 80* et de *The Voice*, entre autres, c'est lui. Il prend le pari de faire de l'émission de télévision *Danse avec les stars* un spectacle vivant. Et il envisage le grand jeu : huit semi-remorques, la boule à facettes et tout le tralala. Il veut investir tous les Zéniths de France et de Belgique. Il m'apprend qu'il a toujours eu l'intention de m'embarquer dans cette

1. Juron québécois.

aventure, mais que, faute de contrat, on n'a pas pu apposer mon nom sur l'affiche initiale. Sitôt dit, sitôt fait. On entérine ma participation, je signe le contrat et Claude Cyndecki fait ajouter sur l'affiche : « Avec le chorégraphe Jean-Marc Généreux, juge emblématique de l'émission ». Ce qui, bien sûr, me fait très chaud au cœur…

Le 19 décembre 2013, on donne le départ de la tournée dans l'enceinte de Bercy pleine à craquer. Chris est lessivé. Il a bossé comme un malade pour assurer la direction artistique. Nous recevons le renfort dans le jury de Jaci « Red Hair » Spencer, la jeune femme qui assure les chorégraphies des collégiales de l'émission. Elle est mignonne, compétente et dynamique et, dans le privé, elle est l'amie de cœur de Chris. Nous sommes devenus complices en trois secondes.

Pour moi, la tournée, c'est l'ultime évasion artistique : j'y suis juge et comédien. Je joue avec le public. Mes envolées lyriques sont appuyées par des accessoires, comme mes chapeaux. Mes « Et ça, j'achète ! » retentissent dans tous les Zéniths repris en chœur par cinq mille, six mille ou sept mille spectateurs.

Et le bilan, ce sont cinquante représentations à travers la France, et 215 000 places vendues. L'essai de Claude Cyndecki est largement transformé. Merci les David, Lolo, Dom, Stef, Flo et mon Alex, ces gars et ces filles de l'ombre qui nous mettent en lumière. Ce succès me fait prendre conscience qu'il serait peut-être temps d'imaginer mon propre spectacle. Une idée à creuser sérieusement, en tout cas.

*

* *

27 septembre 2014, nouvelle saison, nouveau casting et, surtout, nouveau juge. M. Pokora prend la succession de Shy'm. Quelques mois auparavant, nous nous étions croisés à Los Angeles où je travaillais sur *So You Think You Can Dance*. Il avait hâte de retrouver la famille de *Danse avec les stars*...

Avec dix primes, cette cinquième édition est plus longue que les précédentes. Douze célébrités au lieu de dix vont tenter de succéder à Alizée.

J'ai aussi une nouvelle styliste, Sylvaine. Mais rien ne change. J'ai toujours droit à la chemise mais pas à la veste. Je tente néanmoins une audacieuse innovation avec le port du nœud pap'. Ce petit ornement vestimentaire avait fait fureur en janvier 2014 aux NRJ Music Awards. Fred et Déborah, qui ont un droit de veto absolu, acceptent. Yes ! Je l'adore mon petit papillon sous le menton...

Dans le millésime 2014 du casting figurent deux stars canadiennes bien connues du public français, Anthony Kavanagh et Corneille. Anthony, c'est un grand malade ! Pendant les répétitions, il est déjà à fond, acharné. Lorsqu'il apparaît sur le premier prime, je lui chante *Ô Canada*, l'hymne national, transformé en « Ô Kavanagh ». Il ne résiste jamais au plaisir d'une vanne. Il lui est arrivé de se saisir de mes lunettes, de les chausser et de se rengorger en opinant : « Atol… Ça va sans dire ! », faisant allusion à une pub que j'ai faite pour cette marque, et dont je reparlerai. Ou bien il pousse une beuglante en déclinant : « J'achète ! Je rachète… Je loue, je sous-loue… » Il est intenable.

Quant à Corneille, il est beaucoup plus discret que son compatriote. Il a accompli de grosses performances. On ne se connaissait pas vraiment, on s'était croisés brièvement chez Drucker. Ce qui m'a le plus marqué chez lui, c'est son extrême sensibilité et son goût pour la vie.

Quand Anthony et Corneille quittent l'aventure, je perds deux amis. Je suis triste. Ils sont vraiment attachants. Mais *the show must go on.*

Mis à part quelques bons fous rires avec M. Pokora en tournant les clips des juges avec notre ami Jérôme, « Mister Diction », cette cinquième saison est placée sous le double signe de la rigueur et de la performance. Dès ses premiers pas de danse, Tonya Kinzinger dégage légèreté et précision. Tonya, c'est une diva. Elle fait l'unanimité, c'est elle la meilleure… Pourtant, elle et son partenaire Maxime Dereymez, Mad Max, nous quittent prématurément. À l'annonce du verdict, Maxime est dépité, très énervé même. Je comprends son désarroi, mais il ne faut pas qu'il s'en prenne aux juges. Je profite du fait que les caméras ne sont pas sur nous pour bondir du desk. Je le rattrape et on s'explique. Tout est vite rentré dans l'ordre. Cette décision, si injuste soit-elle, dépendait uniquement des téléspectateurs. On vit pour eux et on meurt à cause d'eux. C'est comme ça…

En parlant de vie ou de mort, je pense à Louisy Joseph. Un vol plané à la sortie d'un porté et la voici avec huit points de suture. Peu de temps après, on la retrouve agrippée à une corde à cinq mètres du sol tournant comme une toupie. Si ce n'est pas de la conscience professionnelle, ça ! Chapeau l'artiste… Puis le bel Ángel Muñoz a mis le feu au plateau ; et à Pietra aussi lorsqu'il l'a invitée à venir le rejoindre en coulisses où il lui expliquerait le sens caché de sa choré. Marie-Claude n'a pas vraiment apprécié et moi non plus d'ailleurs…

Après Ángel el Toro impétueux, j'ai été très touché par les prestations du pur-sang Brian Joubert, le patineur solitaire. Dès le début de la compétition, il a réveillé en moi de vieux souvenirs : la relation avec un père qui ne croit pas en tes choix. Mon surplus d'émotion à son sujet m'a valu quelques réprimandes de la part de mes patrons. Ils ne comprenaient pas mes états d'âme. Quand je passais le voir en répète, je trouvais un garçon attentif et réactif. Une vraie éponge. J'étais fier de voir ce patineur se muer en excellent danseur…

Puis est arrivé le « Grégoire et Alizée Gate ». Avec sa partenaire, Grégoire Lyonnet rendait une bonne copie. C'était propre, ses chorés étaient nickel. Mais visiblement ni sa tête ni son cœur n'étaient là. Nous en avons parlé face à face. Il était très mal. Il avait vécu des moments tellement intenses avec Alizée qu'il ne voulait pas provoquer de vagues. Il s'est mis trop de pression, il a fait le choix déchirant de quitter l'émission… La seule vraie victime de ce dilemme cornélien, ç'a été Nathalie Péchalat. Elle ne comprenait rien à ce qui se passait. Elle voulait juste danser, se dépasser et grandir à travers ce nouveau défi. Après ce roman-feuilleton, Christophe Licata a dû assurer grave pour remplacer Grégoire. Il l'a fait avec son professionnalisme coutumier. Le couple « Péchalicata ohé ohé » était né. Nathalie a retrouvé sa niaque de compétitrice et elle est remontée à la surface…

Et puis il y a eu Denitsa Ikonomova et Mister Rayane Bensetti. Ensemble, ils étaient trop beaux. Ils ne pouvaient que réaliser de grandes choses. Pourtant, en arrivant dans la compétition, Rayane m'avait confié avoir peur. Au cinéma, on peut crier « coupez » quand ça ne va pas. Mais quand on est sur un plancher de danse, on n'a pas droit à une deuxième prise. Il faut aller au bout du truc. Très consciencieux, il appliquait à la lettre les conseils de Denitsa. Le gag c'est qu'au premier prime, leur première performance a dû être stoppée pour un problème technique. Plus de six millions de téléspectateurs qui suivaient ses débuts de danseur ont assisté à un incident rare. Rayane était à fond dans sa choré quand Denitsa lui a fait comprendre d'arrêter. Elle venait de crier « Coupez ! » Quel baptême du feu ! Apparemment cette mésaventure lui a donné encore plus de force. Élève studieux et volontaire, il méritait amplement de remporter cette cinquième édition de *Danse avec les stars*.

Au cours de cette saison, encouragé par Chris, j'ai pu passer beaucoup de temps dans les salles de répétitions. J'ai été touché par la confiance que tous les danseurs professionnels ont mise en moi. J'essaie toujours de leur alléger le boulot. Sans leur engagement, sans leur génie chorégraphique, *Danse avec les stars* ne pourrait pas exister.

Les dernières saisons, les responsables de la prod' et de TF1 m'ont adressé beaucoup de signes d'affection. Ils m'ont assuré de leur plaisir à m'avoir dans l'équipe. Même si parfois, ils auraient aimé que je me focalise plus sur mon boulot premier qui est celui d'apporter des jugements techniques et de décrypter les performances, et que je sois un peu moins le Monsieur « J'achète ! » Mais que voulez-vous, ce n'est pas facile de dompter un caribou…

– 7 –

PARIS-HOLLYWOOD

La danse mène à tout, à condition de ne pas laisser passer ses chances, et de saisir au vol les signes du destin. Il n'y a pas de coïncidences, il n'y a que des opportunités.

Mes verres de contact

Au cours de la toute première saison de *Danse avec les stars*, j'avais remarqué deux personnes qui se trouvaient toujours au plus près d'Adriana Karembeu. L'un était son agent, Patrick Goavec, je ne connaissais pas le second. Pendant l'émission, ils étaient régulièrement assis au premier rang. D'un abord très sympathique, ils ne manquaient jamais une occasion de me saluer. Et en plaisantant, ils me recommandaient de donner les meilleures notes à leur blonde protégée…

Huit mois plus tard, en octobre 2011, lorsque commence la saison 2, je retrouve Patrick Goavec, qui accompagne cette fois Véronique Jannot. Je le vois un peu moins, en revanche je remarque que son camarade est toujours aussi assidu. J'en viens quand même à m'informer sur son identité. On me répond : « C'est monsieur Atol ! » Il s'agit en fait de Philippe Peyrard, le directeur général délégué de la célèbre marque de lunettes. Je comprends mieux les raisons de sa présence car Adriana Karembeu est leur égérie depuis 2008 et M. Pokora, vainqueur de la première saison, vient de l'y rejoindre en tant qu'ambassadeur. Ce monsieur ne doit pas être étranger à son recrutement. Nous continuons à nous serrer la main et à deviser de temps à autre, mais sans plus. Au dernier prime, je décide de croiser le fer avec lui en lui expliquant mes problèmes de vue, car je suis myope et astigmate au dernier degré et aucun opticien n'a été jusqu'à présent capable de m'apporter un vrai confort visuel. Quand je danse, je porte évidemment des lentilles, mais en dehors de la scène, je me sens mieux avec des lunettes. Pour toute réponse, il me demande la date de mon retour au Canada. Quand il apprend que je repars quarante-huit heures plus tard, il hoche la tête et remarque : « Dis-donc, tu ne me laisses pas beaucoup de temps ! » Puis, aussitôt, il envoie un texto. Et il me quitte en me promettant de m'appeler plus tard.

Et en effet, je suis à peine arrivé à mon hôtel que Philippe Peyrard me contacte. Il m'indique une adresse dans le VIIIe arrondissement de Paris à laquelle je dois me rendre le plus vite possible. Dès le lendemain matin, je suis dans la boutique. Un dénommé

Thibault me fait immédiatement un examen classique, suivi d'un second, à la technologie plus avancée. Et je m'en vais. Le lendemain soir, j'apprends que j'ai trois paires de lunettes à ma disposition. Rendez-vous m'est donné dans une suite d'un grand hôtel parisien. Je frappe, on m'ouvre, et je me retrouve en face d'Antoine, l'ex-chanteur reconverti en globe-trotter et ancien ambassadeur de la marque Atol. Il m'accueille avec sa chaleur habituelle en prenant un gros accent québécois. Philippe Peyrard avait mobilisé une équipe technique pour tourner un petit film ! Il me remet mes lunettes. Je suis impressionné. En moins de deux jours, on a réussi à m'équiper parfaitement. Quelle efficacité ! Pendant ce temps-là, la caméra enregistre nos échanges avec Antoine sous les directives de Philippe. En fait, Philippe destine ce film à sa hiérarchie…

Un an plus tard, en octobre 2012, me voici de nouveau parisien pour attaquer la saison 3 de *Danse avec les stars*. Philippe et moi nous revoyons avec grand plaisir et gardons le contact. Un jour, il m'invite dans un restaurant japonais pour un repas « avec des amis ». Et je me retrouve autour d'une table avec des administrateurs de chez Atol et le P-DG lui-même, Éric Plat. En réalité, ce rendez-vous n'est pas aussi informel que je me l'imaginais. Il n'y a pas que les yakitoris ou les teppanyakis qui ont droit à la plaque chauffante, mon tour est également venu d'être mis sur le gril. Je suis en train de passer une audition.

Évidemment, je sors le grand jeu et je constate que le courant passe rapidement entre nous.

Au cours de la saison, je participe fréquemment à des dîners pour rencontrer d'autres administrateurs venant de province. Tout doucement, Philippe Peyrard installe ma présence dans certains événements. Le moment charnière se tient au Pullman Montparnasse dans une salle contenant environ six cents personnes. La grande famille Atol y tient une sorte de congrès. Philippe a le truc pour me mettre en avant d'une façon qui paraît impromptue. Je vois vite que je suis adopté. La soirée se termine par un petit spectacle. Je me retrouve à ma grande surprise à faire le « guignol » entre Yves Lecoq et Antoine ! Dans une improvisation de folie, je prends la scène d'assaut, je m'y livre à un parodie de *Danse avec les stars* en attribuant des notes à qui mieux mieux. Puis tout le monde se retrouve dans le lobby du palace. Me voici en train de donner un cours de danse. Philippe vient me trouver et m'annonce solennellement qu'il m'accorde un 10 pour le show auquel je viens de me livrer.

Les sollicitations s'enchaînent et, comme j'ai sans doute franchi avec succès mes nombreux examens, la coopérative me fait signer mon premier contrat d'ambassadeur. Je rejoins ainsi Adriana Karembeu et M. Pokora pour former un trio composé de la Belle, du Beau et du Rigolo. Depuis 2013, je fais mon Tour de France, pas à bicyclette mais avec mes lunettes.

« J'ACHÈTE » LES ENFOIRÉS

Janvier 2013. Philippe Peyrard, connaissant mon désir de voir le spectacle des Enfoirés, a obtenu deux invitations de la part du manager de M. Pokora. Je suis emballé. C'est la première fois que j'entre au Palais Omnisports de Bercy avant que j'y retourne avec la tournée *Danse avec les stars*. Nous empruntons le parking qui se trouve au sous-sol, et nous nous retrouvons dans le quartier VIP. Philippe engage la conversation avec le manager de Matt. Incapable de tenir en place, je commence à me baguenauder dans les coulisses. Je suis mon chemin vers la salle et je tombe sur un grand couloir recouvert d'un tapis rouge, qui vraisemblablement mène à la scène. On me demande de libérer le passage parce que les artistes, qui doivent changer souvent de tenue, font des allers et retours en courant. Je m'adosse contre le mur. Patrick Bruel puis Patrick Fiori passent devant moi en me saluant, M. Pokora vient me faire une bise…

À un moment, deux des responsables de la communication de TF1, Marie Demichel et Romuald Ferrer, qui me connaissent puisque c'est aussi TF1 qui diffuse le spectacle des Enfoirés, viennent bavarder avec moi. Au cours de la discussion, ils m'apprennent que dans l'édition 2013 est programmée une parodie de *Danse avec les stars* baptisée « Danse avec Bernard ». Une décharge électrique me traverse le corps. Ils ont à peine terminé leur phrase que je m'exclame :

« Je suis ici. On ne peut pas faire cette parodie sans moi ! » Sur ce coup-là, je me montre très naïf. Ma réaction, complètement spontanée, amuse beaucoup Marie et Romuald. Je n'intègre même pas que le show a été répété depuis quelques jours. Tout est calé. Mais je continue mes élucubrations. Je leur propose de simplement passer en marchant devant la scène pendant le sketch, de me tourner vers les artistes, puis de regarder le public, et de continuer tranquillement mon chemin. Juste un passage silencieux… Marie et Romuald m'écoutent poliment et me laissent planté en bordure du tapis rouge. Quelques minutes plus tard, je vois arriver Mathieu Vergne, le directeur des variétés et des divertissements de TF1. Il m'explique la mécanique de l'émission, me précise que chaque sketch est écrit à la virgule près et que, en plus, ce soir-là, samedi 26 janvier 2013, a lieu la captation du spectacle par la chaîne de télévision. Je comprends ses arguments et je range mon idée dans ma poche avec le gros mouchoir de la déception par-dessus.

Mais quand j'ai quelque chose dans la tête, il n'est pas facile de me l'en sortir. Je profite du passage de Pascal Obispo et de Patrick Fiori pour leur expliquer ce que j'avais proposé de faire. Je vois qu'ils sont amusés. Pendant que nous discutons, un petit attroupement se forme autour de nous. J'y reconnais Mathieu Vergne, il est accompagné de Véronique Colucci, d'Anne Marcassus, la directrice artistique, et de Jean-Jacques Goldman. Soudain, le cercle s'ouvre pour laisser le passage à Gad Elmaleh. Après m'avoir demandé de réexpliquer mon petit scénario, il me sort :

– O.K. Eh bien tu vas faire Jean-Marc Généreux, mais sur la scène !

Et il s'en va. Aussitôt, c'est l'effervescence autour de moi. On m'emmène au maquillage, on me briefe un peu et on me filme.

Dûment apprêté, je file au carré VIP pour informer Philippe Peyrard que je vais passer sur scène. Je le laisse à sa stupéfaction et je retourne aux affaires. On me tend un micro, on me fait accéder à la scène par le côté cour… Il faut savoir qu'à ce moment-là, je n'ai aucune idée du sketch ; je ne l'ai jamais vu. Je vais donc me lancer dans un inconnu total devant plus de douze mille personnes. Je me tiens derrière le décor. Je commence à marcher de long en large pour réfléchir à ce que je vais faire. J'arrive à l'extrémité, à un endroit où il y a une petite ouverture sur la salle et certains spectateurs installés sur le côté me repèrent, puis se parlent à l'oreille en me regardant. Ce qui me confirme que, finalement, je ne suis pas un inconnu pour tout le monde… Je vais me camper devant un écran de contrôle pour suivre ce qui se passe sur scène. Je commence à saisir le traitement de la parodie. Je vois que ce sont Jean-Louis Aubert, Michèle Laroque et Bénabar qui incarnent les trois juges. Ils interprètent le Bon, la Belle et le Méchant. Les deux animateurs sont Gad Elmaleh et Patrick Fiori. Et, pour jouer les candidats, il y a entre autres Alizée, Thomas Dutronc, Grégoire, Jenifer, Maxime Le Forestier, Lorie, Renan Luce, Christophe Maé, Jean-Baptiste Maunier, Pascal Obispo, M. Pokora, Shy'm, Christophe Willem… Et, d'un seul coup, je fais irruption au beau milieu du sketch. Une incroyable ferveur monte des gradins. Des deux personnages qui cohabitent en moi, l'un est tétanisé et l'autre surexcité. Je n'ai aucune idée de ce que je vais dire. Porté par l'adrénaline, je commence mon improvisation en m'insurgeant : « Ce n'est pas une parodie que je vois là, c'est une tragédie ! » et je continue dans mon délire de personnage offusqué. Ce qui m'amuse le plus, c'est de découvrir la tête que font les artistes en me voyant venir perturber leur sketch. Les trois quarts d'entre eux n'ont pas été prévenus. L'effet de surprise a été quasi général. À la toute fin de ce monologue totalement improvisé, je lance : « Et ça… » à la cantonade, et les douze mille spectateurs me répondent en hurlant : « J'achète ! »

Quand je sors en fermant une porte derrière moi, quelqu'un me tombe dessus et me fait la prise de l'ours. C'est quelqu'un de particulièrement costaud car je suis totalement immobilisé. Un grand rire sonore éclate, l'étau qui m'emprisonne se relâche, je me retourne et je me retrouve face à Garou. On ne s'était jamais rencontrés. Très enthousiaste, il se met à me parler en joual[1]… Puis, la parodie « Danse avec Bernard » terminée, les artistes nous rejoignent en coulisses. Certains courent se changer en m'adressant un pouce levé, d'autres viennent me complimenter pour mon intervention. Sur scène, le spectacle continue. Je vais pour me faire démaquiller, mais on m'arrête. Je suis invité à retourner sur scène pour chanter avec toute la troupe l'hymne des Restos du Cœur et participer aux saluts. Je suis adoubé, je suis devenu un embryon d'Enfoiré.

Apparemment, ma participation a convaincu puisqu'on me propose de revenir le lendemain pour la deuxième captation. Cette fois, je suis attendu. Dans la journée, j'ai eu le temps d'apprendre les chansons de fin et de préparer mon intervention car, comme hier j'ai tout improvisé, je ne me souviens pas précisément tout ce que j'ai pu proférer.

Il m'est arrivé un truc complètement surréaliste. Je viens de vivre un des moments les plus magiques de ma vie. Être accepté au sein de ce groupe d'élite de la générosité française, c'est ma médaille d'honneur.

*

*   *

La débrouillardise de Philippe m'avait offert une opportunité de montrer que je pouvais relever un

1. Langage québécois.

défi, et je n'avais pas « foiré » les Enfoirés... Sauf que l'impro a ses limites. Si vous me rencontrez un jour, demandez-moi de vous raconter les Jeux de la francophonie à Nice. Là, l'impro m'a donné chaud... trop chaud.

Depuis j'ai recroisé plusieurs des acteurs de ce sketch complètement disjoncté, et je vois très souvent Alizée. C'est marrant ! J'espère que « Danse avec Bernard » va paver ma route pour d'autres moments géniaux avec les Enfoirés ; ou avec d'autres... Merci de me contacter au 06...

DANCE WITH ME

Dans notre carrière, l'USBC (United State Ballroom Championship) à toujours été un endroit de prédilection pour France et moi. Notre première expérience au Waldorf Astoria à New York s'était soldée par une grande victoire, d'autant plus remarquée que The Grand Championship, l'ultime confrontation de tous les styles confondus, était relayée à la télévision par la chaîne publique PBS.

L'année suivante, cet événement incontournable fut délocalisé dans le sud-est des États-Unis, à Miami. Ce rendez-vous international revêtait un caractère très particulier, car il avait été créé par les plus prestigieuses écoles de danse américaines comme l'Arthur Murray Dance Studio, le Fred Astaire Dance Studio et le NDCA (National Dance Council of America). Toutes les sommités, les juges et les meilleurs couples internationaux s'y retrouvaient pour une intense semaine de compétition dont la finalité était de promouvoir les couples et les nouvelles étoiles montantes made in USA… Mais nous, nous représentions le Canada. Malgré tout, les Américains nous avaient adoptés comme faisant partie des leurs. Lorsqu'on arrivait à l'USBC de Miami, on était comme à la maison, la neige en moins. Nous étions autant applaudis et encouragés que les couples purement yankees, sinon plus.

À quatre reprises, avec des entrées chorégraphiées plus spectaculaires les unes que les autres, nous avons été vainqueurs dans les catégories « The Open to the World Amateur Latin » et « The Grand Champion » face à des couples aussi renommés que les champions du monde de danse standard de l'époque, Andrew Sinkinson et Lorraine Barry. Et dans les classements professionnels, nous apparaissions devant les couples américains.

L'USBC a été le théâtre de notre dernier championnat mondial dix danses. Nous y avons gagné quatre danses sur cinq dans la section latine devant le couple américain Gary et Diana McDonald.

Nous avons profité de notre dernière participation en tant que compétiteurs pour nouer une relation amicale avec Liz Curtis, ex-grande championne reconvertie en chorégraphe de référence dans le monde du théâtre et du cinéma. Elle était conseillère technique d'une équipe de tournage qui réalisait un documentaire sur la vie des danseurs de danses sportives. À sa demande, nous avons accepté d'être filmés dans le cadre de ce reportage. L'équipe de tournage suivait une dizaine de couples, mais j'ai eu l'impression qu'elle passait beaucoup plus de temps avec nous. En fait, ils étaient là en repérage pour un long métrage qui s'intitulerait *Shut up and Dance.* Tentant, non ?

Hélas, nous étions canadiens et ça compliquait un peu les choses. Le casting devait être purement américain. Pourtant, la future réalisatrice du film, Randa Haines, nous appréciait énormément. La mort dans l'âme, nous sommes repartis pour Montréal en prenant soin néanmoins de lui laisser nos coordonnées, au cas où…

Un an s'est pratiquement écoulé quand nous recevons un appel téléphonique de Californie. Les producteurs du film, qui entre-temps a changé de titre au profit de *Dance With Me*, tiennent à nous faire participer au tournage. À l'affiche il y a entre autres la somptueuse Vanessa Williams, le séduisant Kris Kristofferson et le sémillant Chayanne. Excusez du peu…

Nous voilà partis pour Hollywood, Californie, pour un mois de tournage. Tout est parfaitement organisé, planifié. Notre fils Jean-Francis, qui n'a pas encore deux ans, est du voyage, flanqué de ma sœur Isabelle devenue nounou officielle.

Tout a été prévu pour nous rendre la vie le plus agréable possible. L'hôtel, proche du boulevard Melrose, est un endroit privé très protégé. La preuve, nos voisins de palier sont les New Kids on the Block, le boys band le plus adulé de l'époque. Super sympas au demeurant…

Le soir nous contemplons de ciel étoilé de la Californie, allongés sur un toit à l'abri des regards indiscrets, le jour nous sommes sur la piste de danse pour apporter notre contribution au film. Vanessa Williams, l'actrice principale, fait la navette entre le plateau de tournage et la salle de répètes. Elle s'investit à fond pour rendre les scènes de compétition aussi réalistes que possible. Elle a beaucoup de respect pour nous et accepte nos conseils sans jouer les divas. Tous les acteurs sont cool. Chayanne demande toujours des petits trucs pour améliorer ses performances. Isabelle amène de temps en temps Jean-Francis sur le plateau. Considéré comme la mascotte du film, il passe de bras en bras. Kris Kristofferson l'a adopté et s'amuse avec lui par terre.

Pendant le tournage, chaque week-end, France et moi partons en démonstration dans d'autres grandes villes américaines avec comme accompagnateurs supplémentaires Isabelle et Jean-Francis…

Alors que, jusque-là, le tournage du film avait été idyllique, un premier problème survient quand Vanessa Williams essaye la robe créée pour elle pour la scène de compétition par un grand designer d'Hollywood. Elle pète carrément un plomb. Elle trouve sa robe hideuse. Pour tenter d'arrondir les angles, on convoque toutes les danseuses pour leur demander si elles ont des tenues supplémentaires à l'intention de Vanessa. Quelques robes sont retenues et présentées à la comédienne. Vanessa regarde et, dans le lot, elle jette son dévolu sur une robe appartenant à… France. Une robe de notre création ! Trop bien… Ce choix entraînait aussi un crédit supplémentaire au générique… France est quand même un peu partagée. Elle est flattée que notre robe ait été retenue, et en même temps un peu chagrinée car elle comptait bien la porter sur le tournage. Mais, bonne joueuse, elle se rabat sur son deuxième choix, une tout aussi superbe robe rouge, laissant à la star du film le bonheur de porter la belle robe noire sur laquelle elle avait flashé.

Les répétitions terminées, nous passons au tournage du film proprement dit. Cette fois, nous sommes vraiment à Hollywood. Quelle grosse machine ! Le gigantesque plateau, un ancien hangar d'avions, se métamorphose en un palace de Las Vegas. La suite est un grand moment de plaisir. Tout se passe à merveille, tout roule tout seul. Acteurs, danseurs, techniciens bossent tellement vite et bien que nous nous retrouvons avec une semaine entière de farniente sous le soleil radieux de la Californie.

Nous étions habitués aux studios de télévision, mais cette expérience hollywoodienne nous a fait entrer dans une autre dimension.

Dance With Me est sorti aux États-Unis le 21 août 1998 et en France un an plus tard sous le titre de *Danse Passion.*

Shall We Dance ?

Nous sommes en 2003, je me trouve à New York où je donne des cours à des couples qui font du pro-am. Le pro-am est une catégorie dans laquelle des étudiants amateurs sont associés à des danseurs professionnels et où seul l'amateur est jugé. Je reçois un appel venant, une fois encore, de notre vieille amie Liz Curtis, celle-là même qui nous avait recommandés pour *Dance With Me* six ans auparavant. Son mari, acteur, jouant actuellement à Broadway, elle se trouve également dans la Grosse Pomme. Cette fois-ci, elle me propose carrément un rôle dans un film. Il faut que je me décide vite, mais avant que je n'accepte, elle émet quelques réserves quant au personnage qui me serait attribué, car il est surnommé « the Smarmy Old Man », quelque chose comme « le vieux profiteur » ou « le séducteur à la gomme »… Pas très sympa. Mais l'avantage pour moi dans ce film, c'est qu'il va être tourné à Winnipeg. Comme c'est au Canada, je n'aurai pas besoin de visa. J'accepte d'emblée…

Quelques jours plus tard, je reçois le script du film. Je me trouve alors à Minneapolis, dans le Minnesota. Je profite de mon vol vers Winnipeg pour me plonger dans mon rôle. J'arrive à un passage que je relis plusieurs fois pour être bien sûr que je comprends ce qui est écrit : à un moment, « the Smarmy Old Man » glisse sa main sur le postérieur de Paulina, l'héroïne du film avec laquelle il est en train de danser… Diable, en voilà une cascade ! Elle est d'autant plus périlleuse que l'actrice qui interprète Paulina n'est autre que la très callipyge Jennifer Lopez… Liz Curtis avait pensé à moi en raison de cette scène car elle voulait quelqu'un de « respectueux » !

On vient me chercher à l'aéroport et on me conduit à mon l'hôtel où je termine la lecture du scénario. Le lendemain, je me retrouve dans l'immense hangar où va se tourner le film. Pour l'instant, on en est au stade des répétitions. On a reproduit ici d'un côté un studio de danse à taille réelle et, de l'autre, une rue de Chicago avec un édifice. C'est Hollywood transféré à Winnipeg… En attendant ma partenaire, Liz Curtis m'explique le type de danse que je dois exécuter. Enfin, Jennifer Lopez arrive. Elle a un peu de retard car, à cette époque, elle est en pleine love story avec l'acteur Ben Affleck, et elle fait la navette entre le domicile de son fiancé et les studios. Elle se présente gentiment – comme si elle avait besoin de le faire ! – et nous passons à notre chorégraphie. Il s'agit d'un tango. Je lui montre les pas de base. Elle est très à l'écoute, très réceptive. Elle a déjà pratiqué la danse de couple, elle en possède donc quelques notions… Vient le moment du fameux geste que je dois accomplir à son… envers. Nous décidons ensemble de l'instant le plus propice. Ce sera au moment d'un link, c'est-à-dire quand les deux danseurs regardent dans la même direction. Et on attaque les prises. Ma main quitte sa colonne vertébrale pour glisser vers ses rotondités. Au fur et à mesure des tentatives, elle me suggère différentes trajectoires. Je n'ai jamais connu GPS plus enchanteur !

Mais le réalisateur, Peter Chelsom, intervient. Il trouve que je suis trop jeune pour incarner ce « Vieux » je ne sais quoi… Heureusement, j'ai deux alliés dans la place avec Liz Curtis et Jennifer Lopez. Le metteur en scène accepte de tenter l'expérience, mais il va falloir un peu transformer le scénario. De vieux croûton, je deviens « chic », élégant, un gentleman. « Et on changera le nom du personnage », me dit le réalisateur. Je suis tout content. Hélas, oubli de la script ou de quelqu'un d'autre, cela n'a pas été fait. Je resterai le « Smarmy Old Man »…

Mes répétitions étant terminées, je préfère rester sur le plateau plutôt que de m'ennuyer à l'hôtel. En plus, parmi les danseurs engagés sur le film figurent mes copains Pierre Allaire et Denis Tremblay. Et voici que Richard Gere arrive à son tour. Bien qu'il se montre très discret, sa seule présence et son charisme changent l'ambiance du studio. Tout s'accélère. Je me tiens dans un coin, et je ne perds pas une miette du jeu des acteurs. Il y a du lourd dans la distribution. Outre Jennifer Lopez et Richard Gere, il y a aussi Susan Sarrandon, Stanley Tucci, Bonny Carnavale et Omar Benson Miller… Lors d'une coupure, Richard Gere m'aborde. Il a observé mes évolutions avec Jennifer et apprécié ma façon de danser. Et il me demande des conseils pour la grosse scène de tango argentin qu'il doit interpréter. Le lendemain, il me sollicite de nouveau pour que je lui montre quelques pas. Après quoi, nous nous dirigeons vers le catering[1] pour prendre notre repas. Richard et moi en profitons pour continuer à bavarder tout en dégustant… des escargots.

Arrive enfin le moment fatidique. Fini les répétitions, on passe aux choses sérieuses : je tourne pour de bon la scène. Jennifer est comme une gamine. Elle vient de se fiancer avec Ben Affleck et exhibe fièrement la bague au diamant rose qu'il lui a offerte. Voir d'aussi grosses vedettes se comporter avec autant de simplicité me réconcilie avec le star system… Bizarrement, au moment où nous prenons position pour attaquer notre tango, je remarque qu'il y a beaucoup de monde sur le plateau. La fameuse scène de la papouille du généreux derrière de Jennifer Lopez a attiré nombre de curieux… Nous dansons, nous virevoltons devant les caméras et vient l'instant de « l'alunissage ». Tout se passe vraiment en douceur. Nous sommes des professionnels. Nous refaisons

1. La cantine.

cette scène une dizaine de fois quand Peter Chelsom, après avoir consulté ses monitors, vient nous interrompre pour s'adresser directement à moi.

– O.K., Jean-Marc, jusqu'à présent tu t'es comporté comme un danseur, maintenant il faut agir en mec libidineux…

J'ai tout de suite compris. Le macho qui sommeille en moi s'est réveillé et une seule prise a suffi !

Ma participation à *Shall We Dance ?* est à présent terminée. Je vais saluer tous les protagonistes du film sans oublier les quelques danseurs que je connais, dont certains ont été mes élèves, et je repars pour Montréal la tête emplie de merveilleux souvenirs et de très belles rencontres et avec, dans mes bagages, une photo prise en compagnie de Jennifer Lopez…

Quelques mois plus tard, l'actrice se séparait de Ben Affleck. Je me suis parfois demandé si la qualité de mes caresses avait été responsable de cette rupture. C'est sans doute sans fondement, mais j'aime le penser. LOL !

Le film est sorti aux États-Unis le 15 octobre 2004.

FUNKYTOWN

En 2010, je travaille sur *So You Think You Can Dance* en Californie quand le réalisateur québécois Daniel Roby prend contact avec moi. Il souhaite m'engager comme chorégraphe sur son prochain film, qui s'appelle *Funkytown.* Rendez-vous est pris.

À peine sommes-nous attablés pour partager un petit déjeuner qu'il me lance la phrase qui tue :

– Je ne sais pas si notre budget va nous permettre de nous attacher tes services…

Au moins, le mec est cash, carré. Devant une telle franchise, je me mets au diapason :

– T'inquiète, ce que je dois faire est plus important que l'argent. Si c'est raisonnable, je me lance dans l'aventure.

Dans ce qu'il me présente de son projet, il y a des éléments qui m'interpellent. D'abord, son film se passe au milieu des années 1970, à la grande époque du disco, une danse que je maîtrise parfaitement pour l'avoir travaillée avec Sylvie Préfontaine il y a quelques années. La seconde raison qui éveille mon intérêt est la présence au générique parmi les premiers rôles de Justin Chatwin et de Romina D'Ugo, que j'avais déjà croisée sur *So You Think You Can Dance*. Ils forment un couple de fiancés passionnés de disco… Nous nous entendons sur le budget, et nous nous mettons au travail.

Ma tâche est de diriger toutes les parties chorégraphiées. La partie la plus délicate est de bien gérer les danseurs professionnels pour que, à l'image, Justin et Romina soient le couple vedette du dancefloor. Ce qui n'est pas gagné. Je crée une chorégraphie dont j'envoie la vidéo à Éric Cyr, un ami de Los Angeles, pour qu'il la fasse répéter en amont à Justin. Quand il arrive à Montréal pour le tournage, le comédien, plutôt désinvolte, a pris un gros retard. Il y a beaucoup de travail à rattraper. Justin et Romina doivent mettre les bouchées doubles. Deux semaines plus tard, Justin contracte une sorte de fièvre, ce qui ralentit encore leur entraînement. Pendant ce temps-là, je fais travailler les autres danseurs…

Arrive enfin le tournage. Ce film, très sombre, est inspiré d'une histoire vraie. Il se passe en partie dans une discothèque culte de Montréal, le Lime Light. J'y étais allé avec un copain quand j'avais quatorze ans. J'avais été fasciné de voir des gens aussi exubérants. La musique était tellement forte que j'étais resté sourd pendant deux jours. Et je n'y avais jamais remis les pieds…

Daniel Roby sait très précisément ce qu'il veut. J'en profite pour l'observer et m'imprégner ainsi du métier de réalisateur. Quand vient le moment de la fameuse scène où Justin Chatwin doit se révéler être le meilleur danseur, il me faut une bonne dose de diplomatie pour convaincre les danseurs pros de faire en sorte de lui être inférieurs.

Justin est tellement dans son rôle de personnage ambigu que ça le perturbe dans sa danse. Il faut que je le remette sans cesse sur les rails… Je pense que Daniel Roby a apprécié mon investissement car il a été aussi physique que psychologique. Pour me remercier, il m'a fait faire une toute petite figuration. C'est ainsi que dans ce film, qui est sorti eu Québec le 28 janvier 2011, on peut me voir fugitivement accoudé au bar avec Romina D'Hugo qui me passe devant…

*

*   *

Depuis que je suis haut comme trois pommes, j'aime l'univers de la télé et du cinéma. C'est dans les partys de famille que j'ai acquis de l'expérience avec mes imitations pourries de René Simard et René Lévesque. Mais aussi en regardant mes idoles, les Louis de Funès, Jerry Lewis et maintenant Jim Carey. Puis je me suis risqué dans les concours oratoires et le théâtre amateur…

La danse à créé une réaction en chaîne fondatrice de mon expérience télé qui, en toute fin, m'a amené en France.

La première c'est Antoine Préfontaine qui me l'a fait vivre avec l'équipement loué chez Vidéotron, l'équivalent de la TNT en France. J'ai appris que mon père regardait en cachette, surtout pour trouver des raisons de ne pas valider mon choix de devenir danseur ! Puis je me suis mis à fréquenter de vrais plateaux, soit à Radio Canada, le pendant de France 2, soit sur TVA, notre TF1. J'ai participé à des émissions comme *Parle Parle Jase Jase* avec Réal Giguère ou *Allô Boubou* avec Jacques Boulanger… France et moi avons été interviewés par les grands Gilles Latulippe, Michel Louvain et Guy A. Lepage, les Patrick Sébastien et Michel Drucker du Québec.

Nous avons gagné des shows de télé comme *Le train de 5 heures* sur Radio Canada et la compétition Ohio Star Ball sur PBS (Public Broadcasting Service). C'est d'ailleurs grâce à nos nombreux passages comme compétiteurs sur la chaîne de télé PBS que les dénommés Jeff Thacker et Nigel Lythgoe, producteurs exécutifs de *So You Think You Can Dance*, nous ont repérés et nous ont demandé de venir travailler sur la prestigieuse chaîne américaine Fox, où nos chorégraphies sont vues par plus de dix millions de téléspectateurs. Une de celles-ci, dédiée à notre fille, a ému aux larmes Tara Parker-Pope du *New York Times*.

J'entame ma onzième saison, mais je n'oublierai jamais le coup de téléphone de Sandra Fair et Trisa Dayot qui, après m'avoir vu sur *So You Think You Can Dance*, ont convoqué tout l'état-major de leur maison de production, si bien que le président de CTV Television Network, Ivan Fecan, m'a offert la place prestigieuse de juge en chef… Ensuite, ce fut au tour de V Télé de m'engager pour me faire juger l'émission *Le Grand Saut*, l'équivalent de *Splash* en France, sans compter que j'ai parcouru l'Amérique pendant treize émissions comme présentateur-animateur de *Tout le monde danse avec Jean-Marc Généreux*.

Bref, j'ai toujours pris du plaisir à saisir les opportunités…

Aujourd'hui, si on me demande de jouer un personnage sérieux, touchant ou parfois cartoonesque à mi-chemin entre le clown blanc et l'Auguste, je suis là ! La comédie, c'est le partage, l'échange, le jeu. C'est pourquoi, dès que j'en ai eu l'occasion, j'ai accepté d'y participer. *Degrassi : The Next Génération* et *Nos Chers Voisins* en sont de bons exemples…

Pendant que j'écris ces lignes, j'attends de Joséphine qu'elle devienne mon ange gardien car, qui sait, d'un simple claquement des ses doigts, je pourrais prochainement incarner un certain Sasha… ou devenir Brad Pitt !

Trêve de plaisanterie… Je pense que, de plus en plus, je vais essayer de faire en sorte que le cinéma prenne plus de place dans ma carrière. Mais je ne me prends pas la tête : je n'ambitionne pas de devenir une vedette internationale. Il faut savoir se contenter de beaucoup !

Eh oui, de beaucoup… Le petit caribou devenu grand que je suis n'aurait jamais pensé, dans son enfance québécoise, avoir un destin pareil.

– 8 –

SAINT-HUBERT

Je suis arrivé sur cette planète pleine de promesses un 25 décembre, à l'hôpital Charles-LeMoyne, dans l'ancien Greenfield Park, situé sur la rive sud de Montréal, au Québec. À cause de moi, mon père, qui avait une voix de ténor et qui était un chanteur invétéré, n'a pas pu rejoindre sa chorale à l'église pour y chanter la messe de minuit… D'après ce qu'on m'a rapporté, ma mère était prête à me donner le jour pratiquement à minuit pile, mais selon toute vraisemblance, le médecin accoucheur était en train de réveillonner. Il a donc fallu ralentir un peu le travail jusqu'aux petites heures du jour pour laisser à l'obstétricien le temps de festoyer.

Ma naissance prenait déjà une couleur particulière. Pas à cause de Noël, je ne me prends pas pour Jésus-Christ, mais parce que dans la même chambre d'hôpital se trouvait également ma sœur Monique. Incroyable ! La mère et la fille dans des lits côte à côte… coude à coude… Monique, qui avait déjà deux enfants de trois et deux ans, Jocelyne et Yvon, allait donner naissance deux jours plus tard, le 27 décembre, à sa fille Guylaine.

Je suis donc arrivé sur terre avec des responsabilités car je suis né oncle !

Oncle Jean-Marc… Pourquoi Jean-Marc ? Ma mère s'appelait Jeanne d'Arc, je l'ai dit, et mon père Marcel, d'où le choix de ce prénom qui est composé des quatre premières lettres de celui de ma mère et des quatre premières de celui de mon père !

*

* *

Mes parents étaient originaires de Montréal. Dans ces années-là, c'était la grande métropole du Canada. Quatre ans avant ma naissance, ils avaient décidé de venir s'établir sur la rive sud pour acquérir un peu plus d'espace.

Mon père était comptable. Mais tous les trois ou quatre ans, il lui prenait des envies de se métamorphoser en bâtisseur. Il a toujours aimé travailler de ses mains. Dans ces années-là, on trouvait facilement de l'emploi. Mon père, qui avait une bonne expérience et était très cultivé, savait bien se vendre, donc il ne craignait pas de ne pas retrouver du travail. Aussi, quand il ressentait un peu de lassitude, même s'il était employé par une grosse compagnie, il s'en allait. Il a ainsi décidé d'arrêter un moment pour construire lui-même la nouvelle maison familiale, dans le village de Saint-Hubert, tout près de Montréal. Mes parents faisaient régulièrement la navette entre Montréal et

Saint-Hubert. L'entresol de cette maison était destiné à ma sœur Monique et à sa famille. Et nous, nous en occuperions l'étage supérieur.

Mes parents avaient déjà trois enfants, à l'époque. Le dernier avait seize ans… Lors de ses nombreux allers et retours, ma mère, qui avait alors quarante-trois ans, avait remarqué qu'elle avait pris un peu de poids. Elle est donc allée consulter un médecin pour qu'il lui prescrive un petit régime. Il lui a concocté un traitement qui devait lui permettre de perdre une livre par semaine. Elle s'y est tenue pendant quelques mois… Mais un jour, alors qu'elle est à genoux en train de laver le plancher, elle est prise d'un étourdissement et elle s'évanouit… Quand elle reprend ses esprits, elle est à l'hôpital. Le docteur est à son chevet. Avec un large sourire, il lui annonce :

– J'ai une bonne et une mauvaise nouvelle. La bonne, c'est que vous n'avez absolument rien de grave, la mauvaise, je ne sais pas si elle va vous réjouir, c'est que vous êtes enceinte… Enceinte de quatre mois.

La raison de la prise de poids de ma mère était qu'elle était grosse de ma sœur Anne-Marie. Seize ans après le dernier enfant ! Wow ! Mon père aurait dit, paraît-il :

– On remet la machine en route… On est *open for business* !

Et, onze mois après la naissance d'Anne-Marie, en effet, ma mère donnera naissance à ma sœur Isabelle…

On m'a rapporté que mon père tenait à terminer sa lignée avec un garçon. Comme s'il avait la capacité de décider du sexe du prochain ! Son vœu a été néanmoins exaucé puisque, deux ans après Isabelle, je pointais mon nez. Ma mère avait eu le courage de recommencer une deuxième tralée de marmaille[1]...

Du coup, la maison de Saint-Hubert se trouve plutôt bien remplie. Quand j'arrive, c'est mon frère Raymond qui occupe l'entresol. Mes parents s'installent dans ce qu'on appelait « la chambre des maîtres ». Ma sœur Françoise, la troisième de la première « portée », qui est en train de terminer ses études pour devenir professeur d'école, a sa propre chambre. Quant à Monique et sa petite famille, ils ont trouvé à se loger ailleurs, pas très loin de la maison.

Anne-Marie, Isabelle et moi occupons la même chambre. À mes yeux de petit enfant, cette pièce semblait absolument immense. Plusieurs années plus tard, quand je suis retourné dans cette maison, je l'ai trouvée minuscule et je me suis demandé comment on avait pu y dormir à trois...

*

* *

Au début des années 1960, Saint-Hubert était un petit village qui s'étalait autour de deux grandes artères, la montée Saint-Hubert et le chemin Chambly. Il n'y avait pas encore le boulevard Cousineau qui en est

1. Un deuxième groupe d'enfants.

devenu la rue principale. Et il y avait beaucoup de champs. Notre maison se trouvait rue Gélineau. Elle était adossée à la montée Saint-Hubert, qui était une rue commerçante. Pour nous isoler et nous protéger, mon père avait érigé une clôture « frost », une clôture métallique de deux mètres de haut, faite de croisillons de fil de fer en losange. Le devant de la maison donnait sur un quartier paisible, résidentiel, alors que l'arrière s'ouvrait sur une rue animée, active, et à la circulation. D'un côté, c'était la campagne, de l'autre c'était la ville.

Quand nous avons emménagé, mon père n'avait pas tout à fait terminé ses travaux. Pourtant, il y consacrait six jours par semaine. Le dimanche matin était réservé à l'église. L'après-midi, on faisait le tour des hôpitaux et des hospices pour y visiter des membres de la famille, et on se rendait au cimetière pour entretenir les tombes.

J'ai l'impression que c'était là nos seules sorties. Mon père travaillait tellement qu'il ne prenait quasiment pas de vacances. Chez nous, on ne parcourait pas de longues distances. Le plus loin où je suis allé, c'est à Laval, à Plattsburgh ou à Oka pour y chercher du fromage qui pue. Et pour puer, il puait, côline de bine[1] ! De mémoire, je dirais que nos expéditions ne duraient jamais plus d'une heure et demie de route. On était tous ensemble, et c'était le plus important… Le noyau familial était tissé serré.

---

1. Juron québécois dont le plus proche équivalent français serait « putain ! ».

J'ai à peine quatre ans quand je découvre qu'il existe un espace entre la clôture et la maison qui est une sorte de terrain vague. La pelouse n'y a pas encore été semée. Ça devient mon terrain de jeu de prédilection. Jouer dans la terre, c'est un bonheur pour un p'tit gars. Les monticules deviennent des montagnes, on trace des routes pour les petites voitures, les petits soldats y font la guerre… Pour développer l'imagination, c'est idéal. Quand on est le dernier d'une famille et qu'on est précédé par deux filles qui n'ont que onze mois de différence, on est inévitablement livré à soi-même. Ça ne m'intéressait pas de jouer à la poupée avec Anne-Marie et Isabelle. Mais je n'en souffrais pas car j'inventais sans arrêt de nouveaux jeux. Un jour, en creusant ce qui devait figurer une fosse, je tombe sur un fer à cheval enfoui dans la terre. Peu emballé par cette trouvaille, je le lance derrière moi sans me retourner. Et il atterrit sur la tête d'Anne-Marie ! Ça ne s'est pas très bien passé pour moi, au retour à la maison…

Autour de chez nous, il y avait plein de familles, avec de nombreux enfants, mais dont les parents étaient beaucoup plus jeunes que les nôtres. Si l'on s'en tient à l'état civil, ma mère avait l'âge d'être ma grand-mère. Quand je suis arrivé, elle n'était pas loin d'avoir quarante-sept ans. Et mon père en avait quarante-huit. Quand j'ai eu quatre ans, ma mère était déjà dans la cinquantaine. Mais ça ne m'a jamais posé de problèmes. D'autant que mes parents étaient très dynamiques.

Quand on fêtait la Noël, il y avait facilement trente à quarante personnes dans la maison. Mon père adorait jouer au patriarche.

Ma petite nièce Guylaine, qui est née deux jours après moi, et son frère Yvon, qui avait deux ans de plus que moi, étaient vraiment mes super-potes. Ils habitaient à cinq cents mètres de chez nous dans la montée Saint-Hubert. Nous avions une relation très forte, Guylaine et moi. À tel point qu'on a contracté la piquotte[1] en même temps. Pour que ça ne nous démange pas trop, on nous a enduits de calamine, un liquide qui devenait blanc quand on l'avait étendu sur la peau. On aurait dit qu'on avait joué dans la farine ! Chaque fois qu'elle venait à la maison, Guylaine se cachait dans les penderies pour ne pas repartir chez elle. Elle voulait rester avec moi… Quant à Yvon, il a toujours été mon protecteur. Il passait le plus clair de son temps rue Gélineau. On était tout le temps en activité. Mais on ne faisait pas de coups pendables. On était surtout attirés par une maison dont on s'était persuadés qu'elle était hantée. C'était une construction en bois gris qui m'impressionnait. On s'y retrouvait régulièrement à sept ou huit pour jouer à la cachette. La maison était habitée, mais je n'ai jamais su où se trouvaient ses occupants. Ils devaient travailler pendant la journée… Au bout de ma main, il y avait toujours Yvon. Il m'emmenait partout. Je me souviens d'une

1. La varicelle.

fois où des plus grands que moi avaient mis un chat dans le sèche-linge. C'est là que j'ai découvert les effets de l'électricité statique. J'avais été stupéfait de voir ce chat tout ébouriffé…

Le quartier où l'on résidait était en grande majorité francophone. La communauté anglophone était plutôt regroupée autour du boulevard Davis. Entre les deux se trouvait le parc Pierre-Laporte. On était en train d'y jouer au base-ball quand « les Anglais » sont arrivés. J'avais quatre ans. Ç'a commencé par des provocations qui ont été suivies d'une escarmouche avant de se terminer en bataille rangée. Je me souviens de m'être retrouvé sur les épaules d'Yvon qui voulait me tenir à l'écart de la mêlée. Plus tard, quand j'ai grandi, la rivalité entre les deux clans avait disparu.

L'hiver, Yvon m'emmenait jouer au hockey sur la patinoire et l'été on jouait dans la rue au hockey-balle, une variante dans laquelle on remplace le palet par une balle. C'est là que j'ai reçu ma première coupure à l'arcade sourcilière. Je suis rentré ensanglanté à la maison. Ma mère était dans tous ses états. On passait tous par là. Tous les enfants arboraient au moins une balafre.

*

* *

Dessiner a toujours été hyper important pour moi. Mon père excellait dans ce domaine. Il avait vraiment une très bonne patte. Ma mère s'intéressait aussi à tout ce qui était artistique. Pour nous, les enfants, notre plus beau cadeau, c'était quand on nous emmenait à L'Oiseau Bleu. C'était un magasin où l'on vendait des matériaux et des fournitures d'art plastique. Ma mère nous y achetait de la plastine[1], des crayons, des feuilles à dessin. Il y a une légende qui court dans la famille colportant le fait que je sois, paraît-il, un peu hyperactif !... Pour me calmer, il suffisait de me brancher sur l'art plastique. À une époque, mon père était comptable pour une grosse entreprise qui conditionnait la viande. Il rapportait souvent à la maison de belles pièces de viande enveloppées dans de grandes feuilles de papier brun. Je les récupérais et je crayonnais sur toute la surface malgré les taches de gras et de sang. Ma mère me le reprochait car elle ne pouvait pas conserver mes « œuvres » sur un papier aussi peu ragoûtant. Moi, au contraire, ça m'éclatait de disposer d'une aussi belle surface. C'était trop rigolo.

Mon père était un excellent cuisinier et ma mère un véritable cordon-bleu. On était particulièrement gâtés. Mon père s'occupait souvent du repas du dimanche. Il nous faisait ses fameuses crêpes ; des crêpes fines, fines, fines. Comme des feuilles de papier. Il commençait par « brûler » sa poêle, une grosse poêle en fonte. Ça sentait le feu dans la maison. Puis, il réalisait son mélange et il étendait

1. Pâte à modeler.

la pâte précautionneusement. Quand c'était saisi, il faisait sauter ses crêpes. Ce rituel avait lieu le matin avant d'aller à l'église. Ça sentait tellement bon dans la maison ! Moi, j'étais très « bec fin », j'avais un appétit d'oiseau. Au déjeuner, ma mère nous découpait des petites lanières de fromage avec des petits quartiers de pomme ou d'orange. Il fallait que la présentation soit belle pour qu'on condescende à goûter aux plats. Mes sœurs et moi, on était maigres comme des pailles ! On ne mangeait pas. C'était tout le temps la même ritournelle : « Finissez votre assiette. » Ma mère nous préparait aussi une spécialité qu'on appelait « le p'tit mets ». C'était composé de cubes de pomme de terre, de viande de bœuf, et de sauce tomate. Là, je me régalais. Chaque fois que je savais qu'il y avait du p'tit mets, j'étais aux p'tits oiseaux[1].

On habitait donc au premier étage au-dessus de l'entresol. Pour un gamin de quatre ans, c'est haut. Je me prenais déjà pour un super-héros. J'utilisais de grosses boîtes de détergent en carton que je m'accrochais dans le dos comme si c'étaient des parachutes. Et je me lançais dans le vide depuis la deuxième marche, ou la troisième… Je n'aurais jamais osé depuis le balcon. C'était trop haut… Surtout pour quelqu'un qui est haut comme trois pommes !

Ma sœur Françoise nous gardait de temps à autre en l'absence de nos parents. Un jour qu'elle m'avait

1. Cf p. 104.

mis en pénitence, comme je voulais quand même aller rejoindre mes copains, j'accroche mes draps au pied de mon lit, j'ouvre la fenêtre, et je descends. Comme dans les films ! Quand je reviens après une bonne partie de ballon, je réalise que j'ai fait une connerie. Je suis incapable de remonter dans ma chambre en me hissant avec les draps. Si je veux rentrer, il me faut sonner à la porte et affronter ma sœur. Inutile de dire la tête que je faisais quand Françoise m'a découvert sur le seuil alors que j'étais censé être dans ma chambre. C'était la grosse honte. Elle n'a pas vraiment apprécié et elle me l'a fait savoir.

Mes grands moments d'évasion, c'était devant la télévision. À l'époque, il n'y avait que trois-quatre chaînes. Avec le dessin et le bricolage, seule la télévision avait le pouvoir de me calmer. Encore aujourd'hui, quand je regarde quelque chose à la télé, il pourrait se produire un tremblement de terre, je suis tellement captivé que rien ne peut détourner mon attention. Ce qui fait considérablement bouillir ma femme !

Dès que je m'installais devant le petit écran, mon hyperactivité se mettait en veille. J'étais littéralement scotché. C'était comme si on ne s'adressait qu'à moi pour me raconter des histoires. Je regardais les jeux et j'embarquais dedans. Je me voyais souvent à la place des vedettes. Je me projetais dans leurs aventures. Celui qui m'impressionnait le plus, c'était Hercules. Il possédait une bague avec un « H » gravé dessus. C'était en anglais, je ne comprenais rien.

Je faisais des rêves de cinéma : je découvrais des bijoux, des trésors cachés par les pirates. C'était tellement intense que le lendemain, je me précipitais pour ouvrir les tiroirs de ma commode, persuadé que j'allais y récupérer le butin que j'y avais dissimulé. C'est là que j'ai découvert la puissance de l'imaginaire.

L'été de mes quatre ans, ma sœur Françoise s'est procuré des vêtements jaune et noir pour que je me déguise en clown. Je me prenais pour Paillasson, un des personnages de la série télévisée pour enfants *La Riboudingue*, qui était diffusée sur Radio Canada. Avec ma mère et mes trois sœurs pour public, je me sentais comme au théâtre. Je venais de comprendre que dès qu'on endossait un costume on devenait une autre personne. Et ça, ça me plaisait…

*

*　*

Je ne rêvais pourtant pas que de chasse au trésor. Lorsque j'étais dans mon lit, je voyais les faisceaux des phares de voitures éclairer les rideaux et l'ombre projetée qui se déplaçait sur le mur. Le spectacle était d'autant plus étonnant que je suis affligé d'un astigmatisme de folie, ce que je ne savais pas encore mais qui réfracte la lumière de manière inégale. J'étais comme dans un mini-film. Quand c'était tard le soir, j'avais peur. J'imaginais un tas de trucs. Au lieu de me dire que ce n'était qu'une voiture qui passait dans la rue et qui diffusait une lumière sur les vitres de ma chambre, je me faisais tout un cinéma. Mon imagination était-elle trop fertile ? Mes premiers cauchemars ont commencé. Avec une violence inouïe.

C'était juste après Noël. Je venais d'avoir cinq ans…

Je me réveille brusquement. Je suis tétanisé. Comme si l'on venait de me frapper d'un coup de fouet. Une eau glacée sourd dans mes veines.

Jamais je n'avais ressenti une telle sensation auparavant… Il doit être aux alentours de 3 heures. Je suis dans le noir.

Je suis trempé de la tête aux pieds, je n'ai plus de couverture et je sens le froid de la nuit qui me transperce la peau… Je suis paniqué, terrifié. Mais la sensation qui me fait le plus flipper, c'est cette impression de paralysie. Mon corps est pétrifié, comme cloué au matelas ; mes membres sont trop lourds, comme immobilisés par une force herculéenne.

De mes orteils à la racine de mes cheveux, je suis incapable de bouger. Aucun de mes membres ne répond à mes commandes, je ne sens plus mes doigts. Seuls mes yeux, affolés, roulent de droite à gauche. J'essaie de crier, de hurler, mais je n'ai plus de voix. Aucun son ne sort de ma gorge. Je suis impuissant. Mon cœur, affolé, tente désespérément de s'arracher de ma poitrine. Je panique, j'étouffe… Peu à peu, très lentement, je retrouve mes repères. Mes yeux percent la pénombre, je reconnais l'endroit. C'est ma chambre…

Mon corps pèse des tonnes. Il est inerte, sans vie, comme en pâte à modeler. Et j'ai mal…

Brutalement, je comprends ce qui vient de se passer. Désemparé, je recouvre progressivement mes esprits et, tant bien que mal, je recolle les morceaux. Je prends conscience de l'horreur que je viens de vivre et, malgré mon immobilité, j'entreprends de rembobiner ce film d'épouvante qui m'a terrorisé. Je passe en mode playback…

Je suis dans une rue déserte, pourchassé par un homme très grand, hideux, mais je ne distingue pas clairement son visage à cause du faible éclairage des lampadaires. Il me semble le connaître, mais je suis incapable de l'identifier. Je suis essoufflé, je manque d'air, comme si j'avais couru des kilomètres sans m'arrêter… Il est immense et sans pitié. Il veut s'en prendre à moi, m'agresser, me tuer. Je suis sa proie. Je cours, je cours…

Mon bourreau au visage énigmatique et ténébreux est déterminé. Il est sûr de lui, calme et stoïque, il prend son temps. Il ne dit pas un mot.

Il n'y a que nous deux, je suis tout petit face à ce gigantesque agresseur, dans cette rue déserte, mal éclairée où le Mal réside. J'essaie de détaler, mais mes jambes, privées de toute énergie, ne répondent plus. Je les traîne, pesantes comme deux sacs de sable mouillé. Épuisé, je m'affale sur le trottoir froid et hostile.

Je veux crier, appeler au secours… Je pousse de toutes mes forces pour que les mots sortent. Mes efforts sont vains. Je suis muet. Le prédateur se rapproche. Il est à quelques mètres de moi. Ma gorge se serre… Mes appels à l'aide restent bloqués, aucun son ne peut franchir mes lèvres. Je suis exténué. Mes poumons sont privés d'oxygène. Je suis à sa merci, impuissant…

Et c'est à ce moment précis, dans ce paroxysme de terreur, juste avant qu'il se jette sur moi, que je me réveille.

Je passe lentement du cauchemar à la réalité. Mon dos est encore collé au matelas. Je baigne dans une mare humide, intrusive, qui devient de plus en plus gênante et inconfortable… Je tente de me concentrer, de reprendre contrôle. Je suis dans un état second, hébété, comme si l'on m'avait téléporté par magie dans mon lit… Tout me semblait si réel, si présent, et en même temps tellement improbable… Frappé par le réalisme de la situation, j'ai peur de ne pas recouvrer la maîtrise de mon corps. Je me bats pour que le message qui est dans ma tête soit enfin transmis à mes membres. Graduellement, mon sang se réchauffe, reprend possession de mes veines glacées. Le picotement au bout de mes doigts me redonne un peu d'espoir. Je recommence progressivement à respirer. Ce poids qui m'écrasait la poitrine s'estompe peu à peu. Chaque seconde est interminable. La douleur succède à l'engourdissement de mes membres, les envahit. J'ai mal à tous mes muscles, comme si j'avais essayé de soulever une voiture…

À cinq ans, on ne comprend rien. On ne ressent qu'une souffrance abominable car le martyre physique s'ajoute à la détresse morale. Je passe de la peur à l'angoisse, de l'angoisse à la honte. Je ne veux plus dormir. J'appréhende de me retrouver face à ce bourreau insensible et cruel qui s'est introduit de force dans ma petite tête d'enfant.

Je ne savais pas encore que cet individu deviendrait le monstre qui hanterait mes nuits jusqu'à l'âge de dix ans…

*

* *

J'avais tous les symptômes de la dyslexie mais je n'ai jamais été officiellement diagnostiqué. Tout ce que je fais avec mes mains, je peux le contrôler, tout ce que je peux suivre avec mes yeux, ça marche aussi, mais au niveau de certaines méthodes d'enseignement, en classe, c'était plus problématique. À cause de ça, je n'ai pratiquement jamais lu de bouquins à l'époque. Je parcourais trois lignes et je m'endormais. Ça me demandait tellement d'efforts ! Les yeux me battaient et je cognais des clous[1].

Malgré tout, je me suis plutôt bien débrouillé à l'école.

L'école, justement. Le moment était venu de commencer ma scolarité.

---

1. Expression utilisée quand la tête part toute seule en avant sous l'effet d'un brusque endormissement.

La maison où je suis né,
entièrement bâtie par mon père.

Anne-Marie, Isabelle,
moi et notre mère.

À 5 ans, je voulais devenir architecte ;
dessiner des maisons me passionne.

Maman Jeanne D'Arc et Papa Marcel.

1983. Meryem Pearson, le coach qui nous a guidés durant toute notre carrière à travers le monde.

1984. Lors du Blackpool Dance Festival, dont nous sortirons vainqueurs.

L'équipe de confection. De gauche à droite : Monique Lessard, moi, France, et Joëlle Giguère.

29 août 1987. Notre mariage
à la petite église de Longueuil. Enfin !!!

Fin de tournage pour le film *Shall we Dance ?* avec Jennifer Lopez.

Alain Doucet, France, Anik Jolicœur et moi. Un quatuor de choc en spectacle. Au milieu, mon fils, huit ans.

1999. Un fils, Jean-Francis, et une fille, Francesca. Le choix du roi !

Francesca et moi à Springfield. Elle a deux ans et reçoit un tonnerre d'applaudissements. Trois ans plus tard, elle ne marchera plus.

Capture de notre passion et de l'espoir.

Fred Pedraza le Grand Manitou
et moi le Caribou !

France et moi chorégraphions
à *So You Think You Can Dance*,
Canada.

Faire des magnétos avec Chris, j'adore...

« Déj » au Studio de l'Olivier
avec les danseurs pros,
en préparation de la tournée.

Saison 5 DALS, M. Pokora et moi…
Pas toujours très sérieux !

Moi, Jaci Spencer et Chris Marques. Même Chris peut mettre des 10…
mais on voit qu'il en souffre !

La tournée DALS, une grande famille !

Le syndrome de Rett a volé trop de choses à Francesca…
mais jamais il n'aura son sourire.

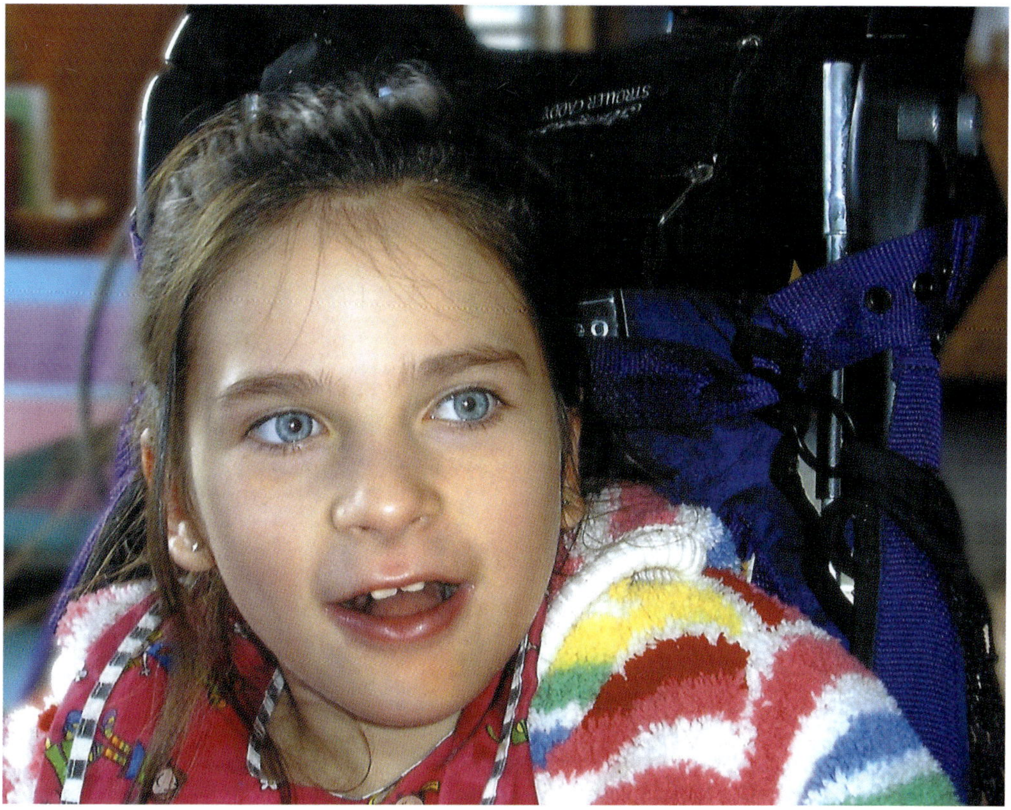

Philippe Peyrard chez nous à Montréal.
Grâce à lui, j'ai recouvré la vue avec Atol !

Mon fils Jean-Francis
et sa partenaire Justine Prévost.

Ma belle belle-famille (de gauche à droite) : Mike, Papi Phil, Mamie Pauline, Danny, Nini, William, Carole, Sylvie, France, Cocotte, Florence, Jean-Francis.

L'école Notre-Dame-de-Lourdes était située pas très loin de la maison. Elle était presque sur le chemin Chambly. C'est ma mère qui m'accompagnait. Dès mon entrée en maternelle, elle m'a inscrit dans des mini-concours oratoires. Il fallait mémoriser des petits trucs puis les formuler. J'avais déjà le goût de parler.

Quand je suis passé en première année, à cinq ans, ma mère a décrété que je pouvais me rendre à l'école tout seul. Les temps ont bien changé : aujourd'hui, maman serait probablement mise en garde à vue et poursuivie en justice. Mais à cette époque, c'était tout à fait naturel. Quand l'hiver est arrivé, j'ai découvert la pratique du « ski-bottines ». C'était énorme : quand les voitures s'arrêtaient au stop, on s'accrochait au pare-choc arrière et, comme il restait toujours une fine pellicule de neige, on se laissait tracter. On était cachés par le coffre. Le conducteur ne pouvait pas nous voir. Les voitures derrière pouvaient toujours klaxonner, on essayait de glisser le plus longtemps possible. Habituellement, c'étaient les gamins d'une dizaine d'années qui pratiquaient ce sport. Ceux de mon âge et de ma taille s'y risquaient rarement. Mais moi, j'étais un vrai casse-cou. Tous les défis physiques me plaisaient. Il ne fallait pas me provoquer. Souvent, quand je rentrais à la maison, il ne me restait qu'une mitaine. L'autre était encore collée au pare-choc d'une voiture. J'ai perdu ainsi plusieurs paires de mitaines, mais je n'ai jamais eu d'accident à déplorer. Ma mère croyait que j'étais étourdi. Si elle avait connu la vraie raison de mon étourderie, je crois que j'aurais passé un sale quart d'heure…

J'ai toujours aimé le sport. Dès qu'il y avait une activité physique quelque part, j'étais là. Et Yvon aussi. Il me faisait participer avec des plus grands que moi. En plus, Yvon était très drôle. Il faisait rire tout le monde. Il faisait partie de la lignée car mon père et mon frère étaient également très drôles. Quelques années plus tard, son fils François reprendra le flambeau. C'est la famille « Machos & Rigolos »... Mon père était aimé et respecté dans le village et dans la famille. Étant donné sa réputation de génie des chiffres, tout le monde venait le consulter. Il était très érudit et il dégageait une autorité naturelle. C'était le chef de famille dans toute sa splendeur. Et comme ma mère était mariée au chef, elle jouissait de la même considération. C'étaient le roi et la reine. Mais jamais, au grand jamais, ils n'ont levé la main sur nous. Jamais. Un seul regard suffisait. C'était foudroyant. Leur silence nous fouettait. Quant à ma mère, c'était un cœur sur deux pattes, c'est clair ! Sans vouloir faire de mauvais jeu de mots avec notre nom, la générosité, on l'a connue à la maison.

*
*   *

J'ai très vite réalisé combien j'étais désavantagé d'être né le 25 décembre. Quelle arnaque ! Je crie à l'injustice. Qu'on appelle un bon avocat... On avait beau prétexter que j'avais un plus gros cadeau, on ne me la faisait pas. C'était n'importe quoi ! On n'était pas super gâtés, mais on n'a jamais manqué de rien. On avait un arbre de Noël, toujours le même. Il était certainement conçu pour durer mille ans. Pour être kitsch, il était kitsch ! Il venait du Moyen Âge ou d'encore plus loin. Je pense que ce sont les Vikings qui l'ont échangé avec des Indiens d'Amérique pour deux cannes de sirop d'érable… Il était formé de tiges couvertes de guirlandes argentées. Je m'imaginais qu'on était les seuls à Saint-Hubert à posséder un arbre de Noël aussi resplendissant. Il était trop beau. Ça me faisait kiffer à chaque fois de le voir. Quand il faisait son apparition, je savais que mon anniversaire s'en venait.

Mais là, il n'y avait toujours « qu'un » gâteau de fête sur la table. Eh oui, puisque Guylaine était du 27 décembre et moi du 25. Un gâteau pour deux ! Mais peu importait, c'était un beau moment de partage et de complicité que nous adorions vivre, ma p'tite nièce et moi…

Je me souviens aussi d'un gros meuble qui contenait une radio et une platine pour les disques. Il faisait peut-être cent cinquante centimètres de long pour soixante de haut. Nous l'appelions « le stéréo ». Guylaine et moi nous dansions le twist devant cet appareil. À cette époque, j'étais loin de penser que j'allais consacrer l'essentiel de ma vie à la danse. Ce « stéréo » était placé dans le salon à proximité de la porte de ma chambre. La fin du journal télévisé, toujours avec le fameux commentaire de maître Alban Flamand, était pour nous le signal d'aller se coucher. Mais comme je n'arrivais jamais à m'endormir, j'ouvrais délicatement la porte de ma chambre et je me glissais sous le stéréo. Étant « maigre comme un pic », je tenais dans l'espace entre les pieds du meuble. Et pendant une petite heure, je regardais en douce la télévision. C'est comme ça que j'ai pu voir, entre autres, *Star Trek*. J'agissais avec tellement de discrétion que je ne me suis jamais fait prendre.

*

* *

Mon père gérait la comptabilité de plusieurs entreprises, dont celle du petit garage Esso qui se trouvait sur le chemin Chambly. Il devait probablement se mêler aussi de mécanique parce qu'il aimait bien se salir les mains. Il n'arrêtait jamais. Il m'amenait quelquefois au garage. C'est là que, à six ans, je suis tombé en amour avec Katia Mavrikakis. C'était la fille du garagiste. Elle était belle comme tout ! J'avais alors cinq dollars sur mon compte en banque. Pour l'anniversaire de Katia, j'ai informé ma mère que je voulais lui faire un cadeau. Elle a joué le jeu. Nous nous sommes rendus chez Jazzar, sur la montée Saint-Hubert. C'était un grand magasin où l'on pouvait trouver de tout. J'ai acheté un livre à colorier et une corde à danser[1]. J'ai enveloppé le tout méticuleusement dans un beau papier cadeau et je suis allé le lui offrir. C'était trop drôle… Mes parents m'amenaient souvent chez Katia. On adorait jouer aux cow-boys et aux Indiens. Je l'attachais à un

1. Corde à sauter.

poteau imaginaire et elle ne bougeait pas. Pourtant, il n'y avait ni poteau ni cordes ! Pour la libérer, il fallait que je lui donne des bisous… Katia Mavrikakis a été ma première petite amie officielle.

Ma mère était très protectrice. Mais elle ne savait pas que j'étais un casse-cou. Souvent, on se retrouvait à un endroit qu'on appelait « la montagne ». En fait, c'est le mont Royal, un lieu assez symbolique de la ville de Montréal au sommet duquel se dresse une grande croix de trente mètres de haut. Au pied de cette colline, il y a le lac aux Castors, un bassin artificiel sur lequel on peut se livrer à toutes sortes d'activités, été comme hiver. Un jour, j'étais grimpé sur un mur et, je ne sais pas ce qui m'a pris, j'ai sauté. Mais de trop haut. Je me suis mal reçu et je me suis fait très mal. De cet « exploit » ma mère a seulement retenu qu'on ne pouvait pas me faire confiance. Heureusement, elle ne voyait pas toujours les bêtises que je faisais…

Or, quelques jours plus tard, aux alentours de mes sept ans, je me lève un matin avec des trucs qui m'ont poussé, des ganglions. J'étais enflé de partout. J'avais contracté une mononucléose. C'est une infection qu'on appelle aussi « maladie du baiser » parce qu'elle se transmet par la salive. Sans doute avais-je trop bécoté mes nombreuses petites amies… Eh oui ! J'étais précoce. Ce n'était pas si grave en soi, mais ç'a eu une incidence importante. Le médecin a en effet averti mes parents que j'aurais un retard de croissance de deux ans. Il a voulu les rassurer, leur a dit de ne pas s'alarmer si je ne grandissais pas aussi vite que les autres. Ça m'a fait flipper sur le coup puis, lorsque j'ai avancé en âge, je me disais toujours que je n'avais qu'à patienter deux ans et que, d'un seul coup, je rattraperais mon retard. Dans ma tête, je m'étais fait à l'idée que je pourrais grandir jusqu'à dix-huit ans. Je nourrissais cet espoir. Comme si la veille de mon dix-huitième anniversaire j'allais prendre huit à dix centimètres d'un coup. Sauf que ça n'est jamais arrivé ! Heureusement, je n'ai jamais été complexé par ma taille. Excepté pendant cinq minutes dans ma vie, à dix-sept ans. J'y reviendrai…

*

* *

L'événement notable qui, pour moi, a marqué la fin du cycle Saint-Hubert, c'est le retour de ma sœur Françoise. Elle nous avait quittés à la fin de ses études pour entreprendre un long voyage en Europe. Elle avait été reçue à ses examens et se préparait à devenir professeur… Pour célébrer son retour, mes parents ont organisé une grande fête à la maison. Françoise avait rapporté des petits cadeaux pour tout le monde. De mémoire, ç'a été la dernière fois où la maison a été remplie et a résonné de joie.

On a déménagé peu de temps après. Mon père, qui ne vivait que pour ses enfants, a vendu la maison à mon frère. Et nous sommes partis nous installer à Longueuil.

– 9 –

LONGUEUIL OU « LE BIG BANG »

C'est le printemps de mes sept ans. Je me sens un peu désemparé. J'ai quitté mes copains en pleine année scolaire. Je ne me rappelle même plus si j'ai eu le temps de leur dire au revoir… *Ciao Bella*… Je quittais aussi ma petite Katia.

Nous sommes en fin de journée lorsque les phares de l'Acadian bleu acier de mon père éclairent une toute petite maison, d'apparence très mignonne, sise au 2298, rue Préfontaine. Je distingue une grande allée qui mène à un garage séparé de la maison. Je ne le sais pas encore, mais ce garage-atelier va occuper une place prépondérante durant une grande partie de mon adolescence… À peine la voiture arrêtée, j'ouvre la portière et je me précipite en courant dans l'allée. À toute vitesse, je fais le tour de la demeure. Contrairement à notre maison de Saint-Hubert, celle-ci ne comportait pas de cave. Elle reposait sur des fondations formées de blocs de ciment qui laissaient de l'espace pour la tuyauterie. Au Québec, il n'est pas pensable de construire à même le sol en raison du dégel. On s'apercevra vite que je suis le seul capable de me glisser dans l'ouverture aménagée pour aller fermer l'arrivée d'eau de l'arrosage extérieur avant l'hiver. Je détestais ça car ça grouillait de bestioles…

Mon père ouvre la maison et on se bouscule avec mes sœurs pour la visiter. On pensait qu'on allait encore loger dans la même chambre. Il y avait un petit salon à l'avant, puis la chambre des parents, une cuisine, une salle de bains et une pièce tout en longueur… En l'espace d'un week-end, mon père a érigé une cloison pour séparer cette pièce en deux avec une penderie de chaque côté. Celle des filles, puisqu'elles étaient deux, était plus grande que la mienne.

Quand la cloison a été montée, j'ai réalisé que j'avais ma chambre à moi tout seul. Elle devait faire environ douze mètres carrés. Un petit lit, un bureau, une commode, et c'est tout.

Depuis la nuit des temps, j'ai toujours eu des difficultés à dormir. J'ai toujours souffert d'insomnie, craignant sans doute que mes affreux cauchemars reviennent me visiter. De fait, et sans convocation, ils sont revenus me hanter jusqu'à mes dix ans. Donc, en toute évidence, ils avaient fait le voyage de Saint-Hubert à Longueuil cachés dans les cartons de déménagement. C'est fini aujourd'hui, heureusement. Quand j'étais plus petit, je me suis souvent retrouvé à côté de ma mère en fin de nuit. Elle n'a jamais su que je ne dormais que quelques heures… J'avais tout le temps le cerveau en éveil. N'importe quel bruit, n'importe quelle lueur l'activait. Mon lit se trouvait en face de la fenêtre et cette fenêtre donnait sur l'allée et sur le garage de mon oncle Omer, dont je vais bientôt vous parler. Les phares de chaque voiture qui passait se reflétaient sur le ciment clair du bâtiment. Comme il n'y avait pas de sous-sol, la fenêtre était basse. N'importe qui aurait pu arriver par là et pénétrer dans ma chambre. Je m'étais investi d'une mission : j'étais le gardien des lieux.

En face de chez nous, il y avait une immense demeure. Je n'en avais jamais vu d'aussi grande. C'était celle d'André et Olivette Camaraire. Ils avaient une fille, Hélène, qui était de l'âge de mes sœurs, et trois autres enfants plus âgés, Louise, Denise et Pierre ; partout où on allait, je restais toujours le plus jeune. Il y avait aussi un magnifique chien berger allemand qui s'appelait Draks. Nous, on n'avait jamais eu d'animaux à la maison. Ma mère avait perdu un chien dans le passé, elle avait eu tellement de chagrin qu'elle n'en voulait plus. André était le cousin de ma mère, cousin « de la troisième fesse gauche ». Je n'ai jamais vraiment compris pourquoi, mais on l'appelait « mon oncle »… Voir une maison aussi majestueuse, ça m'a donné quelque part une sorte d'espoir. L'espoir qu'un jour, j'en posséderais à mon tour une aussi belle. Rêver fait tellement partie intégrante de ma vie…

De l'autre côté d'une allée, une autre maison était habitée par le frère d'André. Un homme de toute petite taille, à peine plus grand que moi qui n'avais que sept ans ! Il s'appelait Omer. Donc, par association, il est devenu oncle Omer. Nos deux jardins, mitoyens, étaient séparés par une clôture. J'allais vite découvrir qu'Omer était d'une habileté manuelle sidérante. J'ai passé des heures à le regarder bricoler.

Je n'ai pas connu oncle Omer tout de suite. On a en revanche très vite fraternisé avec la famille Camaraire. Ma tante Olivette avait un petit accent, je crois qu'elle venait de Gaspésie, et elle parlait hyper rapidement. C'était une mitraillette à paroles ! Elle avait aussi la mèche courte, ce qui veut dire au Québec qu'elle n'avait pas beaucoup de patience. Mais elle adorait les enfants.

André était cadre à l'Hydro-Québec, une société d'État qui fournit toute la province et une partie de l'Amérique du Nord en électricité. Comme mon père, il était très manuel. Ils se sont vite entendus et sont devenus de super-potes. André possédait également un chalet à Sainte-Marguerite-du-Lac-Masson, dans le comté des Pays-d'en-Haut. On y a passé des week-ends merveilleux. André nous donnait l'exemple parfait de la « grosse vie » : grosse famille, grosse maison, grosse voiture, gros chien, grosse piscine (piscine que nous avons tous d'ailleurs contribué à creuser). Nous rendre à Sainte-Marguerite-du-Lac-Masson nous prenait une heure et demie. Pour moi qui ne voyageais jamais, c'était une véritable expédition au bout du monde. Derrière le chalet, il y avait un petit lac artificiel pas très profond. J'y faisais des balades tout seul en barque en me racontant des histoires de pirates.

Il nous arrivait aussi de nous rendre à Beaulac. Le beau-père de mon frère, monsieur Guérin, y avait un chalet majestueux, fait de pierre et de bois rond, qui donnait sur le lac. Je me rappelle encore l'odeur du bois qui brûlait dans la cheminée. Raymond nous faisait faire des tours de bateau à moteur l'été et des balades à motoneige l'hiver. C'était magnifique !

Comme notre père et nos oncles, mon frère était également ce qu'on appelle un « workalcoholic », un bourreau de travail. Entre les aménagements de sa maison de Saint-Hubert, les modifications du chalet de son beau-père et les coups de main qu'il donnait parfois à mon père, il était « en travaux constants ». Je crains que, dans la famille, on nous ait à tous inoculé le vaccin de l'hyperactivité.

*

*   *

Il me restait une partie de l'année scolaire à terminer. L'école était dans la rue où nous habitions, à cinq minutes de la maison. C'était idéal pour ma mère.

Mon arrivée en cours d'année à Lambert-Closse m'a pas mal déstabilisé. Il n'y avait que des garçons ! Moi, je venais d'une école mixte. Katia Mavrikakis me manquait horriblement… L'école était dirigée par des bonnes sœurs. Je ne connaissais pas ce régime éducatif. Elles étaient fermes mais très gentilles. Carrées d'un côté et rondes de l'autre. Ce qui m'a beaucoup surpris, c'est qu'elles apportaient un téléviseur en classe. Trop cool, les sœurs !

Comme il n'y avait que des gars, le niveau en sport était très compétitif. Je n'étais pas le plus grand, je n'étais pas le plus fort, mais j'étais certainement le plus déterminé. J'ai été très vite adopté… En classe, je n'étais pas le plus dissipé, mais je parlais déjà beaucoup. Et j'avais toujours la main levée parce que je voulais apporter la réponse ou poser des questions.

*

* *

Mon père travaille tellement qu'il est peu présent. Quand je me lève le matin pour aller à l'école, il est déjà parti. En revanche, le week-end, il est tout à nous, ou à ses travaux ! Il a une marotte, ou plutôt une véritable manie : il faut toujours qu'il construise quelque chose. Il décrétait : « Jeanne, on va agrandir par en dedans. Ça va être extra-prima-guédoute ! » (Une expression dont lui seul devait connaître le sens.) Et il se mettait à changer de place les cloisons à l'intérieur de la maison. Ou les murs : il en abattait pour en ériger d'autres. L'oncle André venait toujours l'aider. Ils étaient devenus inséparables. Ils chantaient tout le temps, de plus en plus fort en fonction du nombre de pintes de bière ingurgitées. À eux deux, ils ont complètement reconfiguré le plan initial de notre demeure. Mais ils réussissaient toujours à trouver de nouveaux projets. Ils n'arrêtaient jamais.

De mon côté, c'était plutôt le garage qui m'attirait. Comme j'étais le plus jeune, j'étais souvent livré à moi-même. Ma mère m'envoyait dehors pour pouvoir s'occuper tranquillement de son intérieur. Je faisais damner mon père. Son garage, qui était uniquement utilisé comme atelier, était nickel, impeccablement rangé. Et moi, je mettais tout à l'envers… Mes parents étaient d'excellents joueurs de bowling. Ils étaient licenciés. Ils avaient remporté une kyrielle de trophées qui étaient religieusement entreposés sur des étagères. Il y en avait de toutes les matières et de toutes les formes. Pour moi, c'étaient des jouets originaux. Je déplaçais tout et je ne rangeais rien. Jamais mon père ne m'a grondé. Il remettait tout en place sans me faire la moindre réflexion. Pourtant, j'étais un vrai désastre !

Contrairement aux portes de la plupart des garages nord-américains, qui se soulèvent, la nôtre était formée de deux panneaux qui s'écartaient. Ça m'a fait comme un flash. J'y ai vu les portes d'un théâtre. Je me suis fait mon propre cinoche. Mes idoles à l'époque étaient Louis de Funès et Jerry Lewis. Ma mère les aimait également beaucoup. Elle ne manquait aucun de leurs films à la télévision. Ce qui me plaisait dans leur jeu, c'est qu'ils étaient hyper physiques. C'étaient mes dieux. J'en avais des crampes au ventre tellement ils me faisaient rire. J'étais crampé ben raide ! J'aimais bien Fernandel aussi, et Elvis Presley. J'adorais regarder leurs films… Et puis, dans l'émission *Les Beaux Dimanches*, je ne ratais aucune pièce de théâtre. Je me souviens également d'Yvon Deschamps, un humoriste que je trouvais génial. Et j'étais accro à la série humoristique *Cré Basile* avec Olivier Guimond, qui, j'allais le découvrir plus tard, est le père de Richard Darbois, la fameuse voix off de *Danse avec les stars* !

Ma décision est prise : je veux être acteur. Bizarrement, je ne cherche pas à copier mes idoles. Je m'inspire d'eux pour créer mes propres délires. J'invente une histoire, je dessine des billets et je demande à ma mère de me préparer quelques petites tartes à la crème. Je fais le tour du pâté de maisons, qui est assez important, et je commence à vendre mes billets. Pour deux sous, on peut venir assister à mon spectacle.

J'ai réussi à réunir une dizaine d'enfants. Je tenais toutes les fonctions. J'étais auteur, acteur, metteur en scène, habilleur, maquilleur et producteur. Les spectateurs s'installaient sagement dans l'allée, j'ouvrais les portes à deux battants, et je jouais mon histoire. Mon premier one-man show ! Ça se terminait toujours par un lancer de tartes à la crème. Dès qu'il y avait du public, j'étais heureux. Je mettais le feu… Ça devait coûter beaucoup plus cher en crème à ma mère que ça ne me rapportait. Mais ça l'amusait beaucoup. Elle savait aussi que, pendant ce temps-là, je ne faisais pas de bêtises… Une chose est sûre, j'ai eu très tôt le sens des affaires.

*

* *

Tous les dimanches, nous allions bien sûr à l'église. La première fois que je suis allé à la messe à Saint-Jean-Vianney à Longueuil, ç'a été un choc. J'avais l'impression d'entrer dans une cabane en bois blanc ! Je trouvais l'église minuscule. C'était une petite paroisse. À Saint-Hubert, nous avions une cathédrale. Une immense bâtisse, majestueuse. Pour moi, c'était le Vatican ! J'y avais des souvenirs fabuleux. J'ai réalisé plus tard combien elle me manquait… Mais c'est à Saint-Jean-Vianney que je me marierais.

Dans les années 1970, il y a eu les messes « disco ». Tous les chants étaient interprétés sur une musique disco. Mes sœurs faisaient partie de la chorale. On passait du gospel au disco. Le jeune homme qui était au clavier et qui écrivait tous les arrangements, Marc Desjardins, a été plus tard… mon comptable-fiscaliste, mais surtout un grand ami sur qui je peux toujours compter.

Je suis vite devenu le pote de tout le monde parce que j'étais à la fois intello, rigolo et sportif. Mes premiers copains s'appelaient Serge de Repentigny, Yves Dupuis, Daniel et Yvon Lemieux. Serge a tenu une place importante dans mon adolescence… On avait toujours le même rituel à la sortie des classes, à 15 h 30 : on rapportait à la maison nos livres, nos cahiers et les devoirs à faire, et on ressortait le plus vite possible pour se retrouver généralement dans la cour de l'école ou au parc Marquette. À cette époque, il y avait encore beaucoup de terrains vagues. Les gens y déposaient ou y jetaient un peu n'importe quoi. On s'y livrait à une sorte de chasse au trésor avec l'espoir secret de dénicher LA trouvaille. On jouait jusqu'à l'heure du souper. Chez nous, on soupe tôt. Mon père voulait que tout soit prêt à 17 h 30. Ma mère ne chômait pas. On ne traînait pas à table. Une soupe, un plat principal, un dessert, et je pouvais passer à mes devoirs.

Même si, autrefois, mon père avait été un grand sportif, le sport lui était devenu indifférent. Quand j'avais neuf ans, il en avait déjà cinquante-sept, donc se rouler par terre et jouer au base-ball ne faisait plus vraiment partie de ses priorités. Je ne me souviens pas de l'avoir vu s'intéresser à un match de hockey à la télé. Il regardait les grands reportages, les opéras… Si bien qu'il ne se préoccupait pas des différentes associations sportives de la ville. Les Dupuis, de Repentigny et tous mes copains étaient licenciés au hockey. Moi j'y jouais en amateur.

C'est lors de cette même année de mes neuf ans que, à la rentrée, Lambert-Closse a fusionné avec l'école Elisabeth-Moyen toute proche pour former un seul établissement mixte, l'école Hubert-Perron. On a également construit un grand gymnase, ce qui nous permettait de faire encore plus de sport à l'intérieur…

Dès le début de l'année, mon professeur d'art découvre que je m'intéresse beaucoup aux arts plastiques et au théâtre. De son côté, mon professeur de français constate que si je ne suis pas très bon en orthographe, j'excelle dans les exposés oraux. Pour moi, c'est du théâtre ! En mathématiques, je n'ai aucun souci... C'est l'époque où l'on commence à s'intéresser aux activités parascolaires. Moi, je me suis inscrit en arts graphiques... Le professeur, conscient de mes facilités en dessin et voyant que j'ai un côté fédérateur, me propose de l'assister car il doit, en plus de sa spécialité, assurer des cours de danse. Comme il ne peut pas se trouver dans les deux endroits à la fois, il me demande de superviser la section d'arts plastiques. Je montrais à des enfants de sept, huit et neuf ans comment faire un rond, un carré, un cube, comment découper. À l'approche d'Halloween, de Noël ou de Pâques, il y avait des petits projets thématiques. J'avais beaucoup de plaisir à gérer tout ça... Mais ce qui est drôle, c'est que, de l'autre côté de la salle, il y avait cours de danse sociale, et que je ne m'y intéressais absolument pas... À la fin de l'année scolaire, le professeur m'a offert une pile de fournitures de dessin, des feuilles, du carton, de la peinture à l'huile... C'était un cadeau rêvé. J'en ai profité pendant tout l'été.

C'est justement pendant l'été que je me suis vraiment rapproché de l'oncle Omer. Il avait tout le temps quelque chose à faire. Il avait inventé plein de trucs. Entre autres choses qui m'ont marqué, il avait construit une ville en modèle réduit avec un train qui traversait le mur pour aller dans la pièce voisine ! Il avait aussi fabriqué une somptueuse cathédrale en carton. Il y avait passé un temps fou. Quand on faisait glisser les toits, on découvrait qu'il avait reconstitué l'intérieur de l'édifice religieux dans ses moindres détails. Il y avait l'autel, la chaire, les bancs, la nef… Avant que la peinture ne soit complètement sèche, il grattait la surface avec une aiguille pour donner une impression de relief et d'usure. Il avait aussi inventé une espèce de grande roue de loterie tout en balsa… Plus je le regardais travailler, plus il me montrait de choses, plus j'étais captivé. Il m'inspirait. Dès que je me retrouvais devant l'établi de mon père, je reproduisais certains trucs. Par exemple, pour gagner de la place dans ma chambre, il fallait éliminer une commode. On a fabriqué un lit-capitaine en disposant des tiroirs dessous. Puis, fort des conseils d'Omer, dans l'espace libéré par la commode, j'ai réalisé un meuble d'angle pour y faire mes devoirs. J'avais fait les plans et Omer avait découpé les éléments à la scie.

Il était génial. Je passais une grande partie de mes vacances d'été en sa compagnie.

Je me consacrais évidemment aussi beaucoup au sport. Principalement aux sports collectifs. Et puis la mode du tennis est arrivée. On tapait la balle contre un des murs de l'école. Évidemment, il n'était pas rare que la balle se retrouve sur le toit. Il y avait deux étages à escalader. En bon casse-cou, c'était toujours moi qui m'y collais. Quand j'arrivais sur le toit, je me sentais le roi du monde. Tous les copains en bas me regardaient, admiratifs, se demandant comment j'avais pu réussir une telle escalade. Dans ma tête, j'étais Spiderman. Je trouvais plein de trucs sur ce toit qui n'était guère nettoyé qu'une ou deux fois par an. La première fois, j'étais monté pour chercher une balle de tennis et j'en ai découvert une douzaine… J'étais peut-être le petit nouveau dans la rue, mais j'étais tout le temps volontaire pour la moindre mission, si périlleuse fût-elle. Je n'étais pas celui qui rapportait de chez lui un ballon neuf ou un nouveau gant de base-ball car on n'avait pas beaucoup les moyens. Mon père avait d'autres priorités en matière d'achats. Mais j'ai été facilement accepté parce que j'apportais de la bonne humeur, de l'énergie, des idées. Je ne suis pas un meneur d'hommes, je suis un rassembleur. Je cherche plus à suggérer qu'à imposer.

*

*   *

C'est encore aux alentours de mes neuf ans que je me suis battu pour la première fois. Je n'ai jamais prôné la violence, mais je ne supporte pas l'injustice. À cette occasion, je me suis rendu compte que, quand on a une cause que l'on juge noble et juste, non seulement ça donne des ailes, mais ça donne aussi des muscles…

Je raccompagnais de l'autre côté du parc Marquette où il habitait un de mes meilleurs copains, Pierre Vallée, qui était pas mal plus grand que moi. On arrive rue Marguerite, la voie qui sépare le parc en deux. Et on croise une sorte de petit voyou, le genre de gars qui terrorise tout le monde. Quand il désire obtenir quelque chose, il ne perd pas son temps en paroles, il utilise ses poings… On n'a jamais rien eu à voir avec lui, mais là, je ne sais pas quelle mouche pique ce mec, toujours est-il qu'il commence à s'embrouiller avec mon pote. Il se saisit d'un gros caillou et il le frappe à la gorge. En un dixième de seconde, Pierre se retrouve au sol et l'autre brute continue à le molester… Je prends peur pour Pierre et, soudain, je tombe dans les bleus. (Quand on a un coup de sang au Québec, on dit qu'on « tombe dans les bleus ») Je ne vois plus rien, je saute sur le mec et je me mets à le tabasser. Je le laisse sur le carreau, incapable de bouger… J'aide mon copain à se relever et je le ramène chez moi. Ma mère nettoie ses plaies, lui met un pansement et lui donne une soupe. Puis je le raccompagne chez lui.

Le lendemain, je remonte la rue Préfontaine pour me rendre à l'école qui se trouve à environ trois cents mètres de la maison. Au loin, je remarque une marée d'enfants qui converge vers moi. Au milieu, je distingue une silhouette qui les dépasse de plusieurs têtes. En m'approchant, je m'aperçois que c'est une dame. D'un seul coup, mes pieds ne touchent plus le sol. Cette dame m'a agrippé par le collet et m'a soulevé. Puis, me tenant fermement d'une main et tirant son fils de l'autre, elle nous emmène au bureau du directeur. Je reconnais le petit vaurien de la veille. Mon agresseur était sa mère. Elle commence à hurler devant le directeur que j'ai voulu attenter à la vie de son fils, qu'il n'y a aucune discipline dans cette école, aucune surveillance. Alors que l'incident a eu lieu au parc Marquette, à l'extérieur de la juridiction de l'école. Elle est folle de rage. Le directeur la fait taire et me demande de m'expliquer. Je raconte l'incident et, surtout, je m'étonne que ce soit la mère d'un gamin qui terrorise tout le monde qui se plaigne du manque de sécurité. Le directeur, qui ne semble pas surpris par mes propos – ma « victime » ayant sans doute des antécédents –, me prie de sortir de son bureau. À peine ai-je fermé la porte que j'entends des voix s'élever et une dispute éclater… Résultat, je n'ai pas eu de retenue et le petit voyou a été collé pendant une semaine. Justice avait été rendue. Mais je ne me suis jamais senti fier d'en être arrivé à une flambée de violence. Même s'il faut bien sûr défendre certaines valeurs, ce n'est pas le genre de conduite que je conseillerais à mon fils.

Cette bagarre aurait pu avoir de graves conséquences. J'ai pris conscience que quand on tombe dans les bleus, on ne se contrôle plus.

Depuis, j'ai toujours été un chaud partisan de la négociation. Je préfère désamorcer les bombes avec des mots, ou avec une bonne blague.

*
*   *

J'avais douze ans quand mon père, qui venait d'atteindre la soixantaine, a dû se faire opérer de la cataracte. Il détestait aller voir les médecins, il estimait que c'était une perte de temps. Il a donc attendu le dernier moment pour aller en consulter un. En ce temps-là, il n'y avait pas le laser. L'opération de la cataracte était une intervention délicate qui nécessitait quelques jours d'hospitalisation.

Hélas, le chirurgien rencontre de gros problèmes pendant l'opération. À son réveil, mon père souffre horriblement. Il est maintenu en position assise par un système de cordes et de briques, convaincu d'avoir eu affaire à un « boucher ». Lorsqu'il revient à la maison, il est anéanti. Ses beaux grands yeux bleus qui faisaient sa fierté sont constellés de taches sombres. Il doit mettre des gouttes constamment. Il ne supporte plus le soleil, il souffre souvent de migraines. Et il doit porter en permanence des lunettes à double foyer tellement lourdes et épaisses qu'elles lui font des marques rouges sur l'arête du nez. Quand il lit un peu longtemps, ses yeux se mettent à pleurer. Les entreprises commençaient à s'équiper avec des ordinateurs. Il n'y avait pas Windows et Excel à cette époque. Les programmes s'appelaient

Cobol, Basic… Pour mon père, impossible d'effectuer la transition entre la comptabilité papier et la comptabilité informatique. Le voir aussi triste a été dramatique pour moi.

Ce qui est également très grave, c'est qu'il a perdu la vision périphérique. Conséquence inévitable, la SAQ (Société automobile du Québec) lui a retiré son permis de conduire. Je crois que cette interdiction a été une des plus grandes épreuves de sa vie. Posséder une automobile était indispensable. Tout homme qui se respectait se devait d'en avoir une. Mon père était obligé de faire appel à quelqu'un pour le moindre déplacement. Or il détestait demander quoi que ce soit à quiconque. Il ne pouvait plus emmener femme et enfants où bon lui semblait. Amoindri, dépendant de la bonne volonté des autres, cet homme était brisé. Il ne lui restait plus que les transports en commun.

Effet collatéral inattendu, comme mon père ne pouvait plus conduire, on n'avait plus de char[1] à la maison. Tous mes rêves de conduite accompagnée s'envolaient. À douze ans, on est très égoïste. On a tendance à tout ramener à soi. Et j'avais honte d'expliquer à mes copains que mon père était le seul papa à ne pas posséder de voiture dans le quartier.

*

*   *

1. Voiture.

À quatorze ans, je suis en secondaire à l'école polyvalente Gérard-Filion, qui est située à environ deux kilomètres de la maison.

Ce jour-là, comme d'habitude, je rentre chez moi pour déjeuner car il est impensable que je ne profite pas quotidiennement des petits plats que ma mère a préparés avant de partir travailler. Je rentre toujours à la maison le sourire aux lèvres à l'idée des délices qui m'attendent… Sur la fin de mon trajet, j'emprunte la rue Sainte-Hélène pour faire un petit coucou à maman qui, depuis quelques mois, officie comme brigadière pour aider les enfants à traverser cette intersection très animée.

Je me trouve de l'autre côté de la rue lorsque je l'aperçois. Je lui fais un grand signe de la main pour attirer son attention et je la vois tituber. Je traverse à toute vitesse. Quand j'arrive à sa hauteur, ses yeux sont vides et sa peau est devenue diaphane. On dirait un spectre. J'ai juste le temps de la récupérer dans mes bras avant qu'elle ne s'affaisse sur le trottoir. Elle se laisse aller de tout son poids. Elle est lourde. Je m'affermis sur mes jambes. Elle est à demi-inconsciente, mais je vois qu'elle respire. J'analyse la situation en une fraction de seconde. On habite à cent cinquante mètres de là, il n'y a pas de temps à perdre. Go ! Je glisse ma tête sous son bras, j'empoigne ses jambes. Ces gestes me viennent machinalement, comme si j'avais fait ça toute ma vie. J'ai l'impression de me dédoubler et qu'une intervention surnaturelle m'aide à la soulever. Je suis tout en efficacité. Je ne suis ni triste, ni apeuré, ni paniqué. Je suis uniquement concentré sur ma tâche. Mon instinct me dit de foncer. Sans souffler, sans m'arrêter, je parviens à l'angle de la rue Préfontaine. Elle est déserte. Personne pour m'aider. Encore vingt mètres ! Je vais y parvenir, c'est impératif.

J'arrive devant notre porte. Je frappe avec mon pied. Mes muscles naissants sont tétanisés par le poids de maman. Elle est toute recroquevillée entre mes bras, comme en apesanteur. Quand ma sœur ouvre la porte, elle comprend tout de suite l'urgence de la situation. Elle m'aide à transporter notre mère sur le canapé et joint mon autre sœur par téléphone. Et les voici toutes les deux en mode sauvetage. Anne-Marie appelle une ambulance, Isabelle tamponne le front de maman avec une serviette mouillée d'eau froide. Je me laisse tomber sur un siège. Je ne sens plus mes bras ni mes jambes. Tout en surveillant ma mère avec inquiétude, je remercie Dieu de m'avoir permis d'intervenir immédiatement.

Reste à savoir ce qui a bien pu lui arriver. C'est l'inconnu total. Ma mère, c'est Mère Courage. Elle est du genre à décréter : « J'ai eu six enfants, *don't mess with me*[1] *!* » Elle ne se plaint jamais de quoi que ce soit. La voir ainsi, dans cet état, inanimée, m'est insupportable. La tristesse et l'impuissance commencent à me gagner. Je sais que je suis désormais inutile et que seuls les secours pourront remédier

1. « Ne me cassez pas les pieds. »

à cette situation dramatique. Pas besoin de prendre la tête à Papineau, pour comprendre la gravité de la situation…

Enfin, le son si reconnaissable d'une sirène se fait de plus en plus fort, de plus en plus proche. L'ambulance stoppe devant la maison. Deux infirmiers en surgissent et font irruption dans notre salon. À peine le temps de dire « patate » que ma mère est déposée sur une civière et embarquée dans la camionnette rutilante. Direction l'hôpital.

Je reste debout, interdit, au milieu du salon, assailli de questions. Maman est partie… Que lui est-il arrivé ? Va-t-elle revenir ? Je suis resté plusieurs heures ainsi, à me ronger les sangs… Enfin, ma sœur a appelé de l'hôpital pour m'informer des raisons du malaise de notre mère : ses carotides, ces artères qui amènent le sang et l'oxygène à la tête et donc au cerveau, étaient complètement bouchées. Elle avait été à deux doigts de faire un accident vasculaire cérébral. C'était très sérieux. Il fallait l'opérer d'urgence…

Après quelques jours de stress et d'inquiétude, ponctués de nombreuses visites à l'hôpital, on nous a appris que l'opération avait réussi et que notre mère était sauvée.

Et le train-train de la vie quotidienne a repris son cours.

Rétrospectivement, on avait eu drôlement chaud. Chaque minute a compté. Il fallait être réactif. J'étais heureux et fier de m'être trouvé au bon endroit au bon moment. Et, surtout, je remerciais Dieu de m'avoir donné la force physique d'accomplir ma mission de sauvetage.

*
*   *

À la fin de ma dix-septième année, je ne sais plus pour quelles raisons, on est allés faire un petit tour à Saint-Hubert, dans l'ex-maison familiale. Au bout d'un moment, je me retrouve seul dans une pièce face à un grand miroir ; je me regarde et je fonds en larmes. Ma mère vient d'entrer dans la pièce. Elle ne m'a jamais vu pleurer. Tout en panique, elle m'accable de questions. Mais je ne dis rien. Je viens juste de réaliser que je ne serai jamais plus grand. Pour moi, le diagnostic du médecin, c'était de la foutaise.

Ç'a duré cinq minutes, pas plus. J'ai ravalé mes larmes, je me suis mouché un bon coup, et ç'a été fini.

Il faut dire que ma relative petite taille ne m'avait jamais empêché de plaire et de séduire. En effet, ça faisait déjà huit ans que j'étais tombé en amour. J'avais neuf ans quand j'ai rencontré ma France…

– 10 –

FRANCE

Fin juin 1972. J'ai neuf ans. L'année scolaire touche à sa fin. J'ai une nouvelle petite amie, Danièle. On en est au stade de l'échange de bisous. À cette époque, il était courant d'avoir un petit flirt pendant l'année scolaire mais dès qu'arrivaient les vacances, c'était terminé. J'étais très habile dans l'art de rompre…

Tout en sachant que le mois de juin sonne le chant du cygne de notre relation, comme d'habitude après la classe, je raccompagne Danièle chez elle. De temps à autre, sa meilleure copine, Carole, se joint à nous. Ce jour-là, lorsque Danièle a réintégré son domicile, Carole me demande ingénument si je peux lui faire un petit bout de conduite jusque chez elle. J'accède bien sûr à sa demande. Nous empruntons la rue Joliette et nous arrivons à un endroit que nous appelions « les blocs Villeneuve ». C'est un ensemble de petits immeubles en briques blanches, tous identiques, de huit appartements chacun. On papote tellement avec Carole que je ne réalise pas que je m'éloigne de chez moi. Je n'ai jamais poussé mes investigations dans cette direction. Je suis certes un grand aventurier, mais dans un petit périmètre ! Carole s'arrête devant un des bâtiments, elle gravit la demi-douzaine de marches d'un petit perron et frappe à une porte.

La porte s'ouvre. Et là, pour la toute première fois, mes yeux croisent ceux de France… C'est le coup de foudre immédiat, incommensurable, insensé. Je suis frappé d'une douleur si intense que je m'arrête de respirer. Je suis littéralement foudroyé par sa beauté. Je ne peux proférer un mot, mais dans ma tête il y a une fanfare qui joue… Elle me regarde, elle regarde sa sœur, la fait rentrer et… elle referme la porte sans même me saluer ! Il me reste juste la vision fugitive d'un visage et d'une silhouette. Mais surtout d'un regard. Un regard tellement perçant. Un regard d'un bleu indescriptible. Tabarouette ké belle !

Je suis sur un nuage… J'ai neuf ans, je n'ai jusqu'à présent jamais connu l'amour. Même si j'ai vécu quelques émois avec Katia Mavrekakis, je ne suis pas préparé à un tel bouleversement… Après être resté un petit moment interdit, je m'ébroue et je décide de rentrer chez moi. Mais je ne me souviens plus du tout de l'itinéraire que Carole m'a fait emprunter. Là chu perdu en crime[1]. Comme je n'ai aucun sens de l'orientation, j'ai dû marcher pendant une heure et demie avant de retrouver mes repères… Le

1. Pour couronner le tout, je suis perdu.

soir, étendu dans mon lit, les bras derrière la tête, impossible de m'endormir. Je ne pense qu'à Elle. Dès le lendemain, toujours hanté par cette image enchanteresse, j'entreprends de retourner aux blocs Villeneuve, mais cette fois-ci à vélo. Je pars de l'école pour essayer de retrouver le parcours de la veille. Après quelques détours, je reconnais le quartier. Je suis déterminé à aller frapper à cette fameuse porte. Mais quelle porte ? Tous les bâtiments se ressemblent. J'étais trop occupé à bavarder pour faire attention à celui devant lequel Carole s'était arrêtée. Je n'ai pas le courage d'aller frapper à toutes les portes de tous les rez-de-chaussée de tous ces immeubles. Ma seule issue, c'est de revenir souvent et de compter sur la chance…

Hélas, pendant toutes les vacances, mes multiples tentatives furent vaines. Je n'ai pas revu ma merveilleuse apparition.

L'été passe. Fin août, je reprends le chemin de l'école pour attaquer une nouvelle année. Comme il y a plusieurs classes de même niveau, j'espère retrouver dans la mienne mes meilleurs potes. Quand j'arrive, je constate qu'il y règne une certaine effervescence. Je m'assieds à ma place. Le pupitre voisin du mien est libre. Soudain, dans l'entrebâillement de la porte, je LA vois apparaître. Elle entre dans ma classe ! Le tambour-major puis la fanfare font de nouveau irruption dans ma tête. Il y a d'autres places libres, mais non, elle vient s'asseoir à mes côtés. Je l'ai cherchée tout l'été et la voici qui vient à moi. Je capote ben raide ! Elle ne me regarde pas, elle est totalement indifférente. Bien sûr, elle ne peut pas se souvenir du petit garçon qui a raccompagné sa sœur Carole une après-midi du mois de juin. Elle ne peut même pas imaginer le tsunami d'amour que son apparition a provoqué dans mon cœur. De toute évidence, mon coup de foudre n'est pas partagé. Enfin, elle se tourne vers moi et elle se présente :

– Bonjour, je suis France Mousseau.

Complètement tétanisé, je bredouille mon nom. Je suis sidéré par ce qui m'arrive. Je remercie Dieu de ce miracle ; Il vient de me donner la confirmation que ça valait la peine d'aller à la messe tous les dimanches. Autre cadeau du destin : alors que, jusqu'à présent, les pupitres étaient séparés, il avait été décidé cette année-là de les rapprocher deux par deux pour que les allées soient plus larges. France et moi, nous nous retrouvons quasiment épaule contre épaule. Et en plus, elle sent drôlement bon.

Fort de mon statut de rigolo, je passe un mois à essayer d'attirer son attention par des pitreries mais, visiblement, je ne suis pour elle qu'un camarade de classe comme les autres… Bientôt, j'apprends qu'elle va déménager. Ses parents quittent les blocs Villeneuve pour s'installer dans un immeuble tout neuf au 2298, rue Sainte-Hélène. Or j'habite au 2298, rue Préfontaine, une rue parallèle à la sienne ! Devant tant de signes du destin, je n'en peux plus.

Je veux matérialiser cette heureuse proximité. Je fais un dessin avec nos deux rues, sa maison, la mienne, je les relie avec un cœur et je vais le présenter à notre professeur principal. Elle s'appelle France Côté. Elle est très, très jolie… Je lui raconte tout. Je lui explique que dès que j'ai croisé le regard de France Mousseau, j'ai su qu'elle était la fille de ma vie.

Je laisse quand même mon numéro à Carole, sa petite sœur, pour qu'elle le transmette à France en y ajoutant une touche humoristique : « Mon téléphone c'est 670 36-24-36. » En réalité il n'est alors composé que de sept chiffres, soit 670 36-24, mais 36-24-36 est la référence étalon aux mensurations du sex-symbol Marilyn Monroe, que je n'ai pas manqué de retenir en lisant les légendes de ses photos. En France, cela équivaut au 90-60-90… Carole se souvient encore de ce gag un peu puéril.

Le gag a-t-il fonctionné ? Peu à peu France s'apprivoise… Il ne me faut désormais pas plus d'une minute pour me rendre de chez moi à chez elle. Grâce à cette proximité, je passe du statut de rigolo à celui de rigolo sympathique, puis du rigolo sympathique au rigolo sympathique beau gosse… Quand l'ordre s'inverse et que je sens que je suis devenu le beau gosse sympathique rigolo, je lui fais solennellement ma demande de devenir son petit ami attitré. Pour donner un ton plus grave à ma proposition, je prends la voix de mon idole du moment, Elvis Presley. Ça ne l'impressionne pas plus que cela. Elle ne nie pas éprouver beaucoup de sympathie pour moi mais, apparemment, elle a d'autres priorités, dont sa sœur. Et elle me propose un marché, si je veux vraiment obtenir ses faveurs. Sa petite sœur Carole a le béguin pour un garçon nommé Alain Mainville. Elle est « stickée dessus ». Le problème, c'est qu'Alain a dix ans et Carole n'en a que huit. A priori, bien que Carole, très jolie elle aussi, fasse plus que son âge, ça ne peut pas fonctionner entre eux. Me voici donc chargé de négocier avec mon copain Alain. Je parviens à le convaincre qu'il n'y a que des avantages dans cette histoire et le deal est conclu. À partir du moment où sa sœur se retrouve « en couple », il n'y a plus d'objection à ce que France devienne ma petite amie attitrée. Le nuage sur lequel je suis installé grimpe au septième ciel.

Reste à franchir glorieusement l'étape suivante. Celle du *French kiss*. Chez nous, on s'informe toujours auprès des amoureux novices s'ils se sont « frenchés »… Il me faut donc recevoir la récompense de ma fructueuse négociation. Nous sommes au printemps. L'air est particulièrement vivifiant. Nous nous dirigeons main dans la main vers le fond de la cour d'école. Nous nous asseyons sur un banc. Elvis Presley revient guider mes gestes. Je tourne le visage de France vers le mien. Mes bras l'encerclent. Nos têtes s'inclinent l'une vers l'autre. Nos lèvres se frôlent. Je suis le dernier à fermer les yeux… C'est juste merveilleux. De délicieux frissons me parcourent le dos et les épaules. Je flotte, je suis en apesanteur. Je l'ai tellement rêvé, ce moment ! Je n'ai que dix ans, mais pendant ces quelques secondes, ma vie prend tout son sens.

J'ai quand même un petit doute. Si je lis bien dans les yeux bleu nuit de ma belle qu'elle ressent vraiment de l'affection pour moi, je ne sais pas si mon amour est partagé... Je la reconduis chez elle en lui infligeant un bisou tous les dix pas...

Le soir, quand je me couche, empli de ce que je viens de vivre avec France, je tutoie les anges. Je fais connaissance avec le bonheur. Et cette nuit-là, je m'en souviens parce qu'il n'y en pas eu de nombreuses, je n'ai pas de cauchemar.

Le lendemain et les quelques jours qui suivent notre premier *French kiss*, tout se passe comme dans le meilleur des mondes. Je suis heureux.

Une semaine plus tard, en sortant de chez moi, je tombe sur un de mes meilleurs copains, Serge de Repentigny. À peine nous sommes-nous salués qu'il me sort d'emblée :

– Dis donc, elle embrasse drôlement bien ta petite amie !

Interloqué, je veux en savoir plus. Il m'apprend qu'ils se sont rendus à plusieurs dans une maison en construction et qu'à un moment, ils se sont mis à jouer à la bouteille. C'est un jeu qui consiste à faire tournoyer une bouteille sur le sol et, quand elle s'arrête, à échanger un baiser avec la personne de l'autre sexe désignée par le goulot. C'est comme ça que Serge a été amené à embrasser France. Abasourdi par cette nouvelle, je tourne les talons et rentre précipitamment chez moi. Je cours dans ma chambre, bouleversé, désemparé. Je ne peux pas attendre plus longtemps, je téléphone à France. Je lui apprends que je suis au courant de sa trahison. Elle ne nie pas les faits. Pour elle, ce n'est qu'un jeu innocent. Je m'insurge.

– Mais tu sors avec moi ! Tu es ma blonde, je suis ton chum. Entre nous, c'est du sérieux.

Au bout de la ligne, c'est tout juste si je ne l'entends pas rigoler. C'est insupportable. Alors je conclus ma conversation d'un péremptoire :

– Tu ne comprends pas que c'est grave. Moi, maintenant, je suis obligé de casser[1].

Je suis enragé. Mes deux sœurs, Anne-Marie et Isabelle, sont mortes de rire devant ma détresse. Je cogne les murs avec mes poings. Je frappe sur les deux petits placards de ma chambre. Mes sœurs réussissent à me calmer avant que je ne tombe dans les bleus[2].

Pendant une semaine, je rentre directement à la maison. Je ne veux parler à personne. Je vis mal la proximité de France en classe. Elle, elle ne semble pas particulièrement affectée. Petit à petit, je parviens

---

1. Rompre.
2. Cf p. 180.

à me morigéner. Je me traite de gros lourdaud. Je suis toujours fou amoureux d'elle. La reconquérir n'est plus qu'une question de confiance. De confiance en elle, et en mes moyens. Si j'avais été Elvis Presley, jamais elle ne se serait comportée de la sorte. Il y a une faille dans mon système de tombeur. Je passe à une autre étape, celle de la reconstruction.

Je commence à la re-côtoyer. Nous préparons de nouveau nos devoirs ensemble. Dans son immeuble, je fais la connaissance de Jean-Pierre Plouffe. Il est à peu près de deux ans mon aîné. Un gars hyper chouette ! Il habite là avec son père, Georges, et sa sœur, Suzanne. Il n'y a pas de madame Plouffe. Jean-Pierre est un garçon discret, plutôt cérébral, mais il aime aussi la rigolade. Je me lie rapidement d'amitié avec lui et je passe de plus en plus de temps en sa compagnie. Son père est partout. Il devient le papa de substitution de tous les enfants de l'immeuble. Il est jovial, toujours de bonne humeur. C'est l'homme le plus serviable de la terre.

Il se crée une petite équipe formée de Jean-Pierre, France, Carole et moi. Georges Plouffe est notre confident.

C'est à cette époque que France et moi avons attrapé des poux en même temps. Je crois que ma mère en a trouvé deux sur ma tête ! Cela nous a valu une semaine de congés. Une des plus belles semaines de ma vie ! C'est comme si nous étions de nouveau chum et blonde, mais sans les bisous. C'est là que j'ai réalisé que la présence de France m'était aussi importante que le contact physique, qu'un coup de foudre, ce n'est pas sexuel. C'est plus dans l'émotion.

*

*   *

France commence à prendre des cours de danse tous les samedis. Ce jour-là, je passe l'après-midi avec Jean-Pierre Plouffe. On joue au hockey-balle, au ballon chasseur, au base-ball, au tennis contre le mur de l'école, très peu au foot par manque de place. Mais où vais-je trouver le temps de « récupérer » France ? Du lundi au vendredi, on a école, le samedi, elle va à la danse et le dimanche, chez les Généreux, c'est église et visites à la famille.

Aux vacances, les parents de France quittent Longueuil pour se rendre dans des maisons d'été ou dans un camping. Ils ont la bougeotte. Moi je fais toujours beaucoup de sport. Bicyclette, baignade à la piscine Marquette. Il y a deux plongeoirs. Bien sûr, je me fais remarquer en sautant du plus haut. Jean-Pierre, lui, est un véritable athlète. Il est dans une forme olympique et d'un calme olympien. Pour moi, il est l'équivalent de France en homme. On forme la paire. Nous sommes Jerry Lewis et Dean Martin. Je suis le rigolo et lui, il est le *straight man.* J'amuse la galerie et il est mon meilleur public… Jean-Pierre est également très adroit de ses mains. Dans un gros arbre qui se dresse derrière leur immeuble, il a construit une cabane en bois d'environ quatre mètres carrés qui peut accueillir une demi-douzaine d'enfants. Cette cabane nous sert de temps à autre de refuge, loin des regards indiscrets. Elle tiendra bientôt un rôle assez pittoresque…

À la rentrée 1973, je constate que je prends du galon chez les Mousseau. Le père, Marcel, travaille chez Atlas Asbestos, une usine de retraitement de l'amiante, et la mère est serveuse au Tourniquet, un restaurant situé au métro Longueuil… Marcel Mousseau est une sorte d'ours mal léché. Un tantinet grognon, il n'est pas du genre à se laisser piler sur les pieds. Un mètre quatre-vingts pour cent trente kilos. Une armoire à glace qui en impose. C'est un taiseux. Un des rares mots qu'il prononce, c'est « non ».

Heureusement, je plais grave à Pauline, la maman… France a deux sœurs, Carole, de deux ans sa cadette, et Sylvie, de deux ans son aînée. Sylvie, c'est un canon de chez canon. Elle envoie du lourd. C'est carrément Raquel Welch ! Mais Pauline et Carole ne sont pas en reste. Elles sont elles aussi super belles. Je passe beaucoup de temps dans la cuisine à les faire rire. Sont également souvent présents les petits cousins Lyne et Alain Doucet, les enfants de la tante Cécile. Quant aux autres neveux, les enfants des tantes Thérèse et Jeanine – Pauline a cinq sœurs –, ils sont à Montréal. Je me crée une deuxième famille.

Dans la famille de France, tout le monde danse, les tantes Laurette, Cécile et Lise, les oncles, et, bien sûr, les enfants. Faisant fi de notre « rupture »,

France m'invite un dimanche après-midi pour les cinq ans d'Alain. Au cours de cette petite fête, Pauline me demande si je suis tenté par la danse. Jamais, au grand jamais je n'y ai pensé ! Pour moi, ce n'est pas un sport. Mais, apparemment, à l'école de danse, on déplore une pénurie de garçons. Puis Pauline propose à Jean-Pierre Plouffe de danser avec France. Si elle ne s'adresse pas à moi, c'est sans doute parce qu'elle me trouve trop petit pour sa fille. En revanche, je choisis la cousine Chantal, la fille de Lise, qui n'a pas de partenaire. Pourtant, elle aussi elle fait une tête de plus que moi. D'autorité, les couples sont formés.

Maintenant que les choses semblent entérinées du côté des Mousseau, il me faut annoncer la nouvelle à mes parents. Nous sommes fin août et les cours de danse débutent en septembre. Lorsque j'arrive à la maison, mon père est en train de jouer au Scrabble avec mon oncle André. C'était leur passe-temps préféré avec le 500, un jeu de cartes. J'explique à mon père que la mère de France m'a proposé d'aller prendre des cours de danse le samedi avec ses filles et Jean-Pierre. Il lève la tête, plante ses yeux dans les miens, et sur un ton qui n'admet pas de réplique, me sort :

– Des cours de danse ? Non mais, tu es fou !

Je pouvais lire dans ses pensées : « Mais je rêve ! Mon fils est une fifi ! » Et il replonge sur son chevalet de lettres… Il s'attendait plutôt à ce que je lui parle de hockey car, depuis quelques mois, je m'étais inscrit à l'association du hockey mineurs des Sieurs de Longueuil ; ou bien de base-ball, sport que j'avais pratiqué tout l'été chez les Royaux de Longueuil… Pour moi, il n'y a pas incompatibilité puisque l'entraînement de hockey a lieu de 9 à 10 heures le samedi matin et que les cours de danse commencent à midi. Visiblement, mon père n'a pas l'intention de perdre son temps à faire doublement la navette pour m'accompagner. Avant de déposer le mot qu'il vient de composer, il clôt la conversation en m'intimant l'ordre de me consacrer au hockey, et uniquement au hockey… Me voici bien ennuyé. Que vais-je pouvoir dire à la mère de France ? Je décide de différer l'annonce de mon désistement de quelques jours.

Une semaine plus tard, ma mère me fait un petit signe depuis la table de repassage sur laquelle elle s'active. Je m'approche. À voix basse, elle s'enquiert :

– C'est combien tes cours de danse ?

Pour les juniors, c'est-à-dire les ados de moins de dix-huit ans, le prix par semaine était d'un dollar pour les cours de groupe et d'un autre dollar pour le cours « pratique » du samedi soir, qui était consacré à la danse libre…

– C'est d'accord. Je vais m'en occuper, me rassure ma mère avant de préciser : Mais surtout, que cela reste entre nous. Évite d'en parler à ton père !

*

* *

La présentation de la saison de danse a lieu en semaine, un lundi à 19 heures, aux Loisirs Galaxia, boulevard Quinn. Il est indispensable que j'y assiste. La mère de France nous y conduits avec sa Thunderbird blanche, une voiture de toute beauté. Nous sommes cinq enfants inscrits au cours : France, Carole, Jean-Pierre et moi, plus Chantal, qui vient de Ville-LeMoyne. J'ai mis mes plus beaux vêtements. Il ne faut jamais oublier que si je me trouve là, ce n'est pas pour la danse, c'est uniquement pour plaire à France, pour l'impressionner et passer le plus de temps possible avec elle. Je ferais n'importe quoi pour la séduire. La danse, jusqu'ici, je n'en ai jamais rêvé !

L'école est située au deuxième étage d'un bâtiment. Le premier est occupé par l'entreprise Atlas qui vend des pneus. En face se tient la maison Darche & Fils, un magasin de pompes funèbres, ce qui ne manque pas d'impressionner quand on est petit.

Ce soir-là, peu rassuré, je découvre un nouveau monde. Antoine Préfontaine, le directeur de l'école de danse, est également directeur de l'école polyvalente Gérard-Filion. C'est un homme élégant d'une incroyable gentillesse. Il me fait penser à Gary Cooper. Il est drôle, toujours de bonne humeur. Il adore les enfants Il nous présente d'abord notre professeur, Paulette Lebacq. C'est une ravissante jeune femme, toute menue, gracieuse, qui a la particularité d'être de nationalité belge. Son accent nous amuse beaucoup, surtout lorsqu'elle prononce le chiffre « houitte ». C'est elle qui a le contrôle absolu sur les juniors.

Il s'avérera rapidement que c'est une enseignante à poigne, hautement rigoureuse.

Elle nous sépare en deux groupes. Les garçons d'un côté de la salle, les filles de l'autre, dos au grand miroir. Nous sommes une quinzaine de petits mecs et, en face de nous, il y a trente filles. Une évidence me saute aux yeux : c'est le paradis sur terre ! Notre première initiation est un cours de cha-cha. J'essaie tant bien que mal de répéter les gestes, et je m'aperçois que j'ai une certaine aisance. Mais sans plus. Je danse avec Chantal et avec d'autres partenaires. J'aime cette ambiance, j'apprécie les gens qui nous encadrent. Finalement, je suis heureux d'être là avec mon pote Jean-Pierre et je peux continuer à couver France des yeux… En moins d'une heure de temps, Paulette Lebacq m'a déjà identifié comme étant le petit rigolo du groupe. Elle me trouve un peu trop bavard, mais, en fine psychologue, elle va essayer de me canaliser sans me braquer.

Le bilan de cette première approche est pour moi très positif.

Nous rentrons tous à bord de la Thunderbird. France me demande de rester un peu. Il est 20 h 15. Nous décidons d'aller faire un tour dans notre cabane perchée. Il y a France, Carole, Sylvie, Linda Brooks, Jean-Pierre et moi. Une fois encore, les filles sont en surnombre. Je ne sais pas qui a eu cette idée géniale – a posteriori je l'en félicite –, mais nous convenons de jouer à la bouteille. Ce fameux jeu qui a sérieusement ébranlé quelques mois auparavant la confiance que j'avais placée en France. Mais, cette fois-ci, j'y participe ! L'heure est au *French kiss*. Nous sommes dans la pénombre. La lune est notre complice. L'occasion fait le larron. La bouteille tourne. La première fois, je tombe sur Carole. Pour la deuxième, le sort me désigne Sylvie. Là, je passe dans une autre ligue. La ligue des champions. Dame, elle avait deux ans de plus que moi… Enfin, cette foutue bouteille se décide à s'arrêter en face de France. Je viens de tirer mon as de cœur. Et je sens que l'électricité passe entre nous. Pour moi, ce baiser a un parfum de victoire…

Les meilleures choses ayant une fin, nous redescendons de l'arbre. Je salue tout le monde et je repars chez moi. Je traînasse un peu, j'ai besoin de franchir un palier de décompression. Quand je rentre dans la maison, je tombe sur ma mère, encore une fois devant sa planche à repasser. Elle prépare une chemise pour mon père qui se lève à cinq heures du matin pour partir au travail. Elle me demande comment s'est passé mon premier cours de danse. Je ne me souviens plus de rien. Je suis encore tellement perturbé par le moment extatique que je viens de vivre dans la cabane ! J'ai encore sur les lèvres le goût si particulier de celles de France. Incapable de donner une réponse précise à maman, je ne me livre qu'à des clowneries. J'essaie de reproduire pour elle quelques pas de danse, mais je ne sors qu'un véritable charabia avec mes pieds. C'est tout sauf du cha-cha.

Le lendemain, quand je retrouve France à l'école, elle a déjà oublié la soirée de la veille. Pour elle, tout ce qui se passait dans l'arbre restait dans l'arbre. Pourtant, je veux croire qu'elle cache son jeu. La semaine à l'école se déroule comme si de rien n'était. Le samedi arrive. Je vais à l'entraînement de hockey de 9 à 10 et je rentre à la maison. À 11 h 45, mon père me voit sur le point de repartir. Il me demande où je vais. Je commence à bredouiller une réponse quand ma mère intervient. Elle lui apprend que je vais dorénavant suivre des cours de danse. Mon père s'insurge. Il ne supporte pas l'idée que je fasse de la danse. En plus, alors qu'il est adorable avec tout le monde, il n'a vis-à-vis de ma mère que très peu de patience.

Comme elle m'a déjà donné l'argent des cours, je m'éclipse et je les laisse s'expliquer, sans doute très vivement… Mon père mettra six années avant d'accepter de venir me voir danser. Six ans, c'est long. Et c'est triste pour un adolescent.

Monsieur Plouffe, le père de Jean-Pierre, s'est porté volontaire pour nous conduire à l'école de danse. Comme cela a été établi par Pauline Mousseau, Jean-Pierre danse avec France et moi avec Chantal. Je m'entends bien avec elle. Je me sens de plus en plus en phase avec l'aspect sportif de la danse. Dans cette école, c'est toujours la fête. Lui-même père de six enfants, Antoine Préfontaine se montre tellement chaleureux et enthousiaste qu'il est capable de faire un câlin à soixante gamins à la fois. Il est tout aussi magique avec les parents. Les Loisirs Galaxia sont sa maison et tous les élèves sont sa famille…

Dès le troisième cours de danse, j'ai eu envie d'y retourner. Même si Paulette m'a à l'œil. Je suis un peu trop dissipé à son goût. Mais, en même temps, elle décèle très tôt mes aptitudes. Elle repère aussi les extraordinaires qualités d'Alain Doucet qui n'a que six ans (il sera cinq fois champion du monde dix danses et aura l'une des plus belles carrières du Canada avec sa partenaire Anik Jolicoeur. Je ferai d'ailleurs partie des juges lors de leur premier titre).

Après les leçons collectives au cours desquelles on apprend tous les mêmes pas, on se retrouve une heure plus tard pour la pratique des juniors. Il nous arrive de plus en plus souvent de répéter dans la cuisine de France ou dans celle de Jean-Pierre. On déplace les meubles et on exécute des chorégraphies. Chacun juge les prestations des autres. Comme nous n'avons pas les moyens de nous payer des cours privés pour nous améliorer, nous nous arrangeons entre nous.

Je n'ai qu'un but : impressionner France. Dès qu'elle se trouve dans la même pièce que moi, je me tiens plus droit, je bouge plus vite, je fais tout pour qu'elle me remarque. J'aurais tellement aimé que sa mère me choisisse comme partenaire pour sa fille que j'ai à cœur de lui prouver que j'ai quelque chose de plus que les autres.

Que ce soit France, Carole, Chantal ou Jean-Pierre, leurs parents veulent qu'ils dansent. Si bien que quand il y a besoin d'une nouvelle paire de chaussures ou d'une tenue, il n'y a aucun problème. Ils sont toujours tirés à quatre épingles. De mon côté, les cordons de la bourse paternelle sont un peu serrés.

Au mois de mai 1974 arrive le moment fatidique de la première compétition de danse, le bal des Étoiles, qui marque la fin de la saison. Il est impératif que je sois habillé en conséquence. Évidemment, je me tourne vers ma seule alliée, ma mère.

Commence alors une âpre négociation entre elle et mon père, qui refuse tout net. Comme d'habitude, je préfère sortir pour les laisser s'expliquer. Je suis un peu découragé. Je n'ai que onze ans, je ne suis pas encore capable de trouver les arguments pour convaincre mon père que je me sens vraiment bien dans cette discipline. Bientôt, ma mère me fait signe de rentrer et me déclare :

– Samedi, après l'entraînement de hockey, tu iras avec ton père…

Le jour dit, mon père m'entraîne dans les magasins. Il m'achète un pantalon, une chemise, une paire de chaussures adéquates. Je suis habillé convenablement. Je n'ai jamais su ce que ma mère lui avait dit. Je suppose qu'elle lui a fait remarquer que je pourrais aussi porter cette tenue pour aller à l'église.

*

* *

Me voici donc confronté à ma première compétition. Après une brève chorégraphie collective, nous entrons dans le vif du sujet. C'est l'accomplissement de toute une année d'apprentissage. Dans le public, je distingue de nombreuses figures familières. Mais, bien entendu, mes parents ne sont pas là. On nous distribue nos dossards. Chantal est absolument magnifique. Nous avons deux danses au programme, un cha-cha et un swing. La musique démarre. Je n'ai jamais ressenti une telle sensation de ma vie. J'ai l'impression d'être un pilote de formule 1, j'ai des fusées de chaque côté de mes souliers. Les gens se mettent à taper et à crier le nom de Chantal, le mien et notre numéro de dossard. Tout comme ils ont encouragé les autres candidats, d'ailleurs. Ça me booste d'une façon invraisemblable. Une force en moi se libère. Je comprends soudain pourquoi j'ai travaillé toute l'année et pourquoi je suis là.

Je viens de ressentir le deuxième coup de foudre de ma vie : la danse.

Et je réalise que ma vie ne sera jamais plus la même. Cette minute et demie d'extase que j'ai connue en dansant le cha-cha, cette poussée d'endorphine, je veux les revivre, les ressentir encore. Avec Chantal, nous ne faisions qu'un. Je n'ai jamais été aussi essoufflé. J'ai l'impression d'être incapable de récupérer quand le maître de cérémonie annonce le swing. Or, aux premières notes de musique, je repars avec une énergie renouvelée. Je finis exténué, mais tellement heureux ! Quand nous quittons le plancher, tout le monde vient nous féliciter. La famille de France et celle de Chantal sont autour de nous et moi, à cet instant, je ressens un grand moment de solitude. Personne de chez moi n'est venu m'assister. J'aurais tellement voulu montrer à mon père que je ne m'étais pas trompé de voie !

La compétition continue… Vient l'heure des résultats… Dans notre catégorie, celle des juniors, il y a une douzaine de couples. Monsieur Préfontaine annonce le podium. En troisième position, France Mousseau et Jean-Pierre Plouffe. Mon cœur se décroche. En deuxième position, Mario et Josée Lupien. On fait un peu durer le suspense, et le verdict tombe : premiers Chantal Grenon et Jean-Marc Généreux… Je crois que j'ai sauté tellement haut que s'il y avait eu des recruteurs de la NBA[1] dans la salle, ils m'auraient immédiatement sélectionné. Je ne m'y attendais vraiment pas. Le trophée dans la main, je me dis que je vis un conte de fées. Je découvre en même temps que je suis un compétiteur, un performeur. Cette flamme ne s'est jamais éteinte… À l'image de la flamme olympique que j'aurai l'honneur de porter en 2010.

À l'issue de la compétition, la famille de France a une tradition : ils vont manger tous ensemble.

1. National Basket Association.

Il est aux alentours de 23 h 30 quand nous nous retrouvons à la Pomitora, un restaurant du boulevard Taschereau. C'est tout nouveau pour moi. Chez les Généreux, nous n'allons jamais au restaurant aussi tard le soir. C'est aussi la première fois que j'entends parler d'un plat qui s'appelle « le poulet panier ». Ce sont des bouchées de poulet avec une petite sauce au miel. Ne sachant pas que nous irions au restaurant, je n'ai pas d'argent sur moi. C'est la mère de France qui a payé pour moi. J'ai senti encore plus fort que je faisais partie de la famille. Chez eux, j'ai trouvé tout ce que j'aimais : la beauté, la bonté, la joie de vivre. Certes, j'ai des parents formidables et notre maison respire le bonheur mais mes sœurs vivent leur vie et moi, le petit dernier, je me sens parfois un peu seul.

*

* *

J'approche de mes douze ans et je me rends bien compte que ma mère va finir par manquer d'arguments pour convaincre mon père de m'aider à continuer la danse. Comme je dessine toujours, j'ai l'idée de concevoir des affiches pour les fast-foods, des établissements de restauration rapide que l'on englobait sous la dénomination de « chez les Grecs ». Un jour, alors que je mange chez Manos, sur le boulevard Curé-Poirier, je m'amuse à dessiner un hot dog sur le napperon en papier. Le patron regarde et me met au défi de le reproduire en plus grand. Il me propose deux dollars à condition que je lui fournisse le support en carton de sa pancarte. Le carton me coûte quinze sous. Quand je reviens au fast-food avec mon dessin, il l'accroche immédiatement dans sa devanture et me tend trois dollars. Très vite, grâce au bouche-à-oreille, j'ai mon réseau. Une partie de l'argent que je gagne ainsi est réinvestie dans la danse. Ce qui me reste, je le range soigneusement dans une boîte à cigares de mon père.

De la fin du mois de mai au mois de septembre, il n'y a pas de cours de danse. L'été, France part en famille. Avec Jean-Pierre nous nous rendons souvent à vélo sur l'île Sainte-Hélène où se trouve une grande piscine municipale en plein air. C'est un endroit bourré de filles ! Elles sont en bikini toute la journée… Un autre copain s'est greffé à nous, Serge. Son frère est architecte. Je suis en admiration devant lui. Depuis l'enfance, je rêve de faire ce métier.

À la piscine, les filles sont espiègles et arrogantes. Avec elles, tout est cash. Entre nous, on dit que les filles de Montréal sont « déniaisées ». Elles savent ce qu'elles veulent. Arrive ce qui devait arriver, je m'éprends de l'une d'elles, que je vois souvent. Très vite, après quelques bisous échangés au bord de la piscine, elle m'invite chez elle. J'ai treize ans, c'est la première fois que je traverse le pont Jacques-Cartier qui relie Montréal à la rive sud, tout seul comme un grand, sans mes parents. Une fois chez elle, ma copine m'entraîne dans sa chambre mais, bizarrement, je ne me sens pas à l'aise. Je sais que je ne devrais pas me trouver là. L'arrivée de son frère avec un copain achève de me convaincre. Je les trouve déplaisants. Deux petits caïds. Je marmonne une vague excuse et je pars reprendre le bus en sens inverse en me disant que, définitivement, les filles de Montréal, elles sont *too much for me.*

Une deuxième compétition est fixée en novembre 1974. Cette fois-ci, elle n'a pas lieu dans notre cadre habituel car d'autres écoles de danse y participent. Elle se déroule dans le sous-sol d'une église. Tout auréolé de ma précédente victoire, je me prépare déjà à la remporter. Je retrouve les mêmes sensations, la même exaltation. Mais le niveau est plus élevé. Chantal et moi terminons à la cinquième place. France et Jean-Pierre sont deuxièmes. Pour la première fois de ma vie, je réalise nettement que je n'aime pas perdre. Mes lauriers sont fanés. On ne peut pas vivre sur ses acquis. Je ressens une grosse déception, mais je l'assume. Le problème, c'est que j'ai l'impression de perdre des points vis-à-vis de France... Je décide de mettre les bouchées doubles. Pour moi, le samedi n'arrive jamais assez vite. Avec Chantal, on travaille encore plus. Je veux que l'on redevienne les meilleurs.

*

*   *

Au cours de l'année 1977, je rencontre Francine Laflamme, LA couturière de Ville-LeMoyne. C'est elle qui confectionne toutes les robes et les tenues de France, de Chantal, de Carole, d'Alain et de nombreux autres danseurs et danseuses. J'accompagne France dans ses essayages et, un jour, je m'amuse à gribouiller un modèle. France et Carole me demandent aussitôt si je suis capable de leur dessiner une robe. Peu à peu, ma curiosité s'accroît, mon attrait pour la couture se fait plus vif. Je me rends de plus en plus dans l'atelier de Francine. Je commence à l'assister. Je découpe des patrons, je lui suggère des idées. Je maîtrise bien la géométrie, j'ai de la logique et je possède un bon coup de crayon. Je me mets à vraiment m'intéresser aux costumes de danse…

Chez Francine Laflamme, je croise souvent un garçon de mon âge, Robert Sainte-Marie. Il a un goût tranchant, l'œil vif, la langue bien aiguisée. Lui, il est plus versé dans la déco d'intérieur. C'est un vrai artiste, un Mozart du design. Complètement extravagant, une figure de mode ambulante. À quatorze ans, il donne déjà des conseils à des adultes. Il ne se trompe jamais…

Voir un gars de mon âge capable de prendre des décisions importantes, ça m'a motivé, stimulé. C'était un bon exemple. Il m'a permis de m'affirmer en tant que designer. Ce job était très cohérent, tout à fait complémentaire avec la danse. Ma mère, je l'ai souligné, était une excellente couturière. C'est elle qui a réalisé ma première chemise de danse. Bien sûr, comme tous les gamins, parce que c'était ma mère qui l'avait confectionnée, je la trouvais moins seyante que celle de mes camarades. Quel petit con j'étais !

*
*   *

Lorsque arrive la quatrième année de danse, la saison 1976-1977, il est évident que Chantal est devenue beaucoup trop grande pour moi. Apparemment, cela ne dérange personne. Et elle ne veut pas d'autre partenaire que moi. Depuis la troisième année, nous disputons énormément de compétitions.

De son côté, France traverse un moment douloureux de sa vie. Ses parents décident de se séparer. Il y a déjà quelque temps qu'ils font chambre à part. Pauline choisit de partir avec ses trois filles. Marcel conserve l'appartement du 2298, rue Sainte-Hélène. France en est très affectée. Sa mère étant plus souvent absente parce qu'elle est obligée de travailler double pour assurer le quotidien, elle se sent de plus en plus de responsabilités vis-à-vis de Carole. Pour les deux filles, la danse est un grand moment d'oubli, de détente et de réconfort. En marge des cours, nous nous imposons des répétitions le mardi. En semaine, Chantal ne peut pas toujours venir de Ville-LeMoyne. En revanche Carole, qui n'a plus de partenaire attitré, se retrouve libre. Nous sommes donc en toute logique associés. Ça rend service à tout le monde. Pour la première fois, je danse avec une partenaire un peu plus petite que moi. Ça change tout. Carole est énergique, rapide, souple ; je me régale ! Après quelques semaines de répétitions, une évidence s'impose aux yeux de tous : Carole et moi sommes faits pour danser ensemble. Mais il m'est difficile de trahir Chantal, et je renonce à changer de partenaire.

Les choses restent donc en l'état. Je continue de danser avec Chantal…

*
*   *

L'été de mes quatorze ans, en juin 1977, lorsque les cours sont terminés, je décroche mon premier emploi officiel. Avec Jean-Pierre, nous continuons de fréquenter la piscine de l'île Sainte-Hélène. Un jour, pour changer, nous nous rendons à La Ronde, un parc d'attractions qui se trouve dans une autre partie de l'île. C'est un mini-Disneyland. J'y remarque un panneau où sont affichées des offres d'emploi qui concernent des jeunes de mon âge. Je prends un imprimé, je le remplis et je vais le déposer au bureau. Peu de jours après, on m'appelle. On me propose un job au 314, une sorte de fast-food. Je fais des hot dogs, des hamburgers. Quand je reçois mon premier chèque, je suis gonflé de fierté. Dans ma tête, avoir un emploi régulier fait de moi un jeune homme. Plus rien à voir avec ce que me rapportaient mes affiches, je gagne bien plus d'argent. Comme je ne rechigne pas à la tâche, je me fais de bons petits salaires. Je n'ai pratiquement plus besoin des subsides de ma mère et encore moins de l'approbation de mon père…

Notre professeur de danse, Paulette Lebacq, estimant que l'arrêt des cours de mai à septembre est trop long, décrète d'instaurer une classe d'été au mois d'août. Chantal, en vacances avec ses parents, ne peut y assister. Je me retrouve à danser souvent avec France, en alternance avec Jean-Pierre. Et là, tous ceux qui assistent à nos évolutions commencent à se demander pourquoi on ne danse pas ensemble. Un jour où je suis en train de travailler, je vois arriver au fast-food tante Lise, la mère de Chantal, et sa sœur Cécile, la mère d'Alain. Je suis tout étonné. Devant leur air sérieux, j'appréhende une mauvaise nouvelle. Elles ont fait le déplacement pour savoir si je veux continuer de danser avec Chantal à la rentrée de septembre. Incapable de dire non, je me contente d'acquiescer mollement avec un tout petit oui. Dans ma tête, j'ai pourtant pris une tout autre décision : je veux danser avec France ! Cette classe d'été a été pour moi une aubaine inespérée. J'en parle à Pauline et à sa sœur Cécile. Conseil de famille…

Quelques jours plus tard, Pauline, la mère de France, appelle sa sœur à Ville-LeMoyne pour lui faire accepter la décision collégiale qui a été prise. Au début, ça ne se passe pas très bien. Mais, après tout, ce ne sont que des histoires d'enfants et, finalement, la tante Lise se range à l'avis général.

Septembre 1977 : France et moi devenons officiellement partenaires !

– 11 –

DANSE AVEC MA STAR

Septembre 1977. France et moi sommes désormais un couple de danseurs. Il aura fallu quatre années pour que nos trajectoires, jusque-là parallèles, convergent pour n'en faire plus qu'une. Je ne peux pas être plus heureux. Ma p'tite France, mon amour, ma chérie. Celle qui hantait mes jours et mes nuits, celle pour qui j'avais pris la décision de laisser de côté mon bat[1] de base-ball et mon bâton de hockey, de m'éloigner de mes copains du quartier pour aller prendre des putains de cours de danse au risque de me faire traiter par eux de tous les noms – ce qui, heureusement, ne s'est jamais produit – et de me faire démonter par mon paternel, ce qui a bien eu lieu.

Tous ces tourments sont effacés d'un seul coup. La vie me sourit à pleines dents. Reste néanmoins

1. Ma batte.

un palier à franchir, et quel palier ! Nous sommes certes un couple de danseurs, mais nous ne sommes toujours pas chum et blonde… Nous sommes copain-copine, mais je ne m'en contente pas. Le fait que l'on danse enfin ensemble me donne de l'espoir. Oubliée ma petite taille : mon talent et à mon énergie sont reconnus à l'unanimité au sein du clan Mousseau. J'entre dans le cercle fermé de la famille de France. Même si sa mère m'a toujours témoigné beaucoup d'affection, elle ne me regarde plus de la même façon… Je l'apprécie, sa mère. Elle est très belle, joviale, dévouée, travailleuse, espiègle. Chacune de ses trois filles a hérité de toutes ces qualités. Et quand elles sont toutes les quatre sur leur 36[1], wow, quels méchants pétards[2] !

Il faut aussi que je m'adapte à leur changement de vie. Depuis que Pauline et Marcel sont séparés, France n'habite plus juste derrière chez moi. Elle n'est pas allée très loin : trois minutes à vélo. Il faut simplement harmoniser nos horaires. À l'école de danse, tout le monde compte sur nous. Maintenant que nous sommes associés, les profs et les élèves sont persuadés que nous allons faire un malheur.

Nous nous mettons au travail comme des forcenés. Cependant, j'ai toutes les peines du monde à dissocier la danseuse de l'amour de ma vie. Cette tension amoureuse qu'inconsciemment j'inflige à France est toujours à sens unique. Ce qui n'arrange pas le

1. Leur 31.
2. Bombes sexuelles.

climat des répètes. En raison de cette discordance, on se dispute fréquemment.

Au niveau des résultats, on est au top pour les compètes locales, régionales ou provinciales. Impossible de faire mieux. Pour en arriver là, nous passons un maximum de temps aux Loisirs Galaxia. Nous faisons quasiment partie de la famille Préfontaine. Surtout moi… Antoine Préfontaine partage sa vie avec Paulette Lebacq, notre professeur de danse. Il est divorcé, ses six enfants vivent chez leur mère qui habite au 2442, rue Sainte-Hélène, à trois cents mètres de l'ancien appartement de France toujours occupé par son père Marcel. Nous sommes les bienvenus chez elle. Cette femme est une sainte. À l'instar des portes battantes de chez Eaton[1], les siennes sont toujours ouvertes.

Leur fils, Yves, grand et sec comme son père, est un passionné d'électronique et de musique de danse. Il est le dauphin du DJ Réal Hétu, le David Guetta local, façon ballroom. Ils nous font découvrir en avant-première toutes les musiques du monde. Son frère, Daniel, est déjà une sorte de mentor pour moi. Et puis il y a les quatre sœurs Préfontaine, les ravissantes Chantal, France, Nathalie et Sylvie.

Chez les Juniors, que ce soit au niveau local, régional ou provincial, France et moi sommes imbattables en danse sociale. Mais sur le plan affectif,

1. Centre commercial.

toujours rien. Nada ! À quinze ans, mes hormones commencent à me titiller sévère.

Je suis toujours partagé entre plaisir et doute quand un nouveau style de danse fait son apparition : le disco hustle. Paulette décide de nous y initier en cours de groupe. Or, France n'est guère attirée par ce style de danse qui fait rage partout sur la planète. Avec *La Fièvre du samedi soir,* John Travolta s'érige en nouveau sex-symbol. Nous entrons dans une nouvelle ère. Mais pas ma France. Elle est totalement réfractaire. Pour elle, nous avons assez de travail avec les autres danses pour ne pas perdre de temps en « niaiseries ».

Mais moi, j'adhère complètement à ce style. Si bien que, si je veux le danser, il me faut une autre partenaire. Comme je passe énormément de temps chez madame Préfontaine et que je commence à développer certains atomes crochus avec Sylvie, je lui demande tout naturellement si elle veut bien m'accompagner pour danser le disco hustle. France n'y voit aucune objection, d'autant que je ne sacrifie rien à nos propres heures de répétitions.

Sylvie est très jolie, talentueuse. On travaille fort et on rit beaucoup. On s'éclate vraiment. Le soir, je la raccompagne chez elle et nous restons à refaire le monde parfois jusqu'à 1 heure du matin. Je suis fan des Préfontaine en général, et de plus en plus de Sylvie en particulier. Je commence à ressentir pour elle plus que de l'amitié. L'indifférence amoureuse de France a pour conséquence de me faire douter de mes propres sentiments envers elle.

Et ce qui devait arriver arrive. Un soir où nous rentrons très tard chez Sylvie après une pratique de disco, nous descendons à la cave. Tout le monde vient de partir se coucher. Comme d'habitude, nous nous mettons à bavarder. Puis, peu à peu, nous nous rapprochons. Ses grands yeux en amande, ses lèvres joliment ourlées font tomber ma fragile défense… Nous nous embrassons longuement, ben solide sur le kisser !

Le lendemain, France me demande pourquoi je ne lui ai pas téléphoné la veille comme nous en avons l'habitude. Je lui raconte la vérité, sans aller toutefois jusqu'à me vanter du baiser échangé. Ce rapprochement avec Sylvie va-t-il la faire réagir ? En tout cas, elle ne montre aucun signe de contrariété et encore moins de jalousie.

Le soir même, à l'issue de nos répétitions, nous nous retrouvons chez elle. Un scénario hollywoodien se profile à l'horizon. Comme par un curieux hasard, tous les occupants de la maison sortent les uns après les autres. Sa mère nous annonce qu'elle a prévu de travailler tard, ses deux sœurs ont rendez-vous chez des amies. Nous nous retrouvons soudain tout seuls. France me demande de rester un peu et, prenant tout à coup une voix étrange, elle m'invite à l'accompagner dans le salon. Évidemment, je ne me fais pas prier.

Elle s'assied sur le canapé. Le salon est faiblement éclairé par la lumière que diffuse le téléviseur. Dans cette ambiance tamisée, je m'installe auprès de France, en prenant garde toutefois de respecter une certaine distance afin de ne pas créer de malaise. La gêne entre nous est palpable. J'ai toujours en mémoire l'instant vécu la veille avec Sylvie. Ce tendre souvenir est encore tellement frais que je suis perturbé. Si bien que je trouve la scène que je suis en train de vivre avec France totalement improbable. Pourquoi ce soir ? Hier, je partageais mon désarroi avec Sylvie. Je lui expliquais que mon combat ne valait plus la peine d'être mené, que la fille que j'aimais depuis ma tendre enfance ne m'aimait que comme danseur. J'étais sur le point d'abdiquer, de passer à autre chose.

France est calme, détendue. Elle se meut avec souplesse pour se rapprocher de moi. La voici contre moi. Elle pose sa tête sur mon épaule, me prend la main. Pas besoin de nous parler, nous connaissons la chorégraphie. Je connais chaque partie de son corps. La danse amène cette fusion. Le toucher fait partie intégrante de son processus d'exploration. Or, à cet instant, j'ai l'impression de redécouvrir France. Ses yeux bleu nuit scintillent comme deux saphirs, ses lèvres touchent mes lèvres et la magie rejaillit. Le parfum de son souffle m'affole. Il s'est passé trois ans depuis l'épisode du jeu de la bouteille dans l'arbre. Seuls nos âges et nos visages ont changé, mais le petit garçon victime d'un coup de foudre à neuf ans est resté le même.

La durée de nos baisers enflammés, je ne la compte plus en secondes mais en longues minutes. Mes mains quittent son visage, je la serre encore plus fort. Le temps est suspendu… Et, tout à coup, un son strident calme net nos ardeurs. Puis un second… Les pneus d'une voiture crissent dans l'allée. Madame Mousseau rentre plus tôt que prévu. Heureusement, elle a pris l'habitude de toujours klaxonner à son arrivée pour qu'une de ses filles vienne allumer une lumière qui éclaire le parking situé derrière l'immeuble. Cet endroit un peu sombre effraye Pauline. Par souci de sécurité, elle ne descend pas de voiture tant que ce n'est pas éclairé.

Au premier coup de klaxon, je suis debout. Pendant que j'essaie de reprendre mes esprits, France agit avec son efficacité coutumière. Elle remet en ordre les coussins du canapé et file allumer la lumière, éclairant le balcon au passage. Sa mère pénètre dans l'appartement, nous salue gentiment, et gagne directement sa chambre.

Wow ! Qu'est-ce qui vient de se passer au juste ? Je suis complètement troublé… Je récupère mes chaussures que j'ai déposées comme d'habitude sur le seuil. Pendant que je les lace, je lève la tête pour croiser le joli sourire de France. J'y sens comme un regret. Je suis trop déboussolé pour bien analyser cette situation. Seule la fuite s'impose. Je sors en dévalant les marches, m'empare de mon vélo. Mon cœur est si exalté, si rempli de bonheur, que j'ai l'impression que c'est lui qui pédale. Mais si le cœur va bien il n'en est pas de même avec la tête. Je ne comprends plus rien !

*

*   *

À partir de là, une drôle de valse, non pas à trois mais à six temps, se met à tournoyer : un, deux, trois avec France ; quatre, cinq, six avec Sylvie…

Les deux jeunes filles ont conscience que le partenaire que je suis doit leur accorder beaucoup de son temps si nous voulons obtenir des résultats. Je me montre aussi disponible et consciencieux avec l'une qu'avec l'autre. Sylvie pour le disco et France pour nos programmes de compétitions classiques. Et mes fins de soirée, en fonction des répétitions, sont couronnées d'un petit moment d'intimité avec l'une ou l'autre. Je suis dans la confusion la plus totale. Un carrousel tourne dans ma tête. Je sais pertinemment que ce petit manège ne peut pas durer éternellement. Mais comment trancher ? Avec Sylvie, le courant passe à la vitesse de la fibre optique. Elle est drôle mais pas insouciante. Elle se montre au contraire très sensible à mon déchirement. Elle écoute mes délires en souriant. Je crois que je lui plais, tout simplement. Mais aucune promesse, aucun agenda, aucune échéance… Avec France, le problème est tout autre. Malgré nos baisers sur canapé, elle semble imperméable à mon charme. Indépendance et indifférence riment avec France. Rien ne paraît l'atteindre. Y compris lorsqu'elle me voit embrasser une autre fille, ce qui est tout de même arrivé plusieurs fois. Pas très flatteur pour l'amoureux fou que je suis.

Un vendredi soir de mai 1977 où je me trouve chez Sylvie en présence d'une douzaine d'autres ados, le téléphone sonne. Le plus proche de l'appareil décroche, écoute, et se tourne vers moi : « Jean-Marc ! C'est pour toi… » Seules deux personnes savent où je me trouve, ma mère et France. C'est avec une certaine appréhension que je m'empare du combiné…

Deux semaines auparavant, fin avril, France a accepté d'accompagner ce soir, au bal de sa promo, le frère d'une danseuse professionnelle, Carmen Bellemare. Lorsque j'entends sa voix au téléphone, elle est encore tout essoufflée. Elle vient de partager un grand moment de danse. Passe encore, mais là où ça commence à se compliquer, c'est quand elle ajoute que le Bellemare en question lui propose de devenir sa partenaire pour performer avec lui au niveau international, l'antichambre de l'élite mondiale. Or ce type me pose trois problèmes : c'est un excellent danseur, il est grand, il est beau. Il a seize ou dix-sept ans, soit un ou deux ans de plus que France et moi, et je me doute tout de suite qu'il a une idée derrière la tête. Quand elle veut savoir ce que j'en pense, j'explose : « Ce que j'en pense ? » La force de cette annonce est pour moi équivalente, mais en souffrance, à celle du coup de foudre que j'ai connu avec elle. Mon hurlement fait sursauter le groupe de jeunes présents chez madame Préfontaine. De son côté, devant ma réaction si chargée en décibels, France décide de battre en retraite : « Écoute, si tu le prends comme ça, je préfère qu'on en reparle demain… Bye ! » Et elle raccroche. Moi je continue à crier « Allô, allô ! » On en reparle demain ! Alors qu'elle vient de me lancer un javelot qui m'a transpercé la boîte crânienne. Je suis effondré, dévasté. Je salue brièvement la compagnie et je pars me réfugier chez moi.

Dès le lendemain matin, j'appelle. Le plus tôt possible, car France a commencé à travailler. Depuis quelque temps, elle est *boss girl*[1] au restaurant de l'Holiday Inn à Longueuil. Elle est déjà partie. Mon angoisse est à son paroxysme. D'autant que je me dis que ce que je vis, c'est la réponse de la bergère au berger. En dansant et flirtant avec Sylvie, j'ai ouvert une brèche… Finalement, je décroche un rendez-vous le dimanche après-midi avec mademoiselle France Mousseau. Elle m'accueille avec un large sourire. Visiblement, elle m'attend de pied ferme. Elle enfonce encore plus le javelot : elle a vécu la veille un véritable conte de fées. Dans mon malheur, un élément me réconforte : quand je danse, mon inventivité et mon énergie n'ont pas d'équivalent. Même si le fameux Bellemare est grand et fort, il est loin de posséder ma vitesse.

Moi, le mot « espoir », je ne le galvaude pas. Il est toujours présent dans ma vie. J'estime qu'il y a toujours une solution à tout. Dans ce cas précis, il

1. Personne chargée de changer les assiettes et les couverts des clients pendant le service puis de débarrasser les tables.

me faut simplement redoubler d'ardeur en répétitions. C'est ce à quoi je m'applique dès le samedi suivant à l'école de danse. Les répètes terminées, nous nous retrouvons de nouveau seuls France et moi. Je lui fais croire que je dois aller retrouver Sylvie. Et la voici qui se lance dans un long plaidoyer pour que je la raccompagne plutôt chez elle. Ce que je fais d'autant plus volontiers que je n'ai pas rendez-vous avec Sylvie.

Personne chez elle. On commence tout de suite à se bécoter. Impatientes, mes mains se font baladeuses… À un moment, j'ai un mouvement de recul, sans doute dû à une perte d'équilibre, sur lequel elle se méprend. Elle croit que je vais partir.

– Tu vas retrouver Sylvie ?

Le timing est parfait. Je ne réponds pas tout de suite. Et là, elle franchit le pas.

– Tu fais ce que tu veux, mais je préférerais que tu restes.

Profitant de mon avantage, j'insiste lourdement.

– Si tu ne veux pas que j'aille chez Sylvie, dis-le-moi franchement.

Ses yeux se plantent dans les miens et, enfin, la phrase que j'attends sort de sa bouche.

– Non, je ne veux pas que tu ailles chez Sylvie…

Alors, je suis resté jusqu'aux deux coups de klaxons de sa mère.

Le lundi suivant, après l'école, nous nous retrouvons chez elle pour répéter. On déplace les meubles de la cuisine où madame Mousseau a installé deux murs de miroirs pour que l'on puisse se voir danser. Et en avant sur cette piste improvisée ! Après avoir bien répété, on remet le mobilier en place et France va dans sa chambre chercher quelque chose. Soudain, il me prend une bouffée de chaleur. Je la suis. Dans cette pièce, qu'elle partage avec Carole, il y a deux lits simples. J'attrape France et je la projette sur l'un d'eux. Elle se débat tellement qu'on se retrouve par terre, coincés entre les deux lits. Il est 4 heures de l'après-midi, l'ambiance n'est pas si romantique qu'en soirée. Je regarde France. Elle me regarde avec un petit sourire en coin. D'un ton décidé, je lui lance :

– On va peut-être arrêter de tourner autour du pot. Je veux que tu sois ma copine pour le restant de ma vie. Ça fait trop longtemps que je te cours après. Ça fait trop longtemps que je t'aime. Tu me réponds tout de suite, ça passe ou ça casse : c'est oui, ou c'est non ?

France a toujours été une personne de peu de mots. Ses yeux dans les miens, elle me dit tout simplement :

– Oui.

Fou de bonheur, je l'ai embrassée pour sceller notre accord. Son « oui » venait de mettre un point final à une longue attente. De neuf ans à quinze ans, le temps m'avait paru bien long. Il n'empêche que toute la poésie chevaleresque dont j'avais paré la conquête de ma belle m'avait permis, peu à peu, de combattre les horribles cauchemars qui m'avaient assailli pendant des années. Et ma victoire était d'autant plus savoureuse que mon fol espoir avait été gravement mis en péril ces derniers mois.

*
*   *

Maintenant que nos serments sont échangés, reste à en avertir la famille de France. Pour eux, j'étais le divertisseur de service. J'apportais des dessins, j'écrivais des poèmes. En même temps, j'étais peu à peu devenu le confident de sa mère. Nous échangions beaucoup et sur toutes sortes de sujets. Un nouvel homme, Phil Morter, était entré dans sa vie. Il n'était pas toujours présent car il travaillait à Toronto, où il avait une belle situation.

Lorsqu'on leur a annoncé notre engagement, personne n'a paru surpris. Pour tous, c'était une évidence.

L'officialisation de notre couple n'a pas changé la rigueur ni le rythme de nos répétitions. Antoine Préfontaine veut que l'on devienne des danseurs complets. Il nous fait participer à tous les cours existants. Dans le domaine de la danse sociale, son école est une des plus novatrices. Comme nous ne pouvons toujours pas nous payer des cours privés, nous travaillons le plus possible nous-mêmes. Mais Daniel Préfontaine veillait sur nous.

Dans la danse, il est acquis que la conduite vient de l'homme. Mais avec France, nous étions deux leaders. Il y avait une lionne et un guépard. Elle vivait parfois mal mes différences de comportement entre le partenaire de danse et le jeune homme amoureux. Autant j'étais directif et pète-sec sur la piste, autant j'étais doux et prévenant en dehors. Elle devait craindre que je sois schizophrène.

L'arrivée en secondaire 5, entre seize et dix-sept ans, est le moment où l'on va suivre d'une part des études supérieures – ce que nous appelons le CEGEP[1] – et, d'autre part, où l'on songe à chercher un métier. Je dois prendre une décision. J'ai un formulaire d'inscription à remplir. Depuis des années, je veux devenir architecte. Les cours d'architecture sont prodigués au CEGEP du Vieux-Montréal. De son côté, France n'a aucune envie de s'y rendre. Elle privilégie la proximité en choisissant l'administration. Sur le plan de notre carrière artistique, nous sommes au point fort, en dernière année de danse sociale. On veut remporter les Provinciaux et passer à l'international. Si je pars au Vieux-Montréal qui est situé au cœur du centre-ville, alors que France se trouve au CEGEP Édouard-Montpetit à Longueuil, nous allons avoir de gros problèmes pour harmoniser nos emplois du temps. Alors que je rêve vraiment d'étudier l'architecture, je me laisse emporter par mes sentiments et j'opte moi aussi pour la section administration. Ce qui n'est pas fait pour déplaire à mon père, qui a tout de suite intégré que dans cet enseignement il y a une section comptabilité.

1. Collège d'enseignement général et professionnel.

Le CEGEP reprend au mois d'août, avant le secondaire. Je n'ai pas de voiture, mais France a hérité de l'ancien véhicule de Phil, mon deuxième beau-père. J'ai donc une blonde qui possède un char. Nous nous rendons au CEGEP ensemble. Nous sommes dans l'école des grands, c'est à nous de prendre nos responsabilités. On peut y aller, ou pas. France a eu une promotion à l'Holiday Inn. De *boss girl*, elle est passée serveuse. Elle a des journées de folie. Avec les pourboires, elle gagne plus d'argent que mon père. Mon père qui, entre parenthèses, est enfin venu me voir danser. Il ne m'avait jamais vu évoluer avec Chantal, il me découvre donc avec France. Il ne l'aurait pas reconnu devant moi, mais il a confié à ma mère que je l'avais impressionné.

Pendant ce temps-là, je patauge de nouveau en pleine confusion. Je ne me sens pas dans la bonne école, et je pressens que France, prise par ses obligations professionnelles, a envie de laisser tomber les cours d'administration. Pour elle, son avenir repose sur deux piliers, l'Holiday Inn et la danse. Quand, au mois d'octobre, elle arrête ses études, je me retrouve sans chauffeur. Je dois prendre les transports en commun.

À cette époque, nous vivons ensemble un second bouleversement. L'heure est venue pour nous de quitter les Loisirs Galaxia pour accéder à un niveau supérieur. Nous avons une réunion avec Antoine Préfontaine et Paulette Lebacq. Ils nous proposent deux grandes écoles de danse : celle de Pierrette Chartier et celle deMéryem Pearson, le Studio 2720. Ils nous décrivent le profil de chaque établissement et nous laissent notre libre choix. L'année précédente, lors des Provinciaux, j'avais vu danser un certain Denis Tremblay et sa partenaire Mireille Veilleux. J'avais détecté en lui tout ce dont j'avais besoin. Il avait une classe que je ne pensais pas posséder. J'étais une pile électrique, mais il me manquait de l'élégance. Denis Tremblay avait la clé. Cette clé, c'était Méryem Pearson. Avec Dave, son mari, ils font partie dcs pionniers de la danse au Québec.

Je prends donc contact avec le Studio 2720. Avec le palmarès que nous affichions France et moi, j'étais naïvement convaincu que j'obtiendrais directement des cours avec Méryem. L'accueil est aimable, on nous fixe un rendez-vous et on nous affecte à un cours prodigué par une autre professeur, Johanne Leblanc. Je suis profondément déçu…

Le Studio 2720 est à Montréal. Il nous faut quitter notre petit nid douillet de la rive sud. Nous entrons dans un autre monde.

Nous voici donc dans la salle d'attente de l'école. Nous patientons un bon moment jusqu'à ce que Mireille Veilleux, transformée en secrétaire, vienne nous apprendre que mademoiselle Leblanc est en retard. Pour ne pas nous pénaliser, Méryem Pearson nous propose de prendre notre premier cours avec Denis Tremblay. Denis Tremblay ! Le seul énoncé de son nom – sans mauvais jeu de mots – me fait trembler d'admiration. Je passais soudain d'une prof qui m'était inconnue à mon idole... Au Studio 2720, il y a trois salles, le plancher principal à l'étage, et deux petites salles en bas. C'est dans une de celles-ci que nous convoque Denis Tremblay. Nous nous retrouvons face à un homme qui a le corps d'un danseur de ballet. On dirait Noureïev. Il s'écoute un peu parler. Mais, après tout, il est le champion des champions. Nous sommes des juniors qui accèdent à la catégorie jeunes adultes. Il commence à nous montrer les bases du cha-cha. Nous avons déjà six années de danse sociale derrière nous, nous avons assimilé une quantité de variantes. Denis comprend immédiatement qu'il y a du travail sur la planche mais qu'il n'a nul besoin de nous faire réviser tout l'alphabet ! À la fin du cours, je vais carrément demander à Denis s'il accepterait de continuer à être notre professeur. Après un moment d'hésitation, il nous donne rendez-vous pour la semaine suivante. Quand nous sortons de ce premier cours, nous sommes émerveillés et heureux de ce dénouement inattendu.

Je n'ai toujours pas les moyens de me payer des cours supplémentaires, contrairement à France que sa mère et Phil, qui est devenu son beau-père, sont prêts à aider financièrement. J'en viens à me demander s'il ne serait pas opportun de quitter à mon tour le CEGEP. J'en parle à mon père en lui expliquant que la danse prend de plus en plus de place dans ma vie, et je lui fais la vague promesse de reprendre mes études en janvier.

France et moi, désormais libérés de toute contrainte scolaire, nous consacrons à fond à nos cours avec Denis Tremblay. En même temps, sans trop nous en apercevoir, nous sommes en train de perdre nos repères. La cuisine de Pauline est devenue trop petite pour nos entraînements. On ne peut pas se permettre de retourner aux Loisirs Galaxia pour y squatter une salle. Heureusement, Daniel Préfontaine, un des fils d'Antoine, nous le propose de lui-même. Il nous ouvre tout grand les portes de l'école. Nous nous faisons de nouveaux amis, mais ce n'est pas pareil. Nous sommes les bienvenus, mais moi je sais que je n'ai pas le standing correspondant au Studio 2720. Je me sens en décalage. Maintenant, les robes de France ne valent plus 300 dollars, elles atteignent les 1 500 dollars, et mes costumes passent de 200 à 800 dollars, l'équivalent de deux semaines de travail pour mon père. À l'international, il ne faut pas se mentir, ils se la pétaient grave ! En raison de ces problèmes, nous retardons toujours le moment d'entrer en compétition. Ce qui commence à irriter profondément Denis.

Un jour, nous décidons d'aller assister à une de ces compétitions pour nous rendre compte par nous-mêmes de ce qui nous attend. Nous sommes impressionnés par l'aspect imposant de cette grosse machinerie… et sommes rongés par le doute ! Nous ne nous sentons pas au niveau. Denis nous prend alors à part et nous signifie qu'il nous inscrit d'office à la prochaine compétition, le Grand Prix québécois, qui se déroule un mois plus tard au centre Pierre-Charbonneau à Montréal. Pour lui, il faut en passer par là pour que nous soyons « déniaisés ». Nous avons le droit de refuser, mais dans ce cas, il ne continuera pas à être notre professeur.

Nous sommes dos au mur. Il n'est plus temps de tergiverser. Il faut trouver des costumes.

Nous allons en repérage chez madame Robillard qui tient un magasin de vêtements de danse à Ville-d'Anjou. Madame Robillard, c'est la maman de tous les danseurs. Nous fouinons dans des robes et des costumes qui ont déjà été portés. Rien ne convient à France. J'ai alors une idée. J'avais profité de mes derniers jours au CEGEP pour dessiner des robes et j'avais proposé différents modèles à France. Je montre à madame Robillard celui sur lequel elle a jeté son dévolu. Elle m'incite à le faire réaliser. Je vais en parler à Francine Laflamme, notre couturière attitrée. Elle fait la robe, à nous d'y ajouter les strass. Nous utilisons des pierres du Rhin qui coûtent horriblement cher. On en a mis de la pierre ! Pour moi, Francine conçoit un catsuit[1] dans un Lycra bordeaux hyper brillant, strassé dans sa partie supérieure. La

1. Une combinaison de danse.

robe de France est blanche et décorée de strass bordeaux, roses et argentés, ça en jetait vraiment. Mon costume était moins impressionnant, mais il me faisait un beau petit cul…

Et nous voilà engagés dans notre première compétition à l'international. Nous entrons dans la ligue des grands. Nous concourons dans la catégorie bronze, la première catégorie. Nous sommes une quinzaine de couples à performer. C'est un système à éliminations. Nous terminons à la troisième place. Je suis dégoûté mais Denis est très fier. Le couple vainqueur, Daniel et Chantal, et le couple classé troisième font partie de ses élèves.

Sur notre rive sud, il y a Monique Lessard, une dame qui tient une boutique du genre de celle de madame Robillard. Elle ne vend pas de costumes, mais en confectionne. Elle fait aussi de la compétition de danse dans les classes adultes et s'est toujours montrée adorable avec moi. Comme c'est une couturière accomplie, elle crée elle-même des robes avec l'aide de sa fille Joëlle. Les robes de danse à cette époque sont très compliquées. Composées d'épaisseurs superposées, elles nécessitent un savoir-faire particulier dont Monique a le secret. Elle propose à ses clients le forfait complet, c'est-à-dire avec pose des strass, ou bien le forfait « coquille », qui est la robe seule. En prévision de la prochaine compétition et de la nouvelle tenue de France, elle accepte de nous coudre une coquille.

Pour la pose des strass, nous nous fournissons en grosses de pierres dans différents endroits. Une grosse, ça représente 144 pierres ; il nous en fallait trois ou quatre à chaque fois. Quand Monique a vu avec quel soin et avec quelle dextérité nous tapissions nos robes, ç'a fait tilt dans sa tête. Elle n'aimait pas trop cette étape de la confection que l'on appelle le « pierrage ». Elle nous a proposé de nous associer avec elle. On a accepté. Sans m'en douter, je m'engageais avec elle pour vingt ans de ma vie.

*

*   *

Janvier 1979 arrive. Je n'ai pas oublié la promesse faite à mon père, qui tolère tout juste que je fasse de la danse, de reprendre mes cours. Je retourne donc au CEGEP. Mais cette fois, je ne veux plus de l'administration. Je m'inscris à des cours que j'ai le goût de suivre, dans mes domaines de prédilection : sciences graphiques, qui consistent en l'apprentissage du dessin technique, art, science de l'art, et… danse, en l'occurrence le ballet-jazz. Je me passionne vraiment pour les sciences graphiques. J'en aime la logique, les calculs, les instruments utilisés… La science de l'art ne me déplaît pas. Et j'adore les cours d'arts plastiques. Un jour, j'entre dans une salle où sont installés des chevalets. Je m'installe derrière le mien, je lève la tête vers le podium et je découvre… une fille nue ! C'est la première femme nue que je vois. Je précise bien « femme »…

Toutes ces matières me réconcilient avec l'école. Je gère parfaitement mon emploi du temps entre le CEGEP et les cours de danse. Économiquement, je tire toujours la langue, mais j'ai des activités qui me plaisent.

En mai 1979 arrive la dernière compétition de l'année, le bal des Roses jaunes. Nous en sortons grands vainqueurs. Je ne sais par quel miracle, mon père y assiste. Je n'ai jamais su comment il s'était retrouvé là. À l'issue du spectacle, je vois de loin Méryem Pearson qui va lui parler. J'ai appris un peu plus tard qu'elle lui avait déclaré que des danseurs comme France et moi, on n'en rencontrait pas souvent, et que nous formions un binôme appelé aux plus grands succès. Sachant qu'il avait affaire à une grande professionnelle, une sommité de la danse, mon père a été sensible au compliment.

Peu de temps après, Méryem nous envoie à Toronto disputer le championnat canadien. C'est la première fois que nous sortons de notre province. Nous y emportons les deux blocs de danse latine et les deux blocs de danse standard. À la fin de la compétition, le couple de champions Pierre Allaire et Christiane Primeau annoncent qu'ils quittent le monde amateur pour passer professionnels. Ce qui signifie que leur titre est vacant pour la saison prochaine. Je me prends à rêver. Nous sommes pourtant encore dans les catégories de base. Mais Denis Tremblay et Méryem Pearson sont à fond derrière nous.

Vient l'été 1980. J'ai dix-sept ans, l'année scolaire au CEGEP est terminée. Il est grand temps pour moi de trouver un emploi plus rémunérateur que celui qu'on me proposait dans mon fast-food à La Ronde. Déjà, en prévision de la rentrée prochaine, je demande à mon père de m'inscrire en architecture au CEGEP du Vieux-Montréal. Mais on n'y prend pas d'élèves n'ayant pas suivi la première session. C'est très contingenté. Mon père prend contact avec le doyen de l'établissement, il lui expose mon cas, lui indique les très bonnes notes que j'ai obtenues et lui précise que mon professeur de sciences graphiques à Édouard-Montpetit est convaincu de mon avenir dans cette voie. Il sait si bien y faire qu'il m'obtient un rendez-vous.

Et je me mets à chercher du boulot. Très vite, je réussis à décrocher un job étudiant chez Weston, une boulangerie-confiserie en gros très réputée, qui se trouve boulevard Marie-Victorin. À La Ronde, on était une bande d'ados, on se marrait tout le temps. Là, je débarque dans un monde d'adultes, un monde d'hommes. On me remet un uniforme, avec un petit chapeau, et on m'affecte à une grosse machine où je dois déposer des plaques de métal sur lesquelles vont se poser différentes pâtes à pain. Quand les employés prennent leur pause, ils ne m'invitent pas à en faire autant. C'est une sorte de bizutage. Résultat, je pose mes plaques pendant près de douze heures d'affilée. Ce n'est pas vraiment fatigant, c'est juste mécanique. Il est minuit bien tassé quand je rentre à la maison, toujours en transports en commun car mes parents sont repartis habiter à Saint-Hubert.

La veille de mon rendez-vous avec le doyen du CEGEP du Vieux-Montréal, je me hâte de regagner ma chambre au sous-sol, car je dois être frais et dispo le lendemain : le rendez-vous est à 10 heures. Dans mon sommeil, comme dans *Les Temps modernes* de Chaplin, je continue à placer des plaques…

Je me réveille, je me lève, et je vais tranquillement retrouver ma mère à la cuisine. Persuadé qu'il est encore tôt, je lui dis qu'il faut que je me prépare pour aller à mon rendez-vous. Elle me regarde avec des yeux ronds : « De quel rendez-vous tu parles ? » Je le lui explique et lui dis combien c'est impératif pour moi, car le doyen part en vacances le lendemain. Devant son air étonné, je me renseigne : « Papa ne t'en a pas parlé ? » Elle n'était pas du tout au courant ! Elle n'a donc pas eu l'idée de venir me secouer. Or il est 10 h 15 ! C'est foutu. Je suis abattu.

D'après mon père, c'était à moi de prévenir ma mère et, surtout, de faire sonner mon réveil. Pour lui, c'était un signe du destin, il avait fait ce qu'il avait à faire, il n'avait rien à se reprocher. Effectivement, je ne pouvais m'en prendre qu'à moi. Mes rêves de devenir architecte venaient de s'effondrer définitivement. En début d'après-midi, j'ai repris mes bus et métro, et je suis retourné chez Weston…

– 12 –

LE MONDE À NOS PIEDS

Je ne serai jamais architecte… Alors, quitte à construire quelque chose, autant que ce soit une carrière de danseur. On a donc mis les bouchées doubles à l'entraînement.

Cette année-là, nous passons du bronze à l'argent international, puis directement en préchampionnat. Nous gagnons à Boston, à Cherry Hill dans le New Jersey au championnat nord-américain, et dans toutes les compétitions que nous disputons en Amérique du Nord dans cette catégorie. Devant nos performances, Denis Tremblay se montre très exigeant, voire un peu trop. Il pousse le bouchon de plus en plus loin. Mais il n'a ce comportement qu'avec moi, pas avec France. Il demande toujours plus. Je le sais intègre et honnête, mais je pense qu'il est arrivé à son maximum au niveau de la transmission. Méryem Pearson a vite senti une certaine animosité monter entre lui et moi. Elle me convoque dans son bureau et nous faisons le point. Elle me fait la proposition que je n'attendais plus :

– Après la pré-Classique, je vous prends sous mon aile.

On se souvient que l'année précédente, le titre de champions canadiens avait été remis en jeu à la suite du passage en professionnels de son couple détenteur Pierre Allaire et Christiane Primeau. Nous voici donc engagés, en janvier 1982, dans cette fameuse pré-Classique contre une vingtaine d'autres couples. Nous lorgnons tous ce titre. Le parcours pour en arriver là prend habituellement quatre à cinq ans, et nous, nous l'avons accompli en un an et demi ! L'arène du Beer Garden, qui nous accueille, est noire de monde. Chaque couple engagé doit accomplir trois rondes[1]. C'est notre première participation à une classe ouverte, l'équivalent de la classe olympique. La première ronde élimine de nombreux couples. Nous ne sommes plus que douze pour la deuxième, qui vaut demi-finale. Nous franchissons l'obstacle. Il n'y a plus face à nous que cinq couples plus âgés qui sont dans le circuit depuis belle lurette.

Je suis incapable d'expliquer ce qui se passe en nous à ce moment-là, mais je sens qu'il me pousse des ailes et que des fusées se fixent aux pieds de France. Nous sommes en transe. On se livre à un jive de folie. Le public est debout, les applaudissements fusent de toutes parts. J'ai tout donné. Dégoupillé, j'explose… Tout le monde pensait que le titre irait à Jean-François Jones et Ginette Cournoyer, un couple bien établi dans le métier… Le maître

1. Passages imposés.

de cérémonie, Yves Daigneault, égrène le résultat. Nous ne sommes pas sixièmes, ni cinquièmes, ni quatrièmes ; toujours pas troisièmes… Nous nous regardons France et moi, totalement incrédules. Nous ne sommes pas deuxièmes non plus. Ce sont Jones et Cournoyer… À l'annonce de notre nom, toute la salle se lève pour nous applaudir. Dans les compétitions, les standing ovations sont excessivement rares. C'était notre première participation dans cette catégorie et nous gagnons !

Après ce succès, nous participons chaque semaine à une nouvelle compétition jusqu'à la Classique du Québec qui se tient tous les ans en février, à la Saint-Valentin, à l'hôtel Bonaventure de Montréal. C'est la plus grosse compétition du Québec. Méryem Pearson a commencé à nous donner des cours. Mais le couple qu'elle coache depuis plus longtemps, c'est celui de Jean-François Jones et Ginette Cournoyer. Ils sont magnifiques. Ce sont Ken et Barbie. Ils ont deux revanches à prendre sur nous à présent car nous les avons de nouveau battus la semaine précédente. La Classique a ceci de particulier que son jury est composé de quelques juges québécois triés sur la sellette, de juges américains plus nombreux et d'une dizaine de juges européens. C'est le Roland-Garros de la danse à Montréal. Pour les compétiteurs européens, la Classique est le passage obligé pour mériter les États-Unis. C'était un véritable melting-pot, la Bourse de la danse… France avait flashé sur une robe qu'elle avait trouvée fabuleuse sur Kirsten Salberg au StarBall de Toronto. Quand elle a voulu l'acheter, elle était déjà vendue. Et celle qui allait la porter pour la Classique n'était autre que sa grande rivale, Ginette Cournoyer ! Avec le concours de madame Lessard, nous en avons rapidement confectionné une autre quasiment identique qui, au lieu d'être blanche, était rose.

Notre collaboration avec Monique Lessard se révèle vraiment bénéfique. C'est une remarquable femme d'affaires. Nous pouvons payer tous nos costumes et bien au-delà avec l'argent qu'elle nous fait gagner, moi au design et France à la pose des pierres... Mais la beauté de la robe de France ne suffit pas à nous faire remporter la victoire. Nous finissons troisièmes de la Classique, Jones et Cournoyer sont deuxièmes, la première place revenant à un couple européen. Nous comprenons que nous devons faire encore mieux. Dans quelques mois a lieu le fameux championnat canadien et nous voulons le gagner.

*

* *

Le championnat canadien a lieu cette année-là à Montréal. Il y revient tous les quatre ans, en alternance avec Toronto, Vancouver et Halifax. Il est programmé au centre Pierre-Charbonneau, un grand complexe pluridisciplinaire. Nous y découvrons un plancher immense. Les paris sont ouverts car nombreux sont les couples qui peuvent prétendre à la victoire. Antoine Préfontaine et Paulette Lebacq sont présents. Juste avant l'annonce des résultats, ils viennent nous rejoindre près de la porte qui conduit aux grands honneurs. Le compte à rebours commence. Nous avons l'impression de revivre la pré-Classique. C'est notre première participation au championnat canadien et, contre toute attente, nous l'emportons, devant les inévitables Jean-François Jones et Ginette Cournoyer. Mais ce qui est le plus touchant et le plus symbolique pour nous, c'est que les premières personnes à nous féliciter sont nos tout premiers professeurs de danse ! C'est l'euphorie. Et nous venons de nous offrir en prime notre billet pour les championnats du monde où nous allons représenter notre pays.

Après ce formidable succès, nous passons dans une autre ligue. Nous ouvrons cette fenêtre sur le monde qu'est l'international. Cette fois, nous allons être confrontés à des danseurs venus de quatre-vingts pays. Derrière tout cela se profile une énorme compétition qui s'appelle le Blackpool Dance Festival. Il a été créé en 1920, c'est une véritable institution.

Pour nos premiers championnats du monde, qui ont lieu à Aarhus, au Danemark, nous voulons des tenues qui soient à la hauteur de l'événement. France se fait faire une sensationnelle robe blanche agrémentée de foulards en trois tons de bleu. Quant à moi, je tombe en arrêt devant la pochette d'un vinyle. C'est une photo prise à l'International Championship, un événement de danse anglais. Je craque pour la tenue du type sur la pochette, un certain Sammy Stopford, le champion anglais de danse de salon. Je n'hésite pas une seconde : je décrète que je veux être Sammy Stopford. Je fais un croquis, je le présente à Monique Lessard. Elle me concocte un magnifique costume en velours satiné bleu nuit.

C'est la première fois que nous nous rendons en Europe. Méryem nous recommande de passer par les Pays-Bas pour y rendre visite à Marcel de Ryck, une sommité de l'Association de danse qui est également juge international. Marcel, le père de France, nous y accompagne ainsi qu'un ami journaliste, Richard Blanchette, qui écrit dans *Dansomanie*, un magazine consacré à la danse. Nous voilà tous les quatre à Amsterdam. Après une nuit plutôt pittoresque dans un hôtel proche du Red Light District, le quartier chaud de la ville où, pour la première fois, je voyais des femmes en vitrine, nous rencontrons Marcel de Ryck, puis nous prenons le train direction Aarhus. Au cours du trajet, le train se séparant en deux, nous avons failli perdre nos valises ! Nous débarquons dans une jolie ville. La compétition a lieu dans une immense aréna pouvant contenir cinq mille spectateurs. Les vestiaires sont mixtes. Woooo ! Apparemment, les filles, ici, n'ont aucun souci avec la nudité. Encore troublé par quelques visions paradisiaques, j'ouvre ma housse à vêtements et j'en extrais le costume dont je suis si fier de me vêtir. France l'a décoré de dix grosses de pierres. J'ai l'air d'une boule à facettes ambulante. Quand je me tourne, je regarde les autres concurrents et je remarque que toutes leurs tenues sont homogènes. S'ils portent un costume noir, les pierres sont noires, s'il est rouge, les pierres sont rouges. Si, comme le mien, il est bleu nuit, les pierres doivent être bleu nuit, or les miennes ne le sont pas. Je commence à avoir des sueurs froides. Je ne me suis pas informé mais, apparemment, il y a un dress code à respecter. J'ai fait tout ce chemin et je représente mon pays avec un costume inadéquat. Je vais trouver l'organisateur pour expliquer mon cas. Il se réfugie derrière le règlement fixé par l'IDSF (l'International Dance Sport Fédération). Ça crée un gros dilemme. Un attroupement se forme. Finalement, tous les compétiteurs sont réunis. On demande si quelqu'un aurait éventuellement un costume à me prêter. Personne. Il est vrai que j'ai une taille qui n'est pas standard. Finalement, tous les concurrents acceptent de me laisser concourir avec ma tenue.

Au bout de trois rondes, tous ces couples qui avaient répondu favorablement à ma demande commencent à faire grise mine. Le ti-coune[1] franco-canadien et son costume dépareillé sont toujours dans la compétition ! Finalement, nous parvenons à la huitième place sur soixante-quinze. Nous manquons d'un rien la finale qui n'en opposait que sept ! Cette première participation est vraiment positive. Nous sommes hyper heureux. On nous a remarqués – et pas seulement pour ma bourde vestimentaire –, c'est très important pour la suite.

---

1. Le plouc.

De retour en Amérique du Nord, on s'est mis à tout rafler. Méryem Pearson était très fière de nous. On a dû gagner cent cinquante à deux cents compétitions à travers les États-Unis et le Canada. On travaillait comme des malades pour se maintenir au plus haut niveau…

Lorsqu'on remporte notre troisième Classique du Québec, Nina Hunt fait partie des juges. C'est une icône dans le monde de la danse latine, une machine à produire des champions au niveau mondial. Elle vient nous voir au cocktail donné à l'issue de la soirée et nous déclare que nous avons le potentiel pour gagner à Blackpool. Si ce challenge nous intéresse, elle nous invite à venir nous entraîner chez elle, au pays de Big Ben. Mais pour cela, il nous faut quitter un temps notre Québec… Cette alléchante proposition nous pose un cas de conscience. Depuis plusieurs mois, je travaille chez Manhattan Product, une boîte qui fabrique des armoires à pharmacie et des portes de douche, dont le patron, Michel Vincent, est un passionné de danse. Je suis responsable du département armoires à pharmacie. Ma vacation va de 8 h 30 à 16 heures. Je m'y sens très bien. En parallèle, nous continuons à créer des costumes de danse avec madame Lessard. Là aussi, notre petite entreprise fonctionne on ne peut mieux. France est toujours serveuse à l'Holiday Inn. Elle commence très tôt le matin pour le service des petits déjeuners et elle termine à midi. Nous avons des journées de folie. C'est travail, souper, entraînement puis pose de pierres. Métro, boulot, mais pas dodo. Il arrive fréquemment que, dans sa chambre transformée en atelier, France s'assoupisse d'épuisement sur son ouvrage... La suggestion de Nina Hunt d'émigrer un temps à Londres est pour nous un véritable dilemme, mais nous décidons de franchir le pas. France obtient un congé sans solde et Michel Vincent m'encourage vivement à tenter l'aventure en me promettant d'essayer, dans la mesure de ses possibilités, de me garder mon emploi.

Il faut savoir que l'Angleterre est La Mecque de la danse sportive. Les plus grands champions y vivent et s'y entraînent. Il s'y tient trois grands championnats, l'Elsa Welles International Dance Championship, le UK Championship et le Blackpool Dance Festival. Nous avons déjà performé deux années de suite à Blackpool. La première fois, nous avions fait partie du top 48 sur trois cents concurrents, la deuxième fois nous avons fini à la septième place, à une place de la finale. Quand Nina Hunt nous fait sa proposition, elle sait donc parfaitement qui nous sommes... Nous nous installons sur Ritherden Road SW London, dans un bed & breakfast, pour six semaines, toujours accompagnés du précieux Marcel, le père de France. Méryem Pearson, qui croit dur comme fer à notre projet, nous a remis une enveloppe contenant deux cents livres sterling pour que nous puissions nous payer plus de cours. Une belle preuve de confiance.

Le studio de danse de Nina Hunt est situé à Balham, dans la banlieue sud de Londres. Nous arrivons dans une sorte de cave. La salle réservée aux répétitions ne fait pas plus de trente mètres carrés avec un poteau au milieu. Au regard de la réputation et du statut de Nina Hunt, je m'attendais à quelque chose de luxueux. En plus, nous avons l'impression qu'elle ne se souvient pas de nous. Elle sent beaucoup l'alcool. Elle allume une cigarette, met de la musique et on commence à danser. Pendant deux heures, elle ne fait que répéter « *Do it again* » en se contentant de changer de musique. Du jamais-vu. Nous sommes complètement découragés. Hors d'elle, France veut plier bagages. Nous avons tout abandonné pour ça ? Le lendemain, voyant que le cours repart sur les mêmes bases, je mets les pieds dans le plat. Je demande à Nina de nous montrer d'autres nuances de pas. Et là, elle commence à nous apprendre des choses. Je ne saurai jamais si elle avait voulu tester notre force de caractère. Dès lors, en s'appuyant aussi sur des visuels, elle nous fournit les réponses à toutes nos questions.

Elle détenait les clés. Elle connaissait toutes les techniques pour te mettre en shape[1]. Tous les champions de Blackpool sont passés chez elle. Maintenant, je comprends pourquoi.

C'est forts de ces six semaines d'entraînement chez Nina que nous nous présentons pour la troisième fois au Blackpool Dance Festival. Les grands favoris

1. En condition.

de la compétition sont un couple australien, Jason Gilkinson et Peta Robbie, installés depuis longtemps en Angleterre. Il y a deux cent cinquante couples en lice avec sept rondes au programme. Les juges sont tous anglais… La journée s'écoule au fil des épreuves. Nous nous qualifions pour la demi-finale, stade où nous avions été éliminés l'année précédente. Cette fois, nous franchissons l'obstacle. Se retrouver en finale à Blackpool, c'est juste grandiose. Il est écrit que ce sont les Australiens qui vont gagner. Les quatre autres couples finalistes sont anglais. Toute la colonie canadienne est derrière nous et même les Américains se mêlent de la partie. D'un seul coup, toute la fatigue accumulée durant la journée s'évapore comme par magie. Je me sens bourré d'énergie et je sais que je peux compter sur France qui est une athlète-née. Les six couples dansent en même temps. Quand le moment fatidique des résultats arrive, nous nous réfugions dans la travée des Canadiens. À Blackpool, la tradition n'est pas comme ailleurs. On annonce d'emblée le couple vainqueur. Roulements de tambour et on entend : « *The winner is… from… Canada !* » Incroyable, on a gagné ! Ce n'était jamais arrivé à un couple nord-américain. Et aucun couple canadien n'a réédité cet exploit à ce jour… Nous explosons de joie et nous précipitons sur la piste. Méryem Pearson, assise au premier rang, est super fière de nous. Au niveau amateur, nous avons désormais atteint un grand but. On en rêvait. Cette victoire nous a ouvert des portes partout dans le monde.

*
* *

De retour à Montréal, Michel Vincent ayant réussi à préserver ma place, je reprends mon boulot chez Manhattan Product. France retourne à l'Holiday Inn. En même temps, nous continuons à nous entraîner dur et à multiplier les compétitions. Sur l'échiquier mondial, nous sommes très respectés. Méryem pense que le moment est venu pour nous de franchir le palier ultime : passer professionnels. Un nouvel Everest se présente devant nous. Nous sommes dans l'élite mondiale, il faut quasiment tout rebâtir. Mais cette fois, nos prestations sont rémunérées… et tout est réinvesti dans les cours, les costumes, les déplacements. Notre amour est toujours aussi fort, mais le rythme que nous nous imposons est un paramètre dont il nous faut tenir compte. Nous sommes de plus en plus exigeants et maniaques dans notre travail. Les champions canadiens Benoît Papineau, Michel Guimond, Pierre Allaire et Mireille Veilleux viennent de racheter le Studio 2720 de Méryem Pearson. Nous nous trouvons en compétition à Hawaii au championnat nord-américain quand Pierre vient me trouver. Il nous propose d'intégrer son équipe en tant qu'enseignants. J'accepte tout de suite. Quant à France, elle préfère conserver son emploi à l'Holiday Inn où elle est très appréciée et où elle gagne confortablement sa vie. De mon côté, je reste encore toute une année chez Manhattan Product.

Ma relation avec Pierre et Mireille est au beau fixe mais quand nos résultats nous font passer de couple challenger à champion, l'atmosphère du 2720 commence à se dégrader ; c'est tendu. Si bien que, pour préserver notre amitié, nous préférons quitter le Studio 2720 pour rejoindre Ginette Cournoyer dans son école de danse qui est en plein essor. Je suis prof à part entière. J'adore transmettre mon savoir et le passer à toute une nouvelle génération de danseurs. Je retrouve comme élèves les Martin Lefèbvre, Christian Millette, Francis et Claudia… Tous deviendront champions canadiens, y compris bien sûr le cousin de France, Alain Doucet qui, associé à Anik Jolicoeur, va faire une immense carrière.

Avec France, on se chicane de plus en plus. Elle a de la misère à différencier les deux hommes, le danseur et l'amant. Pour moi, quand la danse est finie, c'est fini. Le soir, je suis à cent pour cent tendre et amoureux. Hélas, au travail, j'ai du tact et je fais preuve de pédagogie avec tout le monde, sauf avec France. C'est quelque chose que je regrette profondément aujourd'hui. Mon père s'était conduit comme ça avec ma mère et je l'avais déploré, mais j'étais trop con pour m'en souvenir. Il y avait dans mon comportement un manque de cohérence avec l'amour que je portais à ma femme pourtant adorée. J'étais trop obsédé par les exigences de l'élite mondiale.

Cette exigence, cette quasi-tyrannie, mais aussi mon investissement total et sincère nous ont néanmoins permis à France et à moi de construire un palmarès exceptionnel.

Heureusement pour notre entente, est venu se greffer un nouveau volet à notre activité, celui du spectacle. Depuis la période où nous évoluions en amateurs, les gens font appel à nous pour des shows privés. Nous sommes désormais une demi-douzaine de couples sur ce marché. Nous, les Canadiens, nous sommes très demandés parce qu'on propose un vrai spectacle, on y met du flamboyant. Le DJ des DJ, Réal Hétu, dont j'ai déjà parlé, travaille pour nous. Je passe des nuits entières avec Hugo Chouinard pour monter des bandes sonores inspirées des musiques de patinage artistique dont il est le pape. Ça alimente mon imaginaire pour créer des chorégraphies de folie. Normalement, une chorégraphie dure deux minutes. France et moi la faisons durer cinq minutes, au cours desquelles on fait des gags, on change de tenue à vue comme Arturo Brachetti… Nous dépassons bientôt nos frontières pour nous produire un peu partout. On nous demande à New York, à Boston, en Californie puis au Japon, en Chine, à Taïwan.

France et moi, nous étions bookés trois ans à l'avance. Nous avons vécu des moments fabuleux. Mais en contrepartie, nous avons tout manqué dans nos familles, mariages, baptêmes, enterrements…

Parvenus à ce niveau de notoriété, nous avons eu l'idée de nous associer avec les mondialement titrés Alain Doucet et Anik Jolicoeur pour présenter un double show qui nous permettait de multiplier les combinaisons possibles par quatre puisqu'on pouvait changer de partenaire à tout moment. Nous avons créé deux versions de spectacles très scénarisés, tantôt marrants, parfois touchants, mais toujours hyper dynamiques. Il était important pour nous de transporter le spectateur dans un univers autre que celui de la compétition. Comme nous étions beaucoup plus avancés dans notre carrière, nous avions plus de temps à consacrer à ces divertissements qui étaient pour nous des récréations. Des récréations très lucratives. Des sommités de la danse comme Walter Laird estimaient que notre spectacle était parmi les meilleurs au monde…

France et moi sommes donc professionnels. Nous enseignons, nous présentons des shows, j'invente et je chorégraphie des spectacles pour d'autres danseurs, bref nous sommes très sollicités. À Boucherville, où nous résidons désormais, il y a d'importantes écoles de patinage artistique. Pendant toutes ces années, je me suis familiarisé avec le monde du patin à glace, qui est très semblable au nôtre. À la fin des années 1990 et au début 2000, on nous demande de dispenser des cours de danse à Jean-Pierre Boyer, un champion local qui ambitionne une carrière internationale, ainsi qu'à plusieurs autres couples. Je participe çà et là à des séminaires… Et puis un jour, alors que je travaille dans l'école de Ginette Cournoyer, je reçois un coup de téléphone du coach d'un couple de patineurs, Victor Kraatz et Shae-Lynn Bourne. Cette dernière nous a remarqués lors d'une compétition organisée par Méryem Pearson. Il m'informe que la rumba est une danse imposée cette année-là dans le programme de patinage et me demande si je peux en montrer quelques rudiments à ses poulains. Évidemment, j'accepte. Je me renseigne un peu. Victor Kraatz et Shae-Lynn Bourne sont les inamovibles champions du Canada depuis 1993 (ils le seront à dix reprises et seront champions du monde en 2003). Je leur fixe un rendez-vous à l'école de Ginette. France et moi leurs donnons les bases essentielles de la rumba. Après quoi, ils louent la patinoire de Boucherville pour que nous puissions prolonger nos cours, mais sur la glace. Ç'a été la naissance d'une belle amitié. Régulièrement, ils nous demandaient des idées de chorégraphies… À la même époque, nos noms s'étant mis à circuler dans le monde du patinage artistique, nous sommes approchés par un autre couple de champions canadiens, Patrice Lauzon et Marie-France Dubreuil qui, eux, seront doubles médaillés d'argent aux championnats du monde… Un peu plus tard, lors de la convention annuelle de Skate Ontario, je fais la connaissance du couple Scott Moir et Tessa Virtue. Ils font partie de l'élite canadienne de patinage artistique et figurent parmi les meilleurs mondiaux. Ils sont en train de préparer les jeux Olympiques de 2010 qui auront lieu à Vancouver. Nous nous mettons à travailler, surtout sur le style. Au moment des Jeux, je suis devant mon téléviseur et j'ai le bonheur de les voir remporter la médaille d'or. Je me dis que nous avons participé en partie à ce succès… L'année suivante, je ne peux pas leur prodiguer de conseils parce que je me trouve sur *So You Think You Can Dance*. Ce qui ne les empêche pas d'être champions du monde, un exploit qu'ils rééditent en 2012. Leur coach, un Russe vivant à Detroit, nous y invite pour préparer les jeux Olympiques de 2014 à Sotchi. Entre-temps, en 2013, Scott et Tessa sont venus à Paris participer au Trophée Bompard. J'y ai assisté et j'en ai profité pour les filmer en train d'évoluer sur ma chorégraphie, réadaptée pour le patin par leur coach. Ils ont remporté le Trophée et j'ai découvert le couple français qui terminait à la troisième place. Il était composé de Fabian Bourzat et de… Nathalie Péchalat. J'étais loin de me douter que j'allais la retrouver sur la saison 5 de *Danse avec les stars*.

En 2014, je n'ai pas pu me rendre à Sotchi pour applaudir Scott et Tessa en raison de petits problèmes relationnels avec leur coach. Je suis à Toulouse en tournée avec *Danse avec les stars* quand je les vois remporter la médaille d'argent derrière le couple américain… Mais la vie est bizarrement faite car les vainqueurs, Charlie White et Meryl Davis, ont cette même année participé tous les deux à *Dancing With The Stars* à Los Angeles, et c'est Meryl qui l'a emporté…

– 13 –

PARADE NUPTIALE

Depuis l'âge de neuf ans, depuis que j'ai ressenti ce coup de foudre en l'entrevoyant sur le seuil de son appartement, je veux marier France Mousseau. La longue traversée du désert que j'ai vécue jusqu'à quinze ans m'a été insoutenable. Mais là, maintenant qu'on est officiellement devenus chum et blonde, on peut envisager de construire quelque chose ensemble. Tout en poursuivant nos objectifs professionnels, nous décidons de nous fiancer. Nous avons vingt ans. Depuis près de deux ans, nous vivons dans le même appartement avec sa mère et sa sœur Carole. Même si notre union est une évidence pour tout le monde, je demande cérémonieusement la main de France à son père et à sa mère.

Les choses étant officielles, on organise une petite party. Il était rare que nos deux familles se réunissent. Pour Noël, France et moi avions l'habitude de nous rendre à trois endroits. La première visite était pour son père au 2298, rue Sainte-Hélène. On y échangeait nos cadeaux. Ensuite, nous nous rendions soit chez moi, soit chez mon frère ou chez une de mes quatre sœurs. Et nous terminions chez Pauline, la mère de France.

Nos fiançailles sont donc une belle occasion pour rassembler nos deux familles. Nous avons choisi un petit restaurant tout simple sur le boulevard Saint-Laurent à Longueuil.

C'est un peu après cette petite fête que nous avons acheté notre première maison. Là, comme nous avions de l'espace, c'est nous qui réunissions les familles. Ça fait dix-huit ans que ça dure. À la Noël 2014, nous étions environ soixante-dix !

Chez nous, par tradition, a lieu avant le mariage ce que nous appelons « le shower de mariage[1] ». Ma belle-mère et ses deux autres filles l'organisent. Elles louent le sous-sol de l'église Saint-Thomas-d'Aquin à Ville-LeMoyne. Tous les amis y sont conviés. Il y a au moins une centaine de personnes. La coutume est de donner de l'argent aux futurs époux, argent qui sera utilisé pour les frais du mariage, dont la date est déjà fixée, et pour le voyage de noces.

Pour ce genre de fête, c'est open bar. Personnellement, je ne bois pas une goutte d'alcool. Mais là, alors que les festivités arrivent à leur terme et que nous commençons à débarrasser et à ranger la salle, je ne sais pas ce qui me prend, je me mets à ingurgiter

1. Enterrement de vie de jeune fille et de vie de garçon.

très rapidement quatre ou cinq doubles screwdrivers[1]. En une demi-heure, je suis saoul, ben raide. Nous avions gonflé une quantité de ballons de baudruche et, pour les mettre à la poubelle, je ne trouve rien de mieux que de les faire éclater en m'asseyant brusquement dessus. Je réalise vaguement que je ne suis pas bien du tout. En tout cas, il n'est pas question que je reprenne le volant. C'est France qui s'y met. Je n'arrête pas de critiquer sa façon de conduire. Sur le chemin du retour, on s'arrête à un fast-food encore ouvert sur le boulevard Sainte-Foy. Ma tête ne cesse de tomber dans mon assiette…

Comme nous approchions de la date du mariage, nous avions décidé, France et moi, de faire un temps maison à part. Je loge donc chez Sylvie, la sœur aînée de France, qui a pris elle aussi un appartement au 2298, rue Sainte-Hélène. Je suis quasiment ivre mort. Je m'endors dans la voiture pendant que France, qui embauche à 4 heures du matin dans son restaurant pour faire sa mise en place, rentre chez elle se préparer. Quand elle revient, elle m'ouvre la portière, m'attrape pour me faire descendre sur le trottoir et m'abandonne là. Tant bien que mal, je me hisse dans les étages et, parvenu devant la porte de l'appartement de Sylvie, j'essaye vainement de faire rentrer la clé dans la serrure. À chaque fois, je perds l'équilibre et ma tête vient cogner contre la porte. J'ai dû effectuer une dizaine de tentatives quand, alertée par le bruit, Sylvie vient m'ouvrir. À partir

1. Cocktails vodka-orange.

de ce moment, c'est le trou noir… Je ne sais pas comment j'ai enlevé mes verres de contact – toujours est-il que je les ai retrouvés à mon réveil parfaitement rangés dans leur étui – et me suis couché…

Quand France est rentrée de son travail, elle était dégoûtée. J'avais conscience que je venais de frôler le point de non-retour.

Après cette lamentable péripétie, nous sommes passés aux préparatifs du mariage. C'est chez mes parents à Saint-Hubert que je me suis habillé pour la cérémonie. Je m'étais fait confectionner mon tuxedo[1] par le tailleur qui faisait les costumes sur mesure de mon père. Il avait conçu un ensemble composé d'une veste boléro un peu comme la tenue d'apparat de la GRC – la Gendarmerie royale du Canada – et d'un pantalon à rayures grises.

Mes parents eux aussi étaient magnifiques.

*

* *

29 août 1987. Quand nous quittons la maison, il pleut à torrents. Toute la famille a accroché des chapelets sur les cordes à linge pour que la pluie s'arrête. Lorsque nous arrivons à l'église Saint-Jean-Vianney, il y a une petite éclaircie. Je pénètre dans la nef et j'attends. Les deux battants de l'église s'ouvrent en

1. Smoking.

grand et France fait son entrée au bras de son père. J'en ai déjà vu des belles femmes dans la danse, mais je n'en ai jamais vu une aussi magnifique. Avec sa robe et son diadème dans les cheveux, on dirait une princesse de Disney. C'est comme si elle était passée dans une machine à accélérer le temps parce que, quelque part, je suis toujours le petit gars de neuf ans qui est tombé amoureux d'elle. Intérieurement, je me pince encore pour réaliser qu'elle m'a dit oui.

Après la cérémonie religieuse, quand nous nous sommes retournés pour gagner la sortie de l'église, dans les yeux des gens de l'assistance, je ne lis qu'un mot : « Enfin ! » Nous étions fiancés depuis quatre ans, mais nos obligations professionnelles ne nous avaient pas permis d'arrêter plus tôt la date du mariage. Il y a là les gens qui m'ont mis au monde, mes parents, et ceux qui m'y ont maintenu et projeté, mes professeurs de danse. C'est une des rares fois où mon frère et mes sœurs sont réunis. Les huit Généreux sont là ! Le portail de l'église s'ouvre et nous sommes accueillis pas un soleil radieux. Sa chaleur a séché les larmes de joie qui mouillaient mon visage. Les chapelets disposés sur les cordes à linge ont rempli leur office. Les confettis pleuvent sur nous, les cloches sonnent à toute volée. Nous nous installons dans la grande limousine blanche conduite par un chauffeur en livrée, et en route pour l'île Sainte-Hélène, dans le parc Jean-Drapeau, à Montréal, où nous avons rendez-vous au restaurant Hélène de Champlain. Le cadre est idyllique. On prend des photos partout dans le parc. Derrière nous, on voit la boule symbole de l'Exposition universelle de Montréal qui s'est tenue en 1967. J'étais en secondaire 3, je l'ai vue en proie aux flammes depuis mon école. Le revêtement en polymère de la sphère a fondu, mais la structure est restée intacte…

On fait une fête de folie. On est cent soixante-quinze pour le repas et deux cent cinquante pour la party qui suit. Il y a un disc-jockey, un animateur absolument génial, un orchestre, Les Cinq Doigts de la main, et leur chanteur Daniel Richer, ma belle-mère a tenu à ce qu'il y ait également des mariachis. On alterne ainsi entre la musique sur platine de Daniel Desforges et la musique live (Evan Johannes est venue pousser la chansonnette). Martin Stevens, un chanteur en vogue, vient nous faire la surprise d'interpréter son célèbre tube, *Love Is in the Air*. Et enfin, clou de la soirée, Pierre Perpall, grosse vedette de la chanson des années 1970 et danseur émérite un peu à la James Brown, achève de mettre le feu avec son rhythm'n'blues. Pour la petite histoire, il deviendra peu après mon beau-frère en épousant Sylvie, la sœur aînée de France.

Ç'a été une soirée magique dans un endroit tout aussi magique. Mon beau-père et surtout ma belle-mère avaient tout mis en œuvre pour que leur fille ait un mariage grandiose. Je les en remercie encore.

Vers 3 heures du matin, les meilleures choses ayant une fin, les invités commencent à se disperser. Quant à nous, il nous faut nous changer car la mariée ne doit pas quitter la salle avec sa robe nuptiale. France passe une superbe robe en cuir blanc et doré, elle change aussi de coiffure. Je porte un costume blanc avec une cravate or pour être raccord avec sa tenue. Je sais, aujourd'hui ça peut paraître kitsch ! Quand nous apparaissons ainsi vêtus dans la salle, tout le monde se met à frapper les verres avec une petite cuillère. La tradition veut que tous les couples s'embrassent. Nous disons au revoir aux invités, à la famille, et partons pour l'hôtel Hilton qui se trouve proche de l'aéroport car nous embarquons demain pour notre voyage de noces en Floride.

Nous avons choisi cette destination parce que nous nous trouvons à une semaine de l'USBC (United States Ballroom Championship), le championnat de danse américain, et cette compétition se tient à Miami Beach, à l'hôtel Sheraton Bal Harbour. Dans nos valises, nous avons des vêtements pour une semaine de farniente et nos tenues de danse pour une semaine de compétition. On a tout calculé pour joindre l'utile à l'agréable.

– 14 –

JEAN-FRANCIS

13 octobre 1994. Nous sommes en Angleterre où nous avons disputé avec succès quelques rencontres internationales. Demain, nous devons nous rendre en Allemagne, à Bielefeld, pour participer aux championnats du monde de danse. Nous sommes très attendus. L'année dernière, nous avons remporté quatre danses sur dix, nous sommes montés sur le podium. Tous les danseurs canadiens logent dans la même maison, qui a été louée pour eux. Après-demain, nous rentrons à Montréal.

Vers 2 heures du matin, France se met au lit et moi, qui suis toujours pas mal insomniaque, je descends retrouver quelques concurrents. On papote un moment et je remonte me coucher une heure plus tard. Je pénètre dans la chambre légèrement éclairée par la veilleuse du couloir. Je commence à peine à m'assoupir que je sens France se lever. Je la distingue dans la pénombre. Je lui parle, elle nc me répond pas. J'allume la lampe de chevet et je ne comprends pas : elle est en transe. Elle a les yeux tournés vers l'intérieur, sa tête s'agite de haut en bas. Affolé, je me mets à l'appeler, elle ne réagit pas. Je l'aide à s'asseoir sur le sol entre le bord du lit et une commode. Elle commence à repousser le meuble avec ses jambes. Je panique complètement. Je crie à l'aide. Inquiets, nos voisins sortent de leurs chambres. Un copain, Sylvain Cardinal, se précipite à moitié nu dans la rue pour appeler les secours depuis une cabine téléphonique…

La crise de France a duré une dizaine de minutes. Ce qui m'a paru interminable. Tout le monde est autour d'elle. Elle se réveille, elle nous regarde sans avoir l'air de bien comprendre. Visiblement, elle est épuisée, vidée de toute force.

Quand les secouristes arrivent, ils décident de la conduire tout de suite en ambulance à l'hôpital public. Le docteur l'ausculte et ne trouve absolument rien. Je lui raconte qu'une demi-heure plus tôt, j'ai vécu une scène de *L'Exorciste* ; que, telle la jeune Regan du film, France tremblait, écumait, avait les yeux révulsés… Le praticien nous annonce alors que France vient d'être victime d'une crise d'épilepsie. Pour lui, ce n'est pas très grave et, comme il n'y a pas d'antécédents, ça peut ne plus jamais se reproduire.

Quand nous réintégrons notre location, j'essaie de trouver des raisons à ce grave malaise… Le lundi précédent, nous avons été conviés à participer à *The Night of 100 Stars*, un show où seuls les couples champions sont invités. France n'aimait guère ce genre d'événement. Elle était quelque peu stressée à cette idée car on devait performer devant toutes les légendes anglaises de la danse. Nous étions le seul couple canadien engagé. Elle avait passé beaucoup de jours et de nuits, en plus des répétitions, à coller des pierres de couleur sur sa robe. Et comme, de surcroît, on se préparait pour les championnats du monde à la fin de la semaine, la pression était grande.

Ça bout dans ma tête. Je me reproche de peut-être vouloir forcer le destin. Suite à cette crise, il serait sans doute plus sage de s'arrêter un peu. Je suis déchiré. Il y a d'un côté notre carrière en plein boom, et de l'autre, la santé de France. Mais le diagnostic du médecin m'a plutôt rassuré. Et France se montre d'accord pour continuer l'aventure. En fait, elle accepte uniquement pour me faire plaisir parce qu'elle sait l'importance que cette compétition a pour moi. Elle se sacrifie. Mais moi, trop con, je ne m'en rends même pas compte. D'ailleurs je pense que sa crise d'épilepsie est simplement due à son manque de sommeil.

Le vendredi matin, nous partons donc quand même pour l'Allemagne. Après cette nuit blanche, nous sommes carbonisés de fatigue. Tout le long du vol, j'observe France. Ensuite, nous avons trois heures de transfert en autobus. Mais avant, nous devons attendre un autre couple, Karen et Marcus Hilton, qui doivent nous rejoindre. Après trois heures d'une attente interminable, nous apprenons qu'ils ne viendront pas, qu'ils vont gagner la ville où a lieu la compétition en taxi. France essaie tant bien que mal de dormir dans l'autobus, mais la position assise n'est pas la plus confortable pour bien récupérer. En mon for intérieur, je continue de culpabiliser... Nous avons tout juste le temps de passer à l'hôtel, de prendre une douche, de nous maquiller et de nous coiffer avant de nous rendre au stade. La compétition commence par un gros écrémage par éliminations, de façon à ce qu'il ne reste plus que les douze meilleurs couples. Nous franchissons sans problème cette première épreuve et nous sommes qualifiés pour la grande soirée du lendemain.

Je me dis qu'il ne nous reste plus qu'à profiter d'une bonne nuit de sommeil et que tout rentrera dans l'ordre. De retour à l'hôtel, je me douche le plus rapidement possible. Je rentre dans la chambre en enfilant mon peignoir, mes yeux croisent ceux de France et, soudain, je la vois qui part dans une nouvelle crise d'épilepsie. Personne ne peut imaginer à quel point je m'en veux à ce moment-là. Je me dégoûte. Plutôt que de lui infliger ce voyage en Allemagne et ce concours de danse, j'aurais dû la ramener au plus vite à Montréal ! Elle est couchée sur le lit, elle a des convulsions. Je parviens tant bien que mal à la maintenir et puis, d'un seul coup, comme si quelqu'un avait coupé le courant, elle s'écroule, inerte. Quand elle revient à elle, elle voit l'affolement dans mon regard et elle réalise ce qui vient de se passer.

C'est le branle-bas de combat. Un médecin est dépêché. Il ausculte longuement France et délivre le même diagnostic que son homologue anglais : la tension est bonne, il n'y a rien d'alarmant. Il ajoute même qu'elle est tout à fait apte à danser le lendemain. Cette fois, je ne tergiverse pas, je m'y oppose fermement. Le médecin en informe l'organisateur des championnats du monde, qui déboule presque aussitôt dans notre chambre. Il ne peut admettre que, étant qualifiés pour la finale et étant de surcroît en position de remporter l'épreuve, nous déclarions forfait. Je comprends que si l'on ne participe pas, on bouleverse toute l'ordonnance des championnats. Il y a dix danses, il est pratiquement impossible de gagner les dix. C'est comme un décathlon. On ne peut pas être le meilleur dans toutes les épreuves. Notre défection changera l'ordre mathématique des choses. L'organisateur, un grand juge international, est furieux. Je lui déclare que si la danse est à ce point préjudiciable à la santé de ma femme, je ne danserai plus jamais de ma vie. France vient de me donner une formidable preuve d'amour en acceptant de danser alors qu'elle était très diminuée. Et moi, j'ai accepté de lui faire courir ce risque ! Une chance m'est offerte de corriger ma première erreur, je ne vais pas la laisser passer.

Mon visage est à trois centimètres de celui de l'organisateur allemand.

– Non, nous ne danserons pas !

Il tourne les talons et s'en va.

Je conseille à France de se reposer et je descends au bar lui chercher quelque chose à manger. Je tombe sur le juge américain, John Nyemchek. Il voit que je suis complètement désemparé. Je lui raconte notre histoire et lui apprends que je viens de déclarer forfait pour la soirée du lendemain. Il insiste pour m'accompagner. Il veut voir France. Elle refuse de manger, elle accepte seulement de boire un peu d'eau. Après lui avoir prodigué quelques mots de réconfort, John Nyemchek va s'installer dans le couloir. Nous passons toute la nuit ensemble, assis à même la moquette, à veiller près de la porte de la chambre que j'ai laissée entrouverte. On parle peu. Il comprend ma décision, il comprend ce que je ressens. Il me conseille surtout d'écouter mon cœur et non ma tête.

Au matin, l'organisateur revient en vain à la charge. Devant la fermeté de ma position, il se résout à faire appel à un autre couple pour nous remplacer. Mais il me demande de bien vouloir me présenter sur la piste de danse pour expliquer aux juges et au public pourquoi France et moi ne pouvons disputer nos chances. Après quoi, redevenu humain, il vient me remercier et me charge de transmettre ses vœux de rétablissement à ma femme.

Nous sommes donc samedi soir. J'appelle l'aéroport pour connaître les horaires des prochains vols. Nous n'avons pas d'avion direct avant le dimanche soir. Alors, nous optons pour l'Angleterre où nous pouvons faire escale pour embarquer plus tôt pour Montréal.

À partir de ce moment précis, une fois notre voyage de retour planifié, je ne dors plus. Il est vrai que sur le plan de l'insomnie, j'ai de l'entraînement. Pas une seconde je ne quitte France du regard. J'appréhende tellement qu'elle ait une nouvelle crise ! Nous arrivons à destination sans nouvel incident. Je viens de passer quarante-huit heures sans dormir. Mais ce n'est rien en comparaison de ce que France a vécu.

À l'arrivée, toute la famille s'est rassemblée chez nous et nous y attend. La mère de France prend aussitôt les choses en main. Elle m'envoie me coucher et reste auprès de sa fille. Je suis dans la chambre d'amis, sur le point de me mettre au lit, quand j'ai de nouveau un pressentiment. Je suis trop tourmenté, je ne peux pas m'endormir. Je me lève, je me rends dans le salon… France vient de refaire une crise. Mais cette troisième crise a duré bien moins longtemps que les précédentes. Elle a été très brève. Son stress est-il en train de se résorber ? À cette époque, elle prend des pilules pour stimuler son ovulation. On se pose des questions…

Dès le lendemain matin, nous nous rendons à l'hôpital royal Victoria, un établissement réputé en neurologie, pour que France y subisse toute une batterie d'examens. Ç'a duré un mois. On a tout vérifié, elle est passée dans les machines les plus perfectionnées… Et une fois de plus, le verdict est tombé : on n'a rien trouvé !

Je ne sais pas s'il faut que l'on arrête de danser ou non. Je continue à donner des cours pendant que France se repose. On se remet à confectionner des costumes de danse. L'avenir n'est pas si sombre que cela.

Nous allons faire un nouveau point avec le médecin qui a supervisé les examens à l'hôpital. Il a un épais dossier devant lui. Il tourne toutes les pages, il ne remarque rien de particulier. Et puis, il a l'idée de vérifier l'analyse sanguine de France. Il reprend chaque page : on n'a fait aucune prise de sang ! Elle a subi les tests les plus inimaginables, et on a omis de lui faire une simple prise de sang… Finalement, en en effectuant une, on découvre qu'elle a un problème de glande thyroïde. France souffre en fait d'hypothyroïdie.

Depuis ce jour, elle n'a plus jamais eu de crise d'épilepsie. Et on n'a jamais eu de réponse précise sur ce qui avait pu provoquer les autres de façon aussi rapprochée.

Puis, graduellement, nous avons repris l'entraînement pour les spectacles.

*
* *

France et moi avons vingt-neuf ans. Nous avons déjà remporté notre septième ou notre huitième championnat canadien. Nous sommes au plus fort de notre carrière. On est bien établis… Mon père, qui a enfin accepté mon choix de vie, commence à me stresser en se demandant si je suis capable d'élever une famille. Dans notre vie de saltimbanques, France et moi avons établi des bases vraiment solides avec des connexions un peu partout sur la terre entière. Sentant que nos assises sont désormais assez fortes, j'estime qu'il est temps de passer au plus grand projet de notre vie : avoir des enfants. J'ai déjà retardé l'horloge biologique et elle commence à se rappeler à l'ordre dans le corps de ma femme. De mon côté, je retiens les chevaux. Devant le corps athlétique de France, je me disais toujours qu'il n'y aurait pas de souci quand le moment serait venu. Mais elle aborde la trentaine et il me semble que ce moment est arrivé.

Nous prenons donc notre décision d'un commun accord, les yeux dans les yeux. À compter de cet instant, notre existence prend une autre dimension. J'ai signé un pacte avec la vie. Je me pose tout de même des questions quant à notre avenir. Est-ce que France s'en remettra bien, est-ce qu'on pourra reprendre notre carrière un jour, et au même niveau ? Je sais que France se prépare depuis des années à être mère. Elle aurait eu des enfants à vingt ans, ça ne l'aurait pas gênée. Ma sœur Isabelle a eu son premier enfant à dix-huit ans. Mon autre sœur, Anne-Marie, a également eu des enfants très tôt.

Et on les a vues heureuses. Dans ma famille, les exemples sont nombreux. J'ai été le seul à retarder cette échéance. Encore une fois, j'étais en décalage avec les miens. Mais tout le monde comprenait mon dilemme…

Cette fois-ci, nous y sommes, un simple regard de France m'a convaincu. Nous voulons un enfant, et nous savons de part et d'autre que nous en assumerons toutes les conséquences… Nous nous mettons donc au travail. Notre première « répétition » a lieu dans le walk-in closet[1], d'autres suivent… Pendant plusieurs semaines, il ne se passe rien. Au bout de quelques mois, le doute commence à s'installer. On ne peut pas forcer la nature. Après huit mois de joyeux labeur, on se décide à aller consulter. Notre problème est double, il est lié à notre condition athlétique. D'une part les dates d'ovulation de France sont réduites et, d'autre part, mes « nageurs[2] » sont un peu flemmards. Les conditions ne sont donc pas optimales…

Au mois d'avril 1995, nous nous rendons chez Andy et Sandra Fortuna, deux sommités qui tiennent une école de danse dans le New Jersey, pour y donner des cours… C'est pendant ce séjour aux États-Unis que notre fils a été « manufacturé » ! Nous savons très précisément où, quand et comment… Puis on

1. Le dressing-room.
2. Les spermatozoïdes.

reprend la compétition à cent pour cent. On retourne effectuer une tournée en Angleterre. Sur place, France se rend dans une pharmacie pour se procurer un test de grossesse. Lorsqu'elle me montre le résultat, on est fous de joie. Dans la foulée, elle va acheter une soixantaine de tests pour avoir encore et encore la confirmation !

Nous continuons à nous préparer et nous nous présentons au Blackpool Dance Festival. Nous y obtenons un de nos meilleurs résultats en décrochant une septième place. On ne peut pas être plus heureux : France est enceinte et nous avons décroché un classement miraculeux. Nous décidons d'un commun accord d'arrêter toute compétition après le quatrième mois de grossesse, mais nous nous produirons en spectacle quasiment jusqu'à son terme, car la pression y est beaucoup moins forte. À cette époque, les doubles shows que nous commençons à présenter avec Alain Doucet, le cousin de France, et Anik Jolicoeur rencontrent un grand succès et France ne veut pas laisser tomber l'équipe.

Entre-temps, au troisième mois de grossesse, France fait sa première échographie. Étant retenu par un engagement à London, dans l'Ontario, je ne peux pas être présent. France m'appelle de Montréal pour m'apprendre qu'elle attend des jumeaux. Le téléphone doit vibrer encore de nos cris de bonheur. Une grossesse multiple était un des risques encourus suite au traitement qu'elle avait suivi pour activer son ovulation, et on en rêvait !

Pendant que nous exultons au téléphone, l'infirmière, qui continue à analyser l'échographie, remarque une anomalie. Elle demande à tous les membres de la famille de quitter la chambre et elle fait venir un obstétricien. Le médecin informe France qu'un des deux fœtus est à douze semaines, mais que le second a cessé de vivre à huit ou neuf semaines. Il explique que les deux fœtus se trouvent dans deux placentas séparés. C'est ce qu'on appelle des « *vanishing twins*[1] ».

France me rappelle pour m'apprendre la mauvaise nouvelle et là, le ciel me tombe sur la tête. Notre première préoccupation, c'est l'avenir du bébé vivant. On sait que c'est un garçon. Je me hâte de rejoindre ma femme pour la serrer dans mes bras. On est totalement impuissants, on ne peut que prier pour que tout se passe bien.

Nous sommes en pleines répétitions pour les doubles shows. Le médecin n'ayant donné aucune contre-indication à France, elle prend toutes les précautions pour que tout se passe bien…

*

* *

On a acheté un bout de terrain à Longueuil sur lequel on a fait construire un semi-détaché[2]. Ce sont

1. Des jumeaux fantômes.
2. Maisons mitoyennes.

deux appartements sur trois étages accolés. On dispose de l'un d'eux et je me mets aussitôt à préparer la chambre du bébé. On achète le mobilier. On a déjà reçu des tas de cadeaux. Je peins des petits anges sur les murs pour protéger mon fils et pour qu'il ait les nuits le plus paisibles possible, chose qui ne m'est jamais arrivée quand j'étais jeune…

Pendant les derniers mois de la grossesse de France, je vais enseigner le matin, et quand je rentre, on s'installe devant la télévision. France m'a rendu addict aux romans-savon[1]. On regarde *The Young and the Restless* (en France, *Les Feux de l'amour*), *Another World*, *The Bold and the Beautiful* (*Amour, Gloire et Beauté*)… On les regarde tous ! Quand je manque un épisode, j'appelle France pour lui demander de me le raconter. Je suis devenu aussi accro qu'elle. C'est mon petit côté fleur bleue ! Après la naissance de notre fils, j'ai peu à peu décroché.

Le 7 janvier au soir, nous sommes installés devant le petit écran en train de savourer une émission de Jean-Marc Parent, un humoriste très populaire. Son truc, c'était de faire « flasher » toutes les lumières au Québec. Tout le monde allait simultanément éteindre et allumer ses lumières. Un vrai spectacle. C'était trop drôle !

Je suis en train de m'amuser avec l'interrupteur quand France me fait comprendre qu'il faut que j'arrête mes bêtises car elle sent des contractions de plus en plus soutenues. On prévient la famille,

---

1. Soap operas, feuilletons.

on embarque dans la voiture la valise qui est déjà préparée et on fonce à l'hôpital Sainte-Justine à Montréal. Or le docteur qui est supposé nous accueillir est absent. Bien sûr, il y a dans l'établissement d'autres personnes compétentes pour assister France. Mais elle aurait été rassurée d'être accouchée par le médecin qui l'avait suivie depuis le début de sa grossesse.

Le moment fatidique arrive. Il est 4 heures du matin. Tout à coup, dans la chambre qui, jusque-là, diffusait de la musique douce, c'est le branle-bas de combat. Des appareils surgissent de partout. On nous demande de nous écarter pour laisser la place. Soudain, le lit bascule, des cuves apparaissent de chaque côté, il se métamorphose sous mes yeux en table d'accouchement. J'ai l'impression de me trouver dans le film *Transformers*. Carole et moi nous rapprochons de France qui commence à pousser. Mais elle n'a pas perdu les eaux. Le médecin s'empare alors d'une baguette semblable à celle d'un chef d'orchestre et il perce la poche des eaux. Et là, p'fouhhhh, France pousse trois fois et Jean-Francis apparaît. Le médecin auxiliaire le prend dans ses bras, mais comme il est tout glissant, il manque de le lâcher. Ce n'est pas le moment !

Jean-Francis est donc né le 8 janvier 1996 à 6 heures du matin. Son prénom est la juxtaposition du « Jean » de Jean-Marc avec le « France » de France masculinisé en Francis. Le soir même, on ne peut plus bouger dans la chambre. Elle est envahie de fleurs, de peluches, de vêtements… Nos familles nous ont gâtés. Toutes mes sœurs et mon frère sont venus. C'est très émouvant.

Puis nous réintégrons notre maison. Jean-Francis ne couchera pas beaucoup dans le petit nid que nous lui avons préparé. Longtemps, il dormira entre nous deux…

Quand je rentre l'après-midi, j'ai l'habitude d'allonger Jean-Francis sur ma poitrine, chemise ouverte, à même la peau. Il s'endort aussitôt. J'en déduis qu'il a confiance en moi. C'est pour moi la sensation la plus proche de ce que France a dû ressentir quand on a posé son fils sur son sein le jour de sa naissance. Ce moment de fusion est très important pour moi.

*

* *

France n'a pas eu beaucoup de temps pour pleinement récupérer. Notre carrière doit reprendre car nous arrivons à une date cruciale : la Classique du Québec, la plus célèbre compétition de danse sportive du pays, a lieu le 8 février. Soit un mois jour pour jour après la naissance de Jean-Francis. Non seulement c'est une compétition très importante, mais cette année-là elle fait partie du championnat canadien. Si on ne se classe pas dans les deux premiers, on n'est pas qualifiés pour les championnats du monde. Peut-on faire le sacrifice d'une année ? Encore une fois, France me laisse prendre la décision. Si nous nous engageons, il faudra qu'elle se remette au régime, ce qui signifie qu'elle ne pourra pas allaiter son enfant. Retrouver sa forme en un mois, c'est un vrai défi. On reprend l'entraînement le plus tôt possible.

Quatre semaines plus tard, Jean-Francis a un mois, et nous on gagne la fameuse Classique !

Ça n'a pas été facile. Habituellement, on l'emportait dans toutes les danses. Là, on n'a été premiers que dans trois danses sur cinq. Pierre Allaire et Mireille Veilleux en ont gagné une, et Bryan Turner et Brigitte Meyer l'autre.

Hélas, France a vraiment souffert. Elle a repris trop tôt. Un gros mois de repos avec un programme d'entraînement très allégé lui a été nécessaire. Il faut malgré tout regarder devant nous car notre rendez-vous annuel de mai avec le Blackpool Dance Festival se profile…

Jean-Francis est âgé de sept semaines quand il prend l'avion pour la première fois. C'est à l'occasion d'un spectacle que nous devons présenter à Toronto. Serge, l'ex-mari de Carole, nous accompagne. En vol, on doit affronter une terrible tempête de neige. L'avion est détourné sur Toronto Island. Il nous faut prendre deux autobus successifs pour réussir à parvenir sur le lieu du spectacle. Finalement, après toutes ces émotions et ces contretemps, tout se passe bien.

On a commencé à faire du business entre Montréal et Toronto avec un organisateur pour créer une école de danse à La Perla dans une grosse salle de réception qui peut contenir près de mille cinq cents personnes. Jean-Francis, qui s'est mis à marcher à huit mois, pousse son carrosse[1] sur la piste de danse. Il a toujours la banane, mais c'est un régurgiteur de première classe. Il faut dire qu'on le brasse[2] pas mal. C'est un enfant super docile, super gentil.

Lors de son premier voyage transatlantique, destination Blackpool, il avait quatre mois. Une amie de Carole, Liette, nous a accompagnés pour veiller sur lui pendant nos répétitions. L'année suivante, c'est André Methot qui a pris le relais.

Enfin, quand notre fils est devenu autonome, pendant une quinzaine d'années on a pu compter sur pépère Marcel, mon beau-père, qui est venu partout avec nous. Après son divorce, je pense qu'il avait besoin de se rapprocher de France. Il passait aussi beaucoup de temps avec ses deux autres filles. Il faisait de la motoneige avec elles. Il était président des Teamsters, la centrale syndicale des métallos. Il organisait de nombreux événements, des conventions où se rendaient souvent Carole et Sylvie… Il a résidé longtemps dans leur appartement du 2298, rue Sainte-Hélène, jusqu'à ce qu'il vienne habiter chez nous, au sous-sol. On lui avait aménagé un bachelor[3].

---

1. Sa poussette.
2. Bouge.
3. Un studio.

Dans le milieu de la danse, tout le monde le connaissait. Cet homme-là était d'une franchise à toute épreuve sur nos performances. Quand on n'avait pas été bons, il nous le disait. Son jugement était très précis, mais pas sa mémoire des noms de famille : il les massacrait tous !

Pour en revenir à Jean-Francis, qui par la force des choses est devenu un grand et bon voyageur, nous avons toujours eu des personnes de confiance pour veiller sur lui. D'ailleurs, tout en étant hyper actif, il se montrait toujours très obéissant… Ma belle-mère Pauline, ma belle-sœur Thérèse, mon frère Raymond, ma sœur Isabelle, Pierre, Lyne, Nini, Mike, Dominique… Sans eux, nous n'aurions pas eu la liberté d'aller performer et de coacher nos élèves, ni d'assumer notre rôle de parents en étant près de lui malgré nos horaires de folie. Nous l'aimons tellement ! Et il nous le rend au centuple…

Avec du recul, nous pouvons affirmer que nous avons eu une famille en or. Grâce à elle nous avons pu continuer notre carrière sans avoir à sacrifier les joies d'être maman et papa.

Merci le gang !

Aujourd'hui, Jean-Francis suit nos traces. Il danse et je crois qu'il est appelé à un bel avenir. Nous serons toujours là, aux premières loges, pour l'applaudir. Quel que soit le chemin qu'il prendra.

Go, mon Jean-Francis, go !

Passion and Love, always…

– 15 –

FRANCESCA

Dans la deuxième partie des années 1990, notre carrière est à son apogée.

On donne des cours privés aux quatre coins de l'Amérique du Nord, on se produit en spectacle un peu partout, on participe à des séminaires, à des camps de danse, on fait des conférences… Nous sommes sollicités de tous les côtés.

Mais nous voulons d'autres enfants. Nous décidons alors de laisser faire de nouveau Dame Nature… Neuf ou dix mois après la naissance de Jean-Francis, France se retrouve enceinte le plus naturellement du monde. On ne peut pas être plus heureux. Mais on ne lève pas le pied pour autant. Notre petite entreprise de confection de costumes de danse se porte super bien. Madame Lessard nous donne de plus en plus de responsabilités. Je suis passé designer. Nous habillons les plus grands champions nord-américains. Nous sommes devenus une référence dans le milieu.

France est à son quatrième mois de grossesse. Nous devons nous rendre au lac Tahoe, dans l'ouest des États-Unis, entre le Nevada et la Californie. C'est un endroit magnifique. Nous sommes invités par Andrew Smart dans un grand casino pour y présenter notre spectacle. Juste avant d'embarquer dans le petit avion qui va nous y transporter, France ressent une douleur fulgurante dans le bas-ventre. Alors que je m'apprête à prévenir l'organisateur pour tout annuler, elle décrète que nous devons maintenir. Nous assurons donc notre show… De retour dans notre suite, France s'installe dans le jacuzzi et fait couler de l'eau chaude pour apaiser sa douleur. On n'a aucune idée de ce qui se passe.

Comme elle se sent un peu mieux, nous rentrons à Montréal. Cette fois, France constate qu'elle a de petites pertes de sang. Nous décidons de nous rendre à l'hôpital. Le verdict ne tarde pas : France vient de faire une fausse couche. Elle doit subir un curetage…

Ç'a été très difficile pour elle. Et, surtout, ça remettait de nouveau en doute notre aptitude à avoir des enfants. Lors de la première grossesse, nous en avions perdu un, le *vanishing twin*. Sur trois enfants, nous n'en avions gardé qu'un. Le ratio n'était pas en notre faveur. Inévitablement, nous nous sommes remis en question. Notre amour n'en était en rien altéré, mais nous nous demandions si, biologiquement, nous étions compatibles…

Pendant un an et demi, nous restons prudents. Pourtant, nous ne voulons pas que Jean-Francis, qui nous comble de joie, soit un enfant unique. En même temps, nous sommes étourdis par ce qui continue de nous arriver professionnellement. Nous sommes encensés partout. Nous jouissons d'une véritable reconnaissance mondiale… Pendant nos prestations, France donne toujours le maximum. Elle est professionnelle et comédienne jusqu'au bout des ongles. Mais quand c'est terminé, elle effectue ses saluts protocolaires, et elle rejoint sa chambre d'hôtel. Elle ne vient jamais aux cocktails. C'est moi qui me charge des relations publiques. Pour donner un exemple éloquent : quand nous descendions dans la salle de bal à Blackpool, France mettait une minute pour effectuer le trajet jusqu'à sa chaise, moi je mettais trois quarts d'heure. Je m'arrêtais toutes les deux personnes pour serrer une main, pour prendre des nouvelles de quelqu'un. À la fin du trajet, ma veste penchait du côté de la poche où je rangeais les cartes de visite que l'on me remettait ! C'était mon job à moi.

En 1998, nous prenons une grande décision : nous mettons fin à la compétition. Pas à la danse, bien sûr, mais à la compétition. Nous sommes au sommet. Nous représentons le Canada dans toutes les épreuves. Nous avons atteint tous les objectifs que nous nous étions fixés. Nous n'avons plus la rage au ventre. Et puis, nous voyons bien que la relève est déjà là. Et si nous voulons agrandir la famille, il faut sacrifier quelque chose…

Nous avons donc fait nos adieux officiels juste avant la dernière danse d'un *team match*[1]. Nous nous sommes mis au milieu de la piste et nous avons lu une lettre de remerciements dans laquelle nous rendions hommage à tous les gens qui avaient contribué à nous permettre d'accomplir une telle carrière… Nous nous en allions avec le sentiment du devoir accompli.

Nous avions été pendant dix ans champions du Canada en professionnels, nous avions décroché quatre titres de champions nord-américains, deux en Asian-Pacific… Le moment était venu pour nous de passer à autre chose. Il était temps de nous consacrer essentiellement à l'aspect artistique de la danse, au détriment du compétitif.

*

* *

Une nouvelle vie commence. Celle de l'après-carrière.

Dès l'année suivante, je me retrouve juge aux championnats du monde de danse. La WDC, World Dance Council, qui gère cette compétition, a pour règle, afin d'en préserver l'équité, de ne présenter qu'un seul juge par pays. De son côté, France a été également invitée à plusieurs reprises. Pour cela, il a fallu que nous passions des examens qui soient reconnus par notre association, la CDTA, Canadian Dance Teacher Association. Deux ans de cours pour y

1. Match en équipes de couples.

parvenir ! Même si nous étions des danseurs émérites, il ne fallait pas que les gens pensent que nous avions été favorisés. Lors de ces cours, nous avons appris à décortiquer chaque pas de danse, et ce dans les dix danses du programme, standard ou latines, tant pour l'homme que pour la femme, la direction, la conduite, les angles de tour… Il y avait en outre une importante partie théorique qu'il nous fallait puiser dans un ouvrage contenant une somme considérable d'informations. Sans cet examen, je n'aurais pas pu être choisi comme juge pour représenter le Canada aux championnats du monde qui se déroulaient aux Pays-Bas.

France et moi sommes constamment demandés. Mais ce qui m'intéresse le plus, c'est la création. Comme nous n'avons plus de compétitions à disputer, nous sommes entièrement libres de nous consacrer essentiellement à nos spectacles. On en donne une quarantaine par an, ce qui est énorme. On est tout le temps à l'affût de nouvelles techniques. On accompagne nos shows de montages scéniques de plus en plus rocambolesques, de sons innovants grâce à un gars comme Hugo Chouinard, et l'on porte des costumes surprenants. Chaque chorégraphie a son univers propre et chacune des dix danses est scénarisée. C'est beaucoup de travail. On essaie de créer de la magie… Comme France se lasse vite d'un spectacle, il faut régulièrement en inventer un nouveau. Moi, je n'en vois pas la nécessité. Il serait plus confortable pour nous de présenter un show parfaitement rôdé, et puis, en plus, on ne se produit pas dans les mêmes endroits… Mais France tient au renouvellement. Nous nous déplaçons en Chine, au Japon, aux quatre coins du globe.

Un jour, je reçois un appel téléphonique de Londres. C'est Sammy Stopford, le grand champion de danses latines, qui m'appelle. Il a eu une influence considérable dans notre carrière quand nous étions plus jeunes. Il nous a fait énormément progresser… Il se retrouve maintenant chargé de remettre sur pied un show qui s'appelait *The Duel of the Giants*. Cet événement, c'est l'accomplissement d'une vie. Deux couples de niveau mondial doivent se confronter dans l'arène mythique du Royal Albert Hall. Cette exhibition a lieu pendant un des grands rendez-vous de danse sportive, The International Championship, et Sammy a pensé à France et moi pour les affronter, lui et sa partenaire Barbara McColl. Trois danses contre trois danses… Pour moi, c'est le rêve absolu. Disposer du Royal Albert Hall pour nous tout seuls, c'est une forme de consécration. Je suis dans une euphorie totale quand je l'annonce à France. Sa première réaction est de me traiter de « grand malade ». Il n'est pas question pour elle de se rendre à cette invitation… Moi, j'y vois comme un ultime challenge. Je demande à Sammy de m'accorder une semaine de réflexion avant de lui communiquer ma réponse. Je m'acharne alors à démontrer à France que cette confrontation est faisable, que quatre mille personnes vont se déplacer pour nous voir et que, si Sammy fait appel à nous, c'est qu'il sait que nous sommes capables de lui donner la réplique.

Au bout de quelques jours, elle finit par accepter. Je sens qu'elle a cédé uniquement pour me faire plaisir. Et je réfléchis… Toute ma vie, je l'ai poussée à faire toujours plus, même quand elle avait des crises d'épilepsie, même quand elle était sur le point de faire une fausse couche ! Toutes ces exigences que je me reproche défilent dans ma tête. Que je comprenne ou non ses raisons, qu'elle conçoive un certain embarras à me contrarier, il n'est pas question de l'influencer une fois de plus… Je rappelle Sammy, je l'informe de notre refus en prétextant que nous ne sommes pas prêts, et je lui souhaite bonne chance. Je dois à France de respecter son choix. Fondamentalement, elle a raison. Nous sommes déjà surbookés. Elle m'a ouvert les yeux sur les vraies priorités.

*
* *

C'est peu de temps après cette aventure que nous nous sommes remis sur le marché de la reproduction. Au bout de quelques mois, France m'annonce l'heureuse nouvelle : il y a un petit bébé « dans la cocotte » ! Nous honorons néanmoins encore quelques spectacles, et environ six semaines plus tard, elle constate de nouveau une petite perte de sang. Le sort s'acharne une fois encore sur nous. Cette fois, nous n'hésitons pas une seconde. Nous réduisons considérablement nos activités. Finalement, France franchit les points critiques. Quatre mois, cinq mois, six mois… Tout va bien. Elle passe régulièrement des examens, y compris une amniocentèse. Tout est parfait. Lorsqu'elle est proche du terme, nous nous rendons à l'hôpital Sainte-Justine. Cette fois-ci elle perd les eaux, mais le travail ralentit pendant deux heures. Puis les contractions reviennent à la charge. En championne qu'elle est, elle fait ce qu'elle a à faire et elle donne naissance à une petite Francesca. C'est juste un miracle ! Nous avons réussi le coup idéal : un petit gars, puis une petite fille. Nous sommes le 13 janvier 1999. Nous nous disons que ce 13 va nous porter chance. Nous avons de nouveau le cœur léger. Nous renouons avec notre amour sans limites, inconditionnel.

Le même rituel reprend : on reçoit des cadeaux à ne plus savoir qu'en faire. Puis nous rentrons avec Francesca à la maison. Nous sommes trop heureux. Jean-Francis a trois ans. Il participe à tout. Il adore sa petite sœur…

L'apprentissage de la vie avec deux enfants est certes un peu plus difficile. Quand nous partons, France et moi, c'est double charge pour ma belle-mère. Je vais de plus en plus dispenser mes cours sans France. Voyager seul, je n'aime pas trop. J'ai fait l'acquisition d'un deuxième véhicule, un fourgon Chrysler tout équipé. On y a même la télévision. On l'appelle « l'auto-beaucoup ». Je peux ainsi, parfois, embarquer toute la famille…

Les premières semaines de Francesca parmi nous ne nous causent aucun souci. Elle est suivie par notre pédiatre, le docteur Grandbois. Tout va bien. Au cours du deuxième mois, on voit qu'elle s'éveille aux sons, aux mouvements. Le troisième mois se passe sans problème. Le quatrième est également normal, elle se saisit d'objets et elle nous les donne. On remarque qu'elle a une certaine lenteur au niveau du langage, mais rien de dramatique. De toute façon, Jean-Francis est là pour décoder. Je n'y vois que du feu… À environ neuf mois, elle ne marche pas encore. On ne s'en inquiète pas. Si Jean-Francis a commencé à marcher à cet âge-là, c'est parce qu'il était très précoce. Pourtant, France commence à noter des trucs qui la chiffonnent. Un soir, elle me fait cette remarque :

– Ma fille ne me demande pas.

Je la prie de m'expliquer ce que cela veut dire. En fait, France s'étonnait que Francesca ne lui tende jamais les bras. Moi, j'essayais toujours de minimiser, pensant que notre fille n'était simplement pas aussi « rapide » que son frère…

Les mois passent… À un an, Francesca commence à prononcer des petits mots, mais jamais deux ensemble. Quand elle aperçoit sa photo ou celle de son frère, elle dit « bébé ». Elle sait qui est maman, qui est papa. Les mots de base, ça va. À treize mois, elle se met enfin à marcher. Mais on constate que le langage ne progresse guère. Le docteur Grandbois décrète qu'elle est juste un peu plus lente que la moyenne. Quand elle atteint ses quatorze mois, on peut se mettre à jouer à la cachette. Je m'empare d'une de ses poupées, je la cache dans une valise, elle la cherche, elle la trouve et elle la prend dans ses bras. Mais elle tient sa cuillère sans trop la porter à sa bouche. Quand elle arrive devant la marche qui sépare le salon du reste de la maison, elle stoppe net. Elle ne cherche pas à descendre. En revanche, quand il y a un escalier, elle est tout le temps en train d'y monter. Mais elle n'en redescend jamais. Peut-être a-t-elle un sentiment de danger plus exacerbé ? Encore une fois, France trouve que ce n'est pas normal. De mon côté, j'avance que Francesca a peut-être un problème de vue et qu'elle jauge moins bien les distances…

Un soir où elle se trouve dans sa bassinette[1], elle commence à chouiner. France lui donne sa « suce » et elle se calme. Quelques minutes plus tard, elle se remet à pleurer. J'y vais à mon tour. À la lueur de la veilleuse, je vois sa main à quinze centimètres de sa tétine. Elle bouge les doigts, mais elle n'étire pas le bras pour s'en saisir. Je ne comprends pas. Je pense qu'elle est un peu endormie, c'est tout. Elle me regarde, je prends la suce, je la pose dans sa main, elle la porte à sa bouche. Et elle s'endort.

1. Lit de bébé.

Elle commence à avoir des gestes un peu stéréotypés. Elle se promène dans la maison et elle pointe des objets du doigt. Nous, nous trouvons ces mouvements répétitifs plutôt mignons. Quand on l'appelle, elle se retourne… Mais à quinze, seize mois, elle parle moins, elle évite les gens et se replie de plus en plus sur elle-même. Elle a tendance à se réfugier dans les coins…

*
*   *

C'est à cette époque que nous emménageons dans une maison que nous avons fait construire à Boucherville, toujours sur la rive sud du Saint-Laurent, à une vingtaine de kilomètres de Montréal. Tout y est plus spacieux. On est vraiment très bien…

Pour accéder au deuxième étage, il y a un escalier de chêne en colimaçon. Comme à son habitude, Francesca est tout le temps fourrée sur les marches. Et, évidemment, elle est incapable d'en redescendre. Alors, j'installe une barrière pour l'empêcher de monter. On s'est équipés d'un gros téléviseur parce que Jean-Francis et Francesca sont de gros consommateurs de programmes pour enfants et de vidéos avec des chansons. Bizarrement, Francesca se campe systématiquement à quelques centimètres de l'écran. On n'a pas encore réalisé qu'elle ne sait pas reculer. Là encore, j'ai bricolé une petite barrière avec des tubes en PVC. Elle allait s'y appuyer mais, au moins, elle se tenait cette fois à distance respectable.

Tous ces aménagements ne pouvaient pas longtemps occulter la réalité, cependant... En recollant tous les morceaux, je commence à ne pas aimer du tout ce que je vois. C'est comme si j'avais reconstitué un parchemin qui m'annonçait une malédiction. Nous avons un sérieux problème. Francesca en est réduite à deux mots : « bébé » et « papa ». Elle ne dit plus « maman », puis elle passe de deux mots à un mot. Elle ne prononce plus que « papa ». Il y a bien des sons qui sortent de sa bouche, mais ce ne sont pas des mots.

On commence sérieusement à paniquer. Francesca a une vingtaine de mois. On décide d'aller consulter. Grandbois s'obstine à ne déceler aucun problème. Mais devant notre insistance, il nous conseille de la faire examiner par un spécialiste. Finalement, nous en rencontrons plusieurs dont un psychologue et, au bout du compte, on entend prononcer le mot fatal : autisme. Il n'y a rien de certain, mais il faut s'attendre au pire.

Au début, question de tempérament, je garde toujours espoir. Je veux me convaincre que ce n'est qu'une étape, un moment sombre, que la lumière va jaillir au bout du tunnel et que Francesca franchira cette étape sans séquelles.

Elle est parfaite, tellement parfaite... Elle est trop belle pour être atteinte de quoi que ce soit ! Elle ne présente aucun signe extérieur de malformation, aucune anomalie quelconque... C'est ma princesse, mon ange. Quelque chose m'échappe et je suis impuissant…

Et la fatalité me rattrape : elle ne dit plus « papa » ! À son tour, ce mot ultime a disparu. Comme tous les autres. Je m'accroche… Je prie… Le mot « papa » ne résonne plus dans la maison. Il ne sortira plus jamais de sa jolie petite bouche. Seuls ses yeux semblent le crier en silence…

Francesca perd de plus en plus de motricité fine[1]. Elle continue de marcher mais tout commence à se compliquer. France et moi mettons tout en œuvre pour trouver des réponses. Nous consultons une multitude de docteurs, spécialistes de médecine traditionnelle ou atypique. Nous avons besoin de réponses… QUE SE PASSE-T-IL AVEC FRANCESCA ?

Après plusieurs mois de recherches, l'éventualité de l'autisme est écartée. Il ne reste que deux hypothèses : le syndrome d'Angelman ou celui de Rett. Quel qu'il soit, aucun des deux ne nous laisse espérer de guérison car ce sont deux maladies incurables.

Les semaines passent. Francesca ne semble plus être aussi triste, elle sourit, elle paraît heureuse. Elle garde son équilibre et on accepte mieux ses mouvements stéréotypés ; ils sont totalement aléatoires, il faut donc faire avec. On ne focalise que sur l'essentiel,

---

1. Concerne les mouvements fins, précis et minutieux, essentiellement la motricité faciale et manuelle.

c'est-à-dire sa sécurité. Et, surtout, on attend que le diagnostic soit avéré pour pouvoir mieux cibler une quelconque thérapie.

France se met à se documenter comme une folle sur les deux syndromes. Des jours et des nuits de lectures ininterrompues. Il faut qu'elle sache. Le système médical ne va pas assez vite pour elle… Moi, je me sens comme un avion qui survole une zone sinistrée et qui attend la permission d'atterrir dans le chaos. J'essaie de m'accrocher à quelque chose qui n'existe pas. Seul le doute comble ce vide ou, tout du moins, supplante ma peur…

France reprend contact avec le spécialiste qui suit Francesca pour lui demander de lui faire faire un test ADN. Elle a besoin de ce résultat car elle a découvert dans ses lectures l'existence à Vancouver d'un généticien, le docteur Patrick MacLeod, qui effectue des recherches sur le syndrome de Rett. Elle est comme ça, France : quand elle cherche, elle trouve… Avec l'accord du praticien, nous nous rendons au CLSC (Centre local de services communautaires) pour y faire effectuer les prises de sang et nous adressons le tout au grand docteur MacLeod.

Quelques semaines plus tard, le verdict tombe…

Ce que France avait diagnostiqué bien avant tous les spécialistes se révèle hélas exact.

C'est le syndrome de Rett… Francesca est atteinte du syndrome de Rett !

L'annonce de la nouvelle me transperce le cœur. Même si je le pressentais depuis plusieurs mois, la terrible réalité me frappe de plein fouet. Comme si je venais juste de prendre conscience de l'irréversibilité de sa maladie.

Le courrier du docteur MacLeod met définitivement fin aux faux espoirs que je m'étais fabriqués. Je ne peux plus faire l'autruche. Je ne peux plus retarder l'échéance, je ne peux plus cacher ma peine infinie et mon désarroi. Tous mes espoirs viennent de s'envoler. À tout jamais. Je suis anéanti…

De son côté, France attendait avec impatience que le diagnostic soit confirmé pour mettre en place toute une batterie de dispositifs qui puissent offrir à Francesca la plus belle des vies sur terre…

Oui, elle a été frappée par la nouvelle. Oui, elle a pleuré toutes les larmes de son corps. Mais c'est en mère de famille forte et responsable qu'elle réagit et regarde en avant… En quelques jours, elle met en route toute une stratégie. Maintenant qu'on a posé un nom sur la maladie de Francesca, elle va pouvoir orchestrer les soins adéquats, appliquer des thérapies plus ciblées. Elle est au taquet, plus motivée que jamais. Il faut que Francesca garde son sourire et sa joie de vivre… France est une femme extraordinaire !

Je suis beaucoup moins combatif. Tout un pan de ma vie vient de s'effondrer. Je suis une loque humaine. Je ne trouve plus la force de sourire, je respire comme un automate. J'ai perdu tous mes repères.

*

* *

Même si Francesca vivait des transformations tragiques depuis plusieurs mois, nous n'avions pas arrêté de faire des spectacles, d'organiser des séminaires ou de dispenser nos cours privés. Mais après cette confirmation de son mal, je ne peux plus. La douleur m'envahit. Je perds tous mes moyens… Je regarde ma fille et je me dis « POURQUOI ? POURQUOI NOUS ? » France et moi nous aimions la vie, nous nous ingéniions à apporter de l'espoir aux personnes dont l'objectif était de devenir danseurs. Nous étions reconnus pour notre dynamisme et pour notre intégrité… On ne répandait que le Bien, pas le Mal…

« POURQUOI ? »

En plus de toutes les charges qu'elle s'est mises sur le dos, France s'applique à me réconforter. Jean-Francis, trop jeune pour saisir la gravité de la situation, me regarde pleurer sans trop comprendre. J'annule plusieurs spectacles et différents engagements. Tous mes interlocuteurs se montrent compréhensifs et solidaires. Ils nous offrent leur soutien et leurs prières. Je vis ce drame comme un deuil. Je m'enfonce un peu plus dans le chagrin…

Cinq semaines passent… Un matin comme tous les matins précédents, je vois France se lever pleine d'une énergie débordante. On dirait une lionne qui part en chasse pour nourrir ses petits. France… La meilleure mère du monde !

Je reste au lit quelques minutes de plus. J'observe le plafond, et je ne trouve toujours aucune réponse à ce putain de « pourquoi ? » Pourquoi s'en prendre à ma Princesse ? Si j'ai mal agi, Dieu n'a qu'à me punir moi. Pas elle. Pas mon innocente Francesca !

Je me lève enfin. Je me regarde dans le miroir. Les larmes coulent sans que je puisse les retenir… Et brutalement, tout devient très clair : « mon père ! » Tout à coup, je pense à lui. Il nous a quittés, mais ses paroles, son courage, et surtout ses valeurs, il me les a légués… Je viens de décoder une énigme. Je me souviens de cette question qu'il m'avait posée un jour : « C'est bien beau la danse, mais te sens-tu capable de subvenir aux besoins d'une famille ? » Soudain, je ne considère plus ces paroles comme une question, mais plutôt comme une affirmation. Pour lui, le mot « famille » signifie un plus un égale trois… ou plus. Pour un expert comptable comme mon père, l'union de deux personnes prend naturellement tout son sens avec l'arrivée d'un ou de plusieurs enfants. Ma mère et lui en avaient eu six. Faire un enfant prend une nuit, mais l'amour et les responsabilités prennent toute une vie.

Je réalise avec beaucoup d'amertume qu'il n'est plus sur cette terre pour me prodiguer ses judicieux conseils. Mais dans cette phrase, il m'avait tout dit.

Francesca n'a pas demandé à venir rejoindre notre famille. C'est France et moi qui l'avons voulue. D'une certaine façon, nous avons forcé le destin. Nous nous étions mariés pour ça, pour fonder une famille… Dans le sacrement du mariage, il y a pour moi une phrase incontournable : « Vous vous aimerez et resterez unis pour le meilleur et pour le pire… »

Francesca n'a peut-être pas choisi sa famille, mais elle est arrivée parmi nous. Et depuis, France, Jean-Francis et moi, nous sommes sa famille.

Je me dois de revenir à la base, aux fondamentaux… Oui, il n'y a rien de pire que de savoir son enfant atteint d'une maladie génétique dégénérative incurable. Mais Francesca n'en est pas responsable, elle ne peut pas et ne doit pas payer pour ça.

Encore debout devant la glace, je prends enfin conscience d'une indéniable réalité.

Francesca a besoin d'un vrai papa, et même d'un super-papa… La super-maman, elle l'a déjà !

Il me faut redevenir l'homme que j'étais ; un homme fier, heureux d'agrandir sa famille ; un homme qui aimait son fils, qui aimait sa femme ; un homme qui était là à la conception, avec sa joie, sa fougue et son énergie légendaires.

Francesca mérite plus que jamais un vrai père. Comme le mien l'a été pour moi…

À mes larmes, désormais sèches, succède un large sourire, et c'est le cœur rempli d'espoir que j'entame ce nouveau chapitre de ma vie.

France remarque très vite que mon entrain et mon côté positif reviennent au galop. Elle vient de retrouver son homme ! Elle peut dorénavant compter sur moi. À l'image d'un toit en pignon, nous devrons nous appuyer l'un sur l'autre pour protéger ceux que nous abritons.

Ce n'est pas facile car notre vie entière et celle de Jean-Francis doivent affronter de grands tourments. Insensiblement, la dégénérescence de Francesca prend de plus en plus d'ampleur. Je pense à cette première crise d'épilepsie au cours de laquelle nous l'avons crue morte. Elle reposait dans mes bras, totalement inerte. Et puis, comme par miracle, elle est revenue à elle. Je ne compte plus les frayeurs que nous avons connues…

Le pire, c'est la perte de motricité fine et globale[1] qu'elle subit… Cette perte totale d'autonomie nous brise le cœur. On ne réalise pas combien il est magnifique de voir son enfant marcher, parler, jouer. Mais le voir se faire spolier, déposséder de ces privilèges naturels devant ses yeux, c'est inhumain. Et on est complètement impuissants.

Des gestes tellement anodins pour la plupart des enfants comme tendre sa main, se plaindre quand elle a mal, avoir un élan d'amour lui sont devenus impossibles. Elle ne peut et ne pourra plus jamais le faire… Elle ne peut même plus marcher. Merde ! Marcher, quoi ! La marche, c'est l'essence même de la liberté. Elle doit attendre… sans rien dire… elle ne peut même pas émettre le moindre de ses désirs. Sa voix s'est évanouie, elle aussi… Sa petite

1. Ensemble des gestes moteurs (marche, course, saut), coordination générale, équilibre statique.

voix qui jadis remplissait la maison… ses quelques mots : « maman », « bébé », « papa » ne sont plus que de lointains et jolis souvenirs. Sa petite voix si mignonne, si mélodieuse… envolée à jamais !

Il ne lui reste de vivant que ses yeux bleus… Bleus comme ceux de mon père ! Des yeux qui scintillent à chaque fois que l'on dit « Francesca », ou lorsqu'on lui fait de gros câlins.

Oui, Francesca est différente, mais elle est unique au même titre que Jean-Francis est unique. Elle nous rend heureux quand elle sourit, quand elle se réveille assise dans son lit… Après tout, nous n'avons pas besoin que notre fille remporte une course olympique pour évaluer la place qu'elle occupe dans nos cœurs. Ce n'est pas une médaille que l'on met autour de son cou, mais ce sont nos bras remplis d'amour. Nos bras qui la soutiennent, la portent et la hissent sur la plus haute marche du podium. Du podium de la vie…

– 16 –

LE CLAN GÉNÉREUX

Pour réussir une carrière, garder le moral et transmettre la joie malgré les difficultés et les drames de l'existence, il faut certes du courage et une bonne nature, mais il faut surtout être armé, « armé pour la vie ».

Je l'étais et je n'en tire aucun orgueil car je n'y suis pour rien. Ma force de résistance et mon aptitude à garder l'espoir, je les dois à toute ma famille, mon socle, mon pilier : « le clan Généreux ».

MON PÈRE, D'ABORD

Papa Marcel ! Le lion qui rugit. Il était très respecté, craint parfois, mais il n'aurait jamais fait de mal à une mouche.

Quand je suis arrivé dans sa vie, il approchait de la cinquantaine. C'était un homme fier, toujours classe, sapé comme un milord. Il adorait les chapeaux. Il les portait façon Al Capone, ou plutôt Eliott Ness car mon père était un « Incorruptible »… Il aurait pu également faire penser à Frank Sinatra avec ses incroyables yeux bleus. Il se changeait constamment. Pour se rendre à son travail, pour bricoler, pour cuisiner. Il était d'une élégance rare.

Il avait une grande conviction religieuse. La religion catholique était très présente chez nous. Nous allions à l'église au minimum une fois par semaine. Je me souviens de photos du pape sur la commode…

Il s'exprimait aussi bien qu'il écrivait. Il était doté d'une fort jolie plume. Sa calligraphie était appliquée, soignée. Il excellait également en dessin. C'était un érudit, incollable en anglais comme en français. Lorsque j'étais en première année, on nous avait demandé dans un devoir de citer des mots commençant par la lettre « o ». Sans hésiter une seconde, il m'avait dégainé : « otorhinolaryngologiste » ! Ça m'a valu sur le moment une sacrée cote de popularité.

Son père, ferblantier, était décédé à la suite d'un accident de travail. Il avait chuté d'un toit. Je ne l'ai jamais connu. Papa, qui était encore un jeune homme, avait dû, comme tous ses frères, subvenir aux besoins de la famille. Il avait trouvé du travail au port de Montréal. Il allait de bateau en bateau pour commercer avec les marins. C'est ainsi que, outre l'anglais et le français qu'il parlait couramment, il avait été amené à se débrouiller dans plusieurs autres langues.

Jeune, il adorait le sport. Il fréquentait assidument la Palestre nationale, une fédération qui soutenait la pratique sportive auprès des jeunes. Il était sec comme un cep de vigne. Tout en muscles et en nerfs. Il n'était vraiment pas le plus grand, mais définitivement le plus vaillant. Une vaillance qu'il nous a transmise à tous et qui l'a caractérisé jusqu'à sa mort.

Quand il passait en cuisine, il se métamorphosait en vrai chef. Le dimanche, je l'ai dit, il nous faisait des crêpes… mais des crêpes de chez crêpe ! Avec tout le matos, sirop d'érable et tout le tralala. Que du bonheur. Taux de cholestérol élevé, s'abstenir !

Il travaillait sans relâche. Il partait très tôt le matin. On ne le voyait que le soir. Je ne suis pas allé en vraies vacances avant l'âge de douze ans. Et encore, ce fut avec mon frère Raymond et sa femme Thérèse. Nous avions fait le tour de la Gaspésie sans nos parents. Mon père ne savait pas ce que c'était que les vacances, ni le farniente. Ne rien faire ! Ça ne lui serait pas venu à l'idée. Du lundi au samedi matin, profession « comptable » : c'était un véritable génie des chiffres, très apprécié de tous ses clients. Mais dès le samedi après-midi, il passait à tout autre chose. Il se changeait et, scie et marteau à la main, il découpait et clouait de la planche. Il avait toujours un projet de construction en cours.

Il fumait le cigare et la pipe. Même en voiture, et toutes vitres fermées ! Un vice auquel, heureusement, je n'ai jamais adhéré. Le seul point positif que j'en tirais était la récupération de ses boîtes de cigares, très pratiques pour mes projets d'arts plastiques. Sinon ça puait grave !

Mon père était aimé de tous. Il était intelligent, enjoué et débrouillard. Une seule ombre au tableau :

une impatience non justifiée vis-à-vis de ma mère, qui me révoltait. Je ne supportais pas les reproches qu'il lui adressait en permanence. La plupart du temps pour des faits anodins. Mais ma mère ne se laissait pas faire. Face à ce lion macho, elle n'hésitait pas elle aussi à rugir et à montrer les dents. Il n'était pas parfait avec tout le monde, le Marcel Généreux…

Il n'empêche que c'était mon idole. J'appréciais sa modestie, teintée parfois de chauvinisme, sa sagesse, hormis son irritabilité vis-à-vis de sa femme, et sa grande droiture. C'était un homme à principes. Des principes qui frisaient parfois l'intolérance, comme il l'a montré en refusant fermement que je prenne des cours de danse. Pour lui, un homme, ça ne dansait pas. Ou bien c'était une « moumoune » ! Heureusement que ma mère est intervenue !

Hélas, il aimait trop manier la fourchette. Pour lui un repas minimum, c'était quatre services : soupe, salade, plat du jour et dessert… Et copieux, s'il vous plaît… Lorsqu'il a épousé ma mère, il affichait cent dix-huit livres tout mouillé, environ soixante kilos. À chaque année de mariage, il en a pris un ou deux de plus. Je l'ai toujours connu en excédent de poids, mais il n'en était pas moins resté vif et rapide. Il brassait de l'air et nous entraînait dans son tourbillon.

Il ne faisait pas grand cas de sa santé car, je l'ai dit, il avait les médecins en horreur. Longtemps, d'ailleurs, il a pu s'en passer. Mais quand, rattrapé par son embonpoint, il a connu de graves problèmes cardiaques, il a bien fallu aller à l'hôpital. Il a ainsi subi plusieurs opérations dont un dramatique pontage coronarien. Tout était bouché. Les médecins lui accordaient peu de chances de se rétablir et pourtant, en partie grâce à sa volonté je suppose, il a assez récupéré pour pouvoir rentrer à la maison. Il avait presque soixante-douze ans. Bien qu'amoindri, toujours tiré à quatre épingles ne serait-ce que pour se rendre de sa chambre au salon, il cherchait à s'occuper les mains et l'esprit…

*

* *

En janvier 1994, nous venions de présenter un show dans le New Jersey pour le premier de l'an. Nous étions en plein compte à rebours quand l'homme qui nous avait engagés m'a fait venir dans son bureau parce qu'on me demandait au téléphone. C'était ma sœur Isabelle. Papa venait d'être victime d'un hématome cérébral. Nous sommes rentrés le plus vite possible et c'est tous ensemble que nous avons pris la décision de le faire opérer. Il avait soixante-dix-neuf ans.

Il était dans un semi-coma. De voir ainsi mon géant immobile et muet me faisait une peine atroce. Je ne l'acceptais pas. Lorsque je me trouvais seul avec lui dans sa chambre d'hôpital, ce qui n'était pas très fréquent parce qu'il y avait toujours plusieurs personnes de la famille à son chevet, j'essayais de trouver des mots qui puissent lui insuffler de l'énergie. Je me reprochais de ne pas être assez présent. Mes beaux-frères, Pierre et Claude, faisaient pour lui des choses que moi-même je n'aurais pas faites. Ils étaient des fils pour lui. Ils assuraient comme la garde suisse veille sur le pape.

Il m'a néanmoins fait un superbe cadeau : j'ai été le premier à voir son petit doigt remuer. J'ai rameuté tout le monde. Je l'encourageais, je l'exhortais... Je savais qu'il avait repris la lutte. Puis c'est la main qui a bougé. Et toute la machine est repartie. Il est resté longtemps à l'hôpital. Il a réussi à rejouer au Scrabble. Quelle victoire ! Il n'était plus le même joueur, certes, mais je m'accrochais à ces moments. Jouer au Scrabble avec mon père est un des seuls beaux souvenirs que j'ai gardés de cette époque.

Son accident cérébral a cependant laissé d'importantes séquelles et, après une très longue convalescence, il s'est éteint le 17 février 1997.

Les obsèques ont eu lieu le jeudi et, le vendredi, France et moi devions nous rendre à Halifax y disputer le championnat canadien.

Alors qu'on venait de le mettre en terre, France m'a demandé si je tenais toujours à participer au championnat canadien. Elle aurait trouvé naturel que nous nous abstenions mais, encore une fois, elle me laissait le choix de la décision. Moi, je savais que mon père aurait souhaité que je continue à décrocher des titres. Je lui en avais fait la promesse.

J'entendais encore le son de sa voix qui me prodiguait des encouragements. C'est fort de cette certitude, et avec le soutien de France et l'appui de toute la famille, que je suis quand même allé disputer cette compétition.

À Halifax les meilleurs couples étaient là. La troisième danse dans une ronde de compétition est toujours une rumba. L'organisatrice, Jane Edgett, qui ne savait pas que mon père venait de nous quitter, avait choisi comme musique *Tears in Heaven* d'Eric Clapton, une chanson que celui-ci avait écrite après la mort de son fils de quatre ans tombé accidentellement d'un cinquante-troisième étage. Des larmes au paradis ! Je pleurais en dansant. Mes jambes et mon corps étaient avec France, mais mon cœur était avec mon père. J'étais tellement entraîné que les automatismes étaient les plus forts. La voix d'Eric Clapton érigeait une passerelle qui me reliait à mon père. Mon âme pouvait le rejoindre et lui parler.

France a eu un comportement fantastique. Ce jour-là plus particulièrement, elle s'est sublimée pour moi. Derrière chaque homme qui réussit, il y a une femme encore plus grande que lui…

Nous avons été couronnés champions canadiens. Au moment de recevoir le trophée et de saluer le public, j'ai demandé à prendre la parole et j'ai expliqué la raison de mes pleurs. J'ai précisé que si j'étais quand même venu concourir, c'était pour représenter le Canada et que, si j'étais là malgré mon chagrin, c'était parce que le monde de la danse était ma deuxième famille.

Cette force surnaturelle qui m'a soutenu tout au long de la compétition, je la devais à mon père.

MES FRÈRES ET SŒURS

Monique

Ma sœur Monique est la première de six enfants. C'est elle qui se trouvait dans la même chambre d'hôpital que ma mère à ma naissance. Elle y mettait au monde son troisième enfant, Guylaine, avec qui j'ai partagé une grande partie de ma jeunesse à Saint-Hubert.

Monique y a occupé très longtemps le demi-sous-sol de la maison que mon père avait bâtie. Ensuite, elle est partie habiter dans la montée Saint-Hubert.

Je n'ai pas passé beaucoup de temps avec elle car ses responsabilités de mère de quatre enfants, Gosseline, Yvon, Guylaine et Stéphane, en plus de son travail comme caissière, avaient largement de quoi l'occuper. Mais je sais combien elle m'aime pour l'avoir constaté dans ses mots et ses actes. Un amour inconditionnel.

Nous aussi, nous l'aimons. Tous. D'autant que nous avons failli la perdre dans des circonstances dramatiques. J'étais tout jeune, nous résidions à Longueuil depuis peu… Comme chaque matin au petit déjeuner, ma mère met la radio pour écouter les informations. Alors que nous sommes attablés, notre attention est alertée par un bulletin spécial. La veille au soir, très tard, une femme a été atteinte par un projectile d'arme à feu lors d'un cambriolage… à Saint-Hubert. Elle a été conduite d'urgence à l'hôpital Charles-LeMoyne. Entre la vie et la mort, elle s'y trouve en soins intensifs. La police recherche activement le ou les malfaiteurs. La victime s'appelle… Monique Monette… C'est la caissière du « dépanneur » Mon Ami, un magasin ouvert très tard, boulevard Davis.

On éclate tous en sanglots ! Ma mère prend le téléphone. Il faut qu'elle sache. Je me blottis contre ma sœur Isabelle. On se serre très fort.

Aucun doute, c'est bien ma sœur Monique qui a été agressée.

C'est une histoire invraisemblable. À partir du moment où il y a une caisse enregistreuse, il peut y avoir un risque. Monique était seule dans le magasin quand un individu est entré brutalement… Quand elle a compris qu'il s'agissait d'un hold-up, elle n'a pas essayé de jouer les héroïnes. Calmement, elle a acquiescé aux demandes de l'individu qui la menaçait de son fusil et lui a remis le contenu de la caisse. Au moment de partir, le voleur lui a réclamé une dernière chose : un paquet de cigarettes. Ma sœur s'est retournée pour aller le chercher. Il lui a tiré dans le dos et s'est enfui, la laissant grièvement blessée… Tant bien que mal, elle est parvenue à se saisir du fil du téléphone, à tirer l'appareil à elle et à appeler les secours.

La balle avait traversé sa cage thoracique sans atteindre heureusement d'organes vitaux, pour finir sa course dans sa veste de laine…

Raymond

Mon frère Raymond adore taquiner, surtout ma belle-mère Pauline. Comme notre père, c'est un homme fier et honnête, un génie des chiffres et un bricoleur invétéré. Et plus catholique que lui, tu meurs ! À la mort de notre père, il est un peu devenu le chef de famille. Lui aussi nous a donné un exemple de droiture.

Il a épousé Thérèse, une femme aux talents multiples : cuisine, couture, arts plastiques… J'ai beaucoup d'admiration pour leur couple. Contre vents et marées, ils ont su inculquer de grandes valeurs morales à leurs deux enfants Lucie et François, qui sont eux aussi de sacrés boute-en-train. François n'a pas son pareil pour égayer nos réveillons.

Je peux toujours compter sur mon frère et ma belle-sœur. Ils se sont souvent merveilleusement occupés de nos enfants lors de nos absences. En personnes de grande foi, ils donnent sans rien attendre en retour.

Raymond reste pour moi « Monsieur Toujours-à-l'heure ». Il est la ponctualité sur deux pattes. Il tient ça aussi de notre père. Il est du genre carré de chez carré. J'adore son rire communicatif, et les histoires abracadabrantes qu'il a l'art d'inventer et qui sont irrésistibles. J'ai partagé de beaux moments avec lui, comme le tour de la Gaspésie, ou des week-ends à Beaulac avec virée à motoneige en hiver et en bateau l'été.

Personnes au grand cœur, mon frère et Thérèse, qui avaient l'âge d'être mes parents, se sont toujours montrés très protecteurs envers nous.

I love you ma petite Thérèse, *and everybody loves Raymond…*

Françoise

Ma sœur Françoise est une grande et belle femme, toujours élégante. Avec sa longue chevelure de jais, elle est pour moi une version améliorée de l'artiste Cher.

Elle est institutrice. C'est un professeur d'école très proche de ses élèves, rigoureuse mais super ouverte sur la vie, excellente pédagogue et fine psychologue.

Elle est celle du « premier groupe » qui a quitté la dernière la maison familiale. Petit rappel : nos parents ont eu six enfants en deux étapes. Les trois premiers, Monique, Raymond et Françoise, sont nés à Montréal… Et après seize années de pause (!) Anne-Marie, Isabelle et moi sommes apparus, à Saint-Hubert cette fois. Ce qui fait, par exemple, que j'ai vingt ans d'écart avec mon frère aîné !

Quand Françoise a quitté Saint-Hubert à la fin de ses études, elle m'a énormément manqué car j'étais encore tout jeune… Aujourd'hui, nous avons toujours des échanges très profonds. Elle a cette faculté de fouiller l'âme des gens. Chaque jour, elle et Marc-André, son mari, essaient de rendre le monde meilleur. Françoise est très généreuse, c'est loin d'être un jeu de mots. Elle est juste fantastique comme sœur. On ne le lui rend pas toujours assez.

Elle a transmis son goût pour l'enseignement à son fils Luc et sa fille Julie. Luc est prof d'histoire. Il mesure quatre ou cinq mètres de haut ! Et son cœur est aussi géant que lui. Avec sa compagne Chantal, ils sont toujours les derniers à quitter nos parties. Ils se proposent systématiquement pour aider à ranger !

Anne-Marie et Isabelle (les inséparables)

Elles ont à peine onze mois de différence… Anne-Marie est la première de cette deuxième cuvée issue du même cépage, « Château Marcel et Jeanne D'Arc », un cru produit et cultivé uniquement au Québec. La terre avait été mise en jachère pendant seize ans, sans doute pour en améliorer le rendement. Les plants avaient quelque peu mûri, mais les fruits, eux, n'en étaient pas moins généreux…

Anne-Marie est arrivée de façon un peu inattendue, mais elle a fait la joie de tous. À quarante-quatre ans, notre mère commençait à peine à s'adapter à sa nouvelle vie à Saint-Hubert qu'elle a dû se remettre en mode « couches et petits pots de bébé ». Et comme elle trouvait inhumain de faire naître un nouveau membre dans la famille quand tous les autres étaient sur le point de se marier, elle a jugé bon d'offrir à Anne-Marie une petite sœur. Le temps de crier « ciseaux ! », quarante-quatre semaines plus tard, on a coupé le cordon ombilical pour libérer Isabelle.

Entre les deux sœurs, c'était le point de départ d'une amitié indestructible. Je ne me souviens pas de les avoir vues séparées. Certes, je ne passais pas beaucoup de temps avec elles vu nos pôles d'intérêt totalement opposés, mais à table, en voiture et à l'église on s'entendait à merveille. J'adorais les entendre chanter dans la chorale, accompagnées par un super futur ami, Marc Desjardins, qui allait se révéler précieux et indispensable dans l'organisation de mon entreprise.

Mes sœurs et moi avions seulement quelques disputes lorsque ma mère, une ménagère hors norme, lavait le linge et le pliait. Elle le laissait ensuite dans le panier, à charge pour nous de le ranger dans nos commodes et placards. Or, mes deux sœurs portaient des chemises, des chandails et même des T-shirts qui pouvaient aussi bien convenir à des garçons. Toujours pressé, je plongeais dans le panier à linge et il m'arrivait souvent de subtiliser leurs affaires. Mais quand elles tombaient sur moi à la polyvalente[1], ou quand elles me croisaient occasionnellement, elles étaient en beau fusil[2] ! Trop drôle de voir la tête qu'elles faisaient ! C'était beaucoup moins amusant au retour à la maison où elles laissaient libre cours à leur fureur.

1. Au collège.
2. En colère.

Moins précoces que moi, elles ont cependant eu plusieurs petits amis et j'ai souvent fourré mon nez au mauvais endroit et au mauvais moment. Elles ne m'en ont jamais tenu rigueur. Au contraire, elles me présentaient comme le petit frère plutôt cool…

Anne-Marie est mariée à son Claude, un gars débrouillard, un touche-à-tout à qui aucun problème ne résiste. Il regarde un mode d'emploi deux minutes, et c'est parti. Très athlétique, il est doté d'une force peu commune. Nos parents avaient pour lui une profonde affection, tout comme pour mon autre champion de beau-frère, Pierre, le mari d'Isabelle. Pierre est un gars méthodique, très cartésien. C'est un passionné de voitures. Il s'était particulièrement entiché de son 442, un Muscle Car Oldsmobile, un bolide qui a malheureusement fini dans un accident dont Pierre n'était pas responsable… Il a travaillé dans l'électronique avant de se lancer dans l'informatique, ce qui l'amena à faire un choix draconien : partir en Californie avec sa petite famille. Un rêve que mon père avait lui-même nourri en son temps. Il avait traversé les États-Unis de Québec à Los Angeles avec ma mère, sans enfants, pour aller en repérage avec l'idée d'y faire sa vie. Il avait réussi à intéresser quelques employeurs mais il n'a pas réussi à convaincre ma mère. Elle était certaine de souffrir du mal du pays. Si elle avait accepté ce bouleversement, je serais peut-être américain aujourd'hui, et non canadien. Et j'écrirais sans doute un tout autre récit. Merci maman !

Isabelle, de son côté, a eu son premier enfant à dix-neuf ans : Dominique, une gamine bientôt rebaptisée « Boule de feu » par Raymond. Il nous est arrivé à France et à moi de la garder quand elle était bébé. Elle était adorable, en dépit de sa propension à régurgiter son biberon. Nos chemises s'en souviennent encore. Ça nous a permis de nous aguerrir car, plus tard, ce fut au tour de Jean-Francis de décorer allégrement nos vêtements.

Aujourd'hui, Dominique est bien loin de ce petit travers. C'est devenu une femme de grande qualité et très méthodique. Nous avons fait appel à ses services durant une courte période, elle a comblé nos souhaits. C'était une maman en second, la perfection faite nounou. Elle est professeur d'arts plastiques. Elle a eu deux petits frères, Jean-Philippe, un élève surdoué, et Olivier, dont nous sommes parrain et marraine, qui est un dessinateur hors pair.

Quand je pense à mes deux sœurs je ne ressens pour elles que fierté et respect. Toutes les deux mènent depuis l'âge de trente ans un combat quotidien contre le diabète. Un combat qui ne les a jamais détournées de leurs responsabilités de mères de famille. Et, hélas, Isabelle s'est vu diagnostiquer en plus, voici une vingtaine d'années, une sclérose en plaques. C'est dur et terriblement douloureux de voir ses chers proches souffrir ainsi.

Maman

Jeanne D'Arc… Je crois que je n'ai jamais entendu mon père dire son prénom au complet. Pour lui, c'était tout simplement Jeanne.

Elle incarne pour moi la mère idéale. Gentille, sans hypocrisie, d'une droiture déconcertante et dotée d'un cœur gros comme la Terre. Et quelle cuisinière, quelle pâtissière ! Elle savait tout faire, y compris le pain. Elle était, à mon goût, l'égale de Mercotte sur M6. Et elle accommodait mes plats de créations visuelles dignes des plus grandes maisons.

Ma mère était aussi une couturière aux mains d'argent, doublée d'une virtuose de l'aiguille à tricoter. Elle pouvait aisément crocheter une nappe pour une table de quatre mètres. Elle nous tricotait des chaussettes en phentex, un mélange de laine et d'acrylique. Avec ces chaussettes – pour nous, au Québec, ce sont des pantoufles –, on pouvait glisser sans s'arrêter sur un parquet de trois kilomètres ! Elle nous faisait également des pulls, des cardigans, des écharpes. Elle était tellement productive qu'elle aurait pu équiper toute l'armée canadienne… Ce n'était pas par hasard qu'elle avait hérité du surnom de grand-maman Chaussettes. Une vraie pro. Sa devise, c'était « vite et bien ».

Elle adorait lire. Je n'ai hélas pas hérité de cet engouement. En revanche, j'aimais écrire. J'inventais des récits et des poèmes à partir des histoires qu'elle lisait. Il y avait des bouquins partout dans la maison. En majorité des romans à l'eau de rose. Elle y puisait certainement une forme d'évasion.

Elle tenait la maison d'une main de maître. Mais ce n'était pas parce qu'elle était femme au foyer qu'elle était pour autant une femme soumise. Elle avait au contraire un sacré caractère. C'était une femme de convictions, et elle n'avait aucun scrupule à exprimer ses opinions.

Quand nous nous sommes installés à Longueuil, elle s'est rapidement liée d'amitié avec notre tante, Olivette Camaraire, qui habitait juste en face. Olivette elle aussi possédait un fort caractère. Très, très fort. Elle n'était pas dénuée de tendresse, mais c'était surtout son tempérament explosif qui prédominait. Elle a été plus qu'une amie pour maman ! On pouvait toujours compter sur toute la famille Camaraire… L'oncle André, qui était philanthrope, partait parfois en mission à Haïti. Il arrivait que des amis haïtiens lui rendent visite. C'est avec eux que j'ai effectué mes premiers pas de merengue autour de sa piscine. Trop cool !

Ma mère nous chérissait tellement qu'elle ne se couchait jamais avant que le dernier de ses enfants soit rentré à la maison. Sentinelle fidèle au poste, elle s'installait sur le canapé avec un livre et elle attendait. Ce n'était qu'après le retour du plus retardataire, quelle que soit l'heure, qu'elle se retirait en toute sérénité dans sa chambre. Elle ne posait jamais de questions. Nous étions tout pour elle ; sa fierté et ses amours. Nous étions toute sa vie…

*
*   *

C'est vers l'âge de soixante-dix ans que les premiers signes de la maladie d'Alzheimer ont fait leur apparition. Au début, nous n'avons rien remarqué. Sauf que notre père était de plus en plus présent dans la cuisine. Il était peu à peu devenu le seul cuistot à bord car maman commençait à oublier des petits trucs dans les recettes ou à laisser les plats mijoter trop longtemps. Papa gérait sans problème.

Puis maman a dû subir de nombreuses interventions chirurgicales, dont trois liées à son problème récurrent aux carotides. À chaque fois, elle perdait un peu plus d'autonomie, mais mon père était là, qui veillait… Jusqu'au jour où il fut victime d'une énorme crise cardiaque qui entraîna plusieurs pontages coronariens.

Mais le pire était encore à venir. À cette même période, la mémoire de maman commença à vraiment défaillir. De façon spectaculaire. Bientôt, il a fallu nous rendre à l'évidence : elle présentait tous les symptômes de la maladie d'Alzheimer…

De son côté, après avoir livré un gros combat avec plusieurs rounds très difficiles contre son cœur malade, mon père, recousu et de nouveau sur pied, est revenu parmi nous. Mais sa santé était désormais très hypothéquée. La vie ne lui avait fait aucun cadeau, ni à ma mère d'ailleurs, et le problème, désormais, c'était qu'il lui était impossible de prendre soin d'elle, et qu'elle de son côté ne pouvait rien faire pour lui.

Nos parents venaient de partager plus de cinquante ans de vie commune, non sans turbulences, avec une alternance de hauts et de bas parfois très bas, mais jamais suffisamment pour se quitter. Ils sont restés fidèles l'un à l'autre contre vents et marées. Seule la maladie est parvenue à les séparer.

Face à cette terrible réalité, c'était à nous, les enfants, de prendre les choses en main. La première des urgences était notre mère. Il fallait à la fois assurer sa sécurité et son quotidien. Une seule solution s'imposait, déchirante mais inévitable : elle avait pour nom La Verrière. C'était une résidence multiservices pour personnes âgées. Outre le fait que ma nièce (et quasi-jumelle) Guylaine y travaillait, cet établissement, choisi par mes frères et sœurs, offrait énormément d'avantages par sa proximité, la qualité des soins dispensés et ses nombreuses activités. Toute la famille était étroitement impliquée. Monique, Raymond, Thérèse, Françoise et les deux inséparables Anne-Marie et Isabelle, tout le monde, y compris les beaux-frères, était sur le qui-vive. À la moindre anicroche, il y avait toujours quelqu'un pour se précipiter au chevet de maman.

Avec mes horaires de fou et mes nombreux déplacements autour du globe pour les compétitions et spectacles, j'étais le moins présent. J'en souffrais et je culpabilisais. Mais mon frère et mes sœurs ne m'ont jamais fait de remarques désobligeantes. Ils savaient tous que si j'avais réussi ce parcours éclectique, pour le moins atypique, c'était grâce à ma mère. C'était elle en effet qui m'avait un jour discrètement procuré l'argent nécessaire pour me permettre, d'une part de retrouver en cours la fille dont j'étais amoureux et, d'autre part, de découvrir la discipline qui deviendrait la passion de ma vie, la danse.

En fait, toute ma famille était plus fière de moi que je ne l'étais moi-même. J'étais celui qui tutoyait les sommets de son art, il n'était donc pas question de me retenir à la maison. Je faisais partie d'une famille dans laquelle on nous avait inculqué un certain nombre de valeurs traditionnelles : la religion, la rigueur, le sens des responsabilités, le partage, l'amour du travail bien fait. Pour les miens, j'étais l'électron libre. Ils m'encourageaient à aller performer sur tous les planchers du monde en toute tranquillité d'esprit. Pendant ce temps-là, eux veillaient sur les parents…

En dépit de son état, maman était toujours d'agréable compagnie. Elle se maintenait en bonne forme physique en partant, avec le « club des marcheuses », parcourir allègrement les allées du centre commercial… Malgré les réserves des médecins, j'avais l'impression que sa maladie progressait lentement ; ou, tout du moins, qu'elle n'évoluait pas aussi rapidement qu'annoncé, ce qui nous rendait, France et moi, un peu moins anxieux. Cette maladie est tellement sournoise ! J'étais également persuadé que tout l'amour qui l'entourait érigeait un obstacle qui ralentissait le processus. Mon frère Raymond, ma belle-sœur Thérèse et mes sœurs géraient tout. Notre mère était toujours coquette et digne. Le personnel de la résidence était impressionné par notre union sacrée autour de celle qui nous avait donné la vie.

C'est donc par souci pour ma mère, qui était la résidente vedette de La Verrière, que la directrice, à la suite de quelques incidents qui auraient pu avoir des conséquences fâcheuses et inquiète de voir soudain son état se détériorer, nous conseilla de la transférer dans un établissement plus apte à lui apporter les soins que sa dépendance requerrait. À La Verrière, on ne pouvait hélas plus subvenir à ses besoins, on n'était plus capable d'assurer sa sécurité à ce stade de la maladie. Une institution médicale ou un centre hospitalier spécialisé seraient plus appropriés.

Maman fut alors envoyée dans une résidence gouvernementale de soins palliatifs dont une section hautement sécurisée était réservée aux personnes atteintes d'Alzheimer. Inutile de préciser que le clan Généreux a déménagé avec elle… Trop souvent Alzheimer atteint non seulement la personne, mais aussi toute sa famille. Sous prétexte que le malade ne se souvient de rien, certains ont tendance à l'oublier. Pas nous. Pas les Généreux ! Nous avions, gravée dans le cœur, la même devise que nous pouvions lire en lettres bleues sur les plaques d'immatriculation des voitures québécoises : « Je me souviens. » Et moi je l'agrémentais d'un vœu personnel : « Maman, je ne t'oublierai pas… »

Ma mère détient encore à ce jour le record du plus grand nombre de visites dans cet établissement ! Je ne suis pas celui qui a fait le plus gonfler cette statistique car les nombreuses sollicitations dont nous étions l'objet France et moi tout au long de l'année nous maintenaient souvent loin de Montréal. Mais chaque fois que nous étions dans les parages, nous nous précipitions pour aller la voir.

*

* *

Et puis ce que nous redoutions tous arriva. La maladie de maman avait franchi un nouveau palier. Irréversible, celui-là : elle ne nous reconnaissait plus. Nous étions devenus pour elle des personnes qui apparaissaient dans sa vie, avec lesquelles elle passait un moment qu'elle devait trouver agréable, mais qui étaient des étrangers. Des étrangers qui avaient jadis été ses enfants. C'était terrible. Un vrai déchirement.

C'est dans une grande chambre moderne, claire, bien équipée et hautement sécurisée que ma mère allait passer les deux dernières années de sa vie.

France et moi avons dansé pour elle et les autres résidents. C'était très perturbant pour moi de me trouver face à « une » femme, cette femme qui m'avait donné le jour… Ma mère qui aurait pu dire à ses camarades d'infortune, à ses voisines de palier, que ce couple qui dansait devant eux était ses enfants…

Mais non. Elle n'avait plus conscience que l'un venait de sa propre chair et que l'autre, si lumineuse avec ses cheveux d'un rouge flamboyant, était devenue pour elle une autre de ses filles. Non, nous étions des artistes lambda comme ceux qu'elle voyait à la télévision… Nous dansions pour ma mère avec pour seul espoir de lui donner un peu de joie. Nous avions pour maigre consolation le sentiment que la musique et la danse étaient toujours bénéfiques dans un endroit où le moment présent compte tellement. Mais, tragiquement, ce plaisir fugace devait s'estomper aussi rapidement qu'il était né dans leur mémoire dégradée. Pour maman, chaque épisode était unique et fugitif, semblable à une vague qui se forme et ne revient jamais.

Mon seul réconfort était de la voir sourire…

Jean-Francis, encore trop jeune pour tout comprendre, la réclamait affectueusement : « On va visiter grand-maman Chaussettes ? » Elle qui en avait tant tricoté et qui n'en tricoterait jamais plus… Symboliquement, ces ouvrages en laine, confectionnés avec amour et qui lui demandaient des heures et des heures de travail, avaient pour vocation de nous tenir au chaud et de nous protéger des intempéries… Aujourd'hui, ce qu'elle aura « tricoté » de plus beau, de plus noble, de plus solide, c'est nous, sa famille !

*

*   *

Nous étions à Orlando, en Floride, dans le cadre d'une grande convention de l'USABDA[1] à laquelle participaient des collèges américains. Nous y avions été conviés pour dispenser des cours de groupes, des cours privés et nous produire en spectacle. Nous étions à peine rentrés à notre hôtel qu'une de mes sœurs m'a appelé pour m'annoncer que maman n'allait pas bien du tout et que je devais me préparer au pire. D'après les médecins, ses heures étaient comptées. Le moment était venu de lui dire au revoir…

Mais moi, je me trouvais à deux mille quatre cents kilomètres ! « Maman, attends… Je t'en supplie, attends-moi. »

Une fois de plus, ma sœur me demandait, au nom de toute la famille, de ne rien brusquer, de ne pas modifier mon emploi du temps, me disant que tout le monde comprendrait. Elle a même ajouté que ç'aurait été le souhait de maman si elle avait pu en émettre un, qu'elle aurait voulu que je ne change rien à mon programme. Après m'avoir assuré que mon nom était associé à toutes leurs prières, ma sœur a conclu sa communication en me disant que, vu l'état de notre mère, je ne pourrais de toute façon pas arriver à temps.

Moi, je ne pensais qu'à une chose : c'était cette femme admirable qui, vingt-cinq ans auparavant, avait annoncé à son mari d'un ton qui ne supportait aucune réplique : « Marcel, Jean-Marc va prendre des cours de danse. » Cette décision qu'elle avait prise

1. United-States Amateur Ballroom Dance Association.

seule, à l'encontre de son époux, avait impacté le reste de ma vie.

J'ai fait le plus vite possible… Quand j'ai atterri à Montréal, maman avait déjà été transférée à l'hôpital Charles-LeMoyne. Je m'y suis précipité. À mon arrivée, j'ai appris tout de suite qu'elle n'était pas encore partie. Elle se trouvait plongée dans une sorte de coma. Dieu m'offrait in extremis la chance de pouvoir lui dire une dernière fois « je t'aime ».

Je suis entré dans la chambre. Toute la famille était rassemblée autour de son lit. J'ai franchi cette tendre barrière humaine pour m'approcher. Elle avait bien changé depuis la dernière fois que je l'avais vue. Elle était fragile, amaigrie. Ses yeux étaient clos, sa respiration saccadée. De toute évidence, elle était en train de perdre son dernier combat. Elle me faisait penser à un petit oiseau affaibli dont les ailes recroquevillées ne s'ouvriraient que pour effectuer un dernier vol, un dernier voyage sans retour.

Le prêtre était déjà passé à son chevet. Il lui avait promis qu'il prierait pour elle et il l'avait assurée que son passage sur terre n'avait pas été vain ; qu'au contraire, il avait été exemplaire.

Je me tenais là, tout près d'elle, immobile. Tous ces mots d'adieu que je m'étais préparé à formuler restaient coincés au fond de ma gorge. Sans pouvoir retenir mes larmes, j'ai saisi sa main. Et j'ai enfin réussi à lui murmurer, la voix tremblante : « Je suis là maman, je suis là… »

Je ne réalisais pas que ces minutes qui s'écoulaient étaient les dernières. Moi qui n'avais jamais eu de difficultés à exprimer mes sentiments envers elle, je ne savais que dire de plus. Comme moi, le temps s'était figé. Il a fallu que ma sœur Anne-Marie me sorte de ma torpeur en me proposant de venir prendre un café à la cafétéria. L'état de ma mère, qui était plus que critique, était néanmoins, pour le moment, étrangement stable. Hébété, me sentant inutile, j'ai suivi ma sœur. Nous nous sommes installés face à face à une petite table. C'est alors qu'Anne-Marie, doucement, avec le calme qui la caractérise, a prononcé cette phrase déconcertante :

– Jean-Marc, laisse-la partir… Laisse partir maman.

J'ai alors réalisé que ma mère avait bataillé ferme pour retarder son échéance fatale ; qu'une force surnaturelle l'avait maintenue en vie pour qu'elle ne puisse pas partir avant d'avoir senti la présence auprès d'elle de son petit dernier. Comme elle l'avait fait si souvent dans ma jeunesse, quand elle attendait que je rentre pour aller dormir.

Soudain, je la revoyais, assise sur le canapé, plongée dans un livre jusqu'à 2 ou 3 heures du matin, s'interdisant de baisser les paupières tant que je ne serais pas rentré au bercail.

Apaisé, presque serein, je suis remonté dans la chambre. J'ai repris ma place auprès d'elle. Une lumière tamisée et une musique douce tempéraient la dureté et la froideur de la pièce. Le moment était venu…

J'approchai mes lèvres tout près de son oreille, sa main était toute légère dans la mienne, je sentais imperceptiblement frémir son pouls, elle respirait à peine. Cette fois, tout fut facile. Les mots sortirent, spontanés, dociles :

– Maman je suis là… C'est Jean-Marc… Je suis rentré… Je sais que tu m'entends, je sais que tu m'aimes, je sais que tu nous aimes… Tu as été la meilleure maman qu'un enfant puisse rêver. Je sais que l'on ne choisit pas d'où l'on vient mais si l'on m'avait donné le choix, sans hésiter une seule seconde, c'est dans tes bras que j'aurais voulu être réconforté… Maman, tes valeurs vont vivre à travers moi et mes enfants. On est tous là avec toi. Tu peux fermer ce livre, je suis là. Tu peux dormir… Jamais on ne t'oubliera, jamais on ne cessera de t'aimer… Bon voyage, veille sur nous de là-haut et dis à papa que je l'aime et qu'il serait fier de moi… Maman on t'aime… Maman je t'aime…

La légère pression de ses doigts s'évanouit. Son pouls, déjà très faible, cessa de battre. Elle soupira une dernière fois… Elle était partie, accompagnée de nos prières. Elle m'avait attendu ! Derrière ses paupières baissées, elle nous avait tous vus, elle nous avait tous sentis près d'elle…

Elle arrivait sur ses quarante-sept quand elle m'avait fait le don de la vie. Comme s'il fallait impérativement qu'elle ait ce petit dernier, ce deuxième garçon que mon père désirait.

« On ne choisit pas d'où l'on vient mais on peut choisir où l'on va… » J'ai choisi France et la danse. À travers la réalisation de mes rêves les plus forts, je n'ai fait que suivre son exemple.

J'étais maintenant un orphelin. Je venais de perdre ma mère. Elle était partie rejoindre mon père au paradis.

Comme mes parents n'étaient plus là pour nous guider, nous et nos enfants, c'était à nous que revenait la responsabilité de cultiver et de transmettre leurs valeurs d'amour, de charité et surtout d'espoir.

Maman, papa je vous aime pour toujours…

– 17 –

MA BELLE BELLE-FAMILLE

J'ai toujours été l'homme d'une seule femme : ma France. Mais nombreuses sont celles, dans sa famille, qui ont tenu à mes côtés une place prépondérante. J'ai eu plusieurs mamans et des belles-sœurs qui étaient de vraies sœurs. J'ai eu également deux beaux-pères.

J'ai donc bénéficié de plusieurs mères de rechange !

La première, celle qui compte aujourd'hui autant que ma propre maman, c'est ma petite mamie Pauline Strasbourg.

Le jour, nous allions travailler puis nous entraîner. Et la nuit nous confectionnions chez elle des costumes de danse. Nous mettions un bordel pas possible dans la maison avec de la colle, des pierres, des plumes et des paillettes partout. Même si ça agaçait parfois les occupants des lieux, ils étaient à fond avec nous. Nous avions tellement de frais, ne serait-ce qu'avec les cours et les voyages, que s'ils ne nous avaient pas soutenus financièrement nous n'aurions jamais pu mener notre carrière comme nous l'avons fait.

Mamie et Phil sont devenus mes parents d'adoption et, plus tard, des grands-parents idéaux pour nos enfants… Pauline, la femme aux dix mille sets de table (elle les collectionne) ! Ma belle-mère est adorable, généreuse, elle a du caractère, des opinions tranchées. Elle ne se laisse pas piler sur les pieds[1]. Elle avoue un petit penchant pour le sucré, plus particulièrement pour le chocolat, avec un bon pain croûté… C'est une grande dévoreuse de journaux et de magazines people. Elle connaît tous les secrets des artistes et des personnalités du Gotha, elle pourrait en apprendre à Stephane Bern et à Michel Girouard ! En plus, « Pauline Miss Blanche-Ville » est une championne du repassage et du lavage. Je trouverais logique que les marques d'appareils ménagers Kenmore ou Maytag lui érigent une statue sur le socle de laquelle on ferait graver « Frotte Pauline… Frotte »… C'est aussi un fameux cordon-bleu. En quelques heures à peine, elle pourrait fournir de quoi sustenter pendant un an l'Accueil Bonneau ou les Restos du Cœur.

Mais Pauline a aussi de petites phobies. Disons plutôt qu'elle a peur de tout. Si bien que mon pauvre papi Phil doit vérifier et revérifier et re-re-vérifier les boutons de la cuisinière, les portes, les fenêtres… Il doit même déplugger[2] le toaster et le

1. Marcher sur les pieds.
2. Débrancher.

blender ! Dès qu'elle monte en voiture, elle se met en mode « panique ». Phil n'a pas encore démarré qu'il est accablé de conseils de prudence… En plus, comme elle est partageuse, elle a communiqué ce syndrome à France !

Merci Phil d'être ce que tu es… Même si tu t'endors entre la deuxième et la troisième période des games[1] de hockey des Canadiens. Toi le grand vainqueur du cancer, un homme qui malgré une trachéotomie travaille sans relâche, sans jamais se plaindre… Sérieusement, on n'en fait plus, des papis comme ça !

Mamie Pauline est devenue au cours des années une confidente à qui j'ai dit tous mes secrets, mes angoisses. Plus qu'à ma propre mère. Elle est encore très présente dans notre vie et je prie tous les jours pour que rien ne change… Merci mamie.

Monique Lessard fut une autre de mes mamans de substitution… Nous avons passé des jours et des nuits à réaliser des tenues de danse pour des milliers de danseurs à travers le monde, pendant une vingtaine d'années. Une très grande dame pour qui la couture n'avait aucun secret.

Je ne compte plus les repas que j'ai pris avec Monique, son mari – un très haut gradé de la police – et leur fille Joëlle qui nous fut d'un grand secours dans cette aventure créatrice. Nous formions une

1. Matchs.

super équipe... Madame Lessard – je n'ai jamais pu l'appeler Monique, j'avais trop de respect pour elle – était la chef des opérations. Le téléphone n'arrêtait pas de sonner. Elle prenait les commande, fixait les tarifs, cédulait[1] les livraisons. Elle ne disait pas souvent non.

Comme nous parcourions toute la planète, je prenais de nombreux contacts. J'étais le responsable du design. Je passais mes croquis à madame Lessard et à Joëlle qui prenaient le relais couture. La finition, c'est-à-dire la pose des pierres, était assurée par France, Carole, Serge mon ex-beau-frère, et moi. Non seulement, grâce au bouche-à-oreille, nous jouissions d'une excellente réputation mais, avec nos tenues, France et moi étions nos meilleurs mannequins... Nous en avons passé, des nuits blanches ! Joëlle et moi inventions des chansons pour tenir. Parfois, France tombait d'épuisement, la tête appuyée sur le mannequin, avec à la main un cure-dent enduit de colle... Au-delà de l'aspect business de notre relation, madame Lessard nous considérait un peu comme ses « petits ». Je n'oublierai jamais le temps passé avec cette dame grande de cœur et d'esprit. Nous avons tellement appris à ses côtés !

Mon beau-père Marcel Mousseau, que ses petits-enfants appelaient affectueusement « pépère Marcel », a beaucoup compté lui aussi. Avec le soutien d'Annette,

1. Programmait.

sa compagne pendant les vingt dernières années de sa vie, il a gagné plusieurs combats, mais pas celui contre l'amiantose. Cette putain de maladie, due à une exposition quotidienne à l'amiante dans son travail, a fini par avoir raison de ce grand chêne.

Annette et pépère ont toujours vécu près de nous. D'abord dans notre maison de la rue Cuvillier, où un logement avait été aménagé au sous-sol, ensuite dans notre triplex. Un triplex dont nous avons pu faire l'acquisition grâce à l'aide financière de cet autre Marcel qu'était mon père. J'aime l'idée que mon fameux gimmick « J'achète ! » m'a vraisemblablement été inspiré par papa...

Monsieur Mousseau n'a jamais vraiment su verbaliser l'amour qu'il ressentait pour les gens, y compris pour ses propres filles. Ce n'était pas le genre de la maison. Tout a changé avec ses petits-enfants et surtout avec notre Francesca. Avec elle, il se montrait très démonstratif. Elle avait droit à un traitement de faveur. Il existait une étrange connexion entre eux. Lui si fort et elle si vulnérable. Peut-être cela venait-il du fait que notre fille ne parlait pas. Ils se comprenaient mieux comme ça.

Il est décédé en octobre 2013, avec ses trois filles autour de lui.

Quand il est mort, j'étais en train d'effectuer un long périple en avion Paris-Amsterdam-Calgary. Comme Marcel nous avait longtemps accompagnés sur nos compétitions, tout le petit monde de la danse le connaissait bien, ils sont venus nombreux. Lui qui ne manquait jamais d'aller rendre un dernier hommage à ceux qu'il aimait, il a dû être heureux de voir tant de monde à ses obsèques. Vers la fin de la cérémonie, France et moi nous sommes levés et lui avons offert quelques pas de danse en guise de remerciement. Même s'il n'a jamais su dire je t'aime, il nous a maintes fois prouvé qu'il nous aimait vraiment. Au revoir pépère Marcel…

Carole et Sylvie. Mes belles belles-sœurs…

Elles sont tellement semblables sur certains points et tellement différentes sur d'autres !

J'ai connu l'aînée, Sylvie, quand j'avais dix ans. Elle en avait douze. On pouvait déjà voir qu'elle avait de la suite dans les idées. C'était une aventurière-née. Elle n'avait peur de rien, parfois au grand dam de sa mère. Mais les choses ont drastiquement changé quand elle est devenue elle-même maman d'une magnifique petite Cynthia… Je dis « petite » car elle est trop mignonne, mais en fait elle est très grande ; comme son papa, « The Entertainer », un danseur électrisant, le James Brown du Canada, « Mister Purple Flash », le chanteur Pierre Perpall ! Cynthia est non seulement très belle et très intelligente, mais c'est aussi une magnifique athlète, une joueuse de volleyball classe élite. C'est une grande amie de « ma Cocotte », Francesca. C'est un bonheur de les voir ensemble. La grande énergie de Cynthia ne manque jamais de faire réagir ma petite princesse.

Après la naissance de sa fille, Sylvie s'est vraiment adoucie. Elle a adopté un genre hybride. Le week-end, couverte d'une cape à la dernière mode, talons aiguilles et rouge à lèvres, elle déchire tout sur son passage. La semaine, elle est capable d'assurer des travaux dans une maison comme peu d'hommes savent le faire… Aujourd'hui, elle vit avec Joe d'Adderio, un grand restaurateur.

Curieusement, cette fille qui n'a peur de rien a parfois peur d'une mouche. J'adore quand elle part dans ses histoires abracadabrantes qui font rire ses deux petites sœurs aux larmes. Elle est drôle, jolie, pétillante… Elle est ma sœur, ma sœur Sylvie.

Carole ! Avec Carole, on va loin, jusqu'au plus profond de mon adolescence. Sans elle, je n'aurais jamais rencontré France. Dire que nous avons failli devenir *dance partners* ! Quel aurait alors été mon avenir ? Carole à toujours eu la danse dans la peau. Ce qui ne l'a pas empêchée d'être également très brillante à l'école.

Pendant une longue période de leur jeunesse, France et Carole ont formé un binôme inséparable. Elles étaient donc deux, plus un ! J'étais bien sûr ce « un »… Carole n'était pas toujours favorable à ce que je m'incruste dans leur duo. Quand France a acheté sa première voiture neuve, une Pontiac T1000, nous nous sommes rendus tous les trois chez le concessionnaire. Au moment de rentrer avec le véhicule, Carole me toise avec une certaine arrogance et me balance : « Je monte devant. T'as juste à t'asseoir sur la banquette arrière… O.K. ? Cette voiture appartient à MA sœur ! » J'étais abasourdi. Moi, le chum, à l'arrière ! Mais le regard de France m'a confirmé où était ma place. Il semblait dire « C'est ma p'tite sœur après tout. » Carole était trop fière de son coup… Combien de fois a-t-elle dit à sa mère avec un ton menaçant : « C'est lui ou c'est moi qui sort d'icitte ! »

Après l'adolescence, nous sommes devenus très, très proches. Avec Serge, son ex-compagnon (devenu aussi mon ex-partenaire de golf par la force des choses), ils ont eu Jean-Sébastian. Ce dernier est un beau gosse. Je me souviens d'avoir prié le bon Dieu pour avoir un jour un p'tit gars aussi mignon. Musclé de la tête aux pieds, Jean-Sébastian est du genre monsieur Super Cool, parfois même un peu trop. Il a énormément de succès auprès de la gent féminine…

Avec son nouvel ami de cœur Dany Zangwill, Carole a trouvé une épaule très large sur laquelle s'appuyer… Il m'arrive souvent de refaire le monde avec lui, ce qui fait beaucoup rire nos femmes. C'est un homme bon, dynamique, très implanté dans le monde des affaires. Cet aspect de sa personnalité plaît énormément à Carole. À eux deux, ils font beaucoup bouger les choses.

Et puis il y a Nini, Stéphanie, ma nièce. C'est une des filles les plus versatiles que je connaisse. Et je la connais très bien, je l'ai tenue dans mes bras le premier jour de sa vie, je lui ai fait faire ses premiers rots, je lui ai changé ses couches ! Aujourd'hui, France, Stéphanie et moi formons une super équipe.

C'est à nous que des champions comme Laurence Bolduc et Jean-Pierre Milot font appel pour leurs tenues. Nini est une véritable artiste. Elle sait tout faire. Elle peut aussi bien peindre vos ongles de pied, arranger votre coiffure ou élaborer la robe que vous allez porter.

Si Lyne Doucet est notre super-nounou actuelle, Nini a été pendant plusieurs années celle de Jean-Francis et de Francesca… Avec son compagnon Mike, ils ont assuré grave ! Ce n'est pas de tout repos d'être la nounou de notre Cocotte et Mike est souvent venu lui prêter main-forte, ce qui permettait à Nini d'accorder un peu plus temps à Jean-Francis, qui par ailleurs adorait les jokes de Mike. C'était comme un grand frère pour lui. Aujourd'hui Nini et Mike nous ont rempli la maison de deux petits anges adorables et espiègles, Flo et Will. Florence et Williams sont les deux petits derniers de ma belle-famille. Ils entrent chez nous comme s'ils étaient chez eux. Mais toujours poliment, c'est-à-dire en carillonnant à peu près mille fois à la porte. Et j'adore ça ! Will et Flo ? « J'achète grave ! »

*

* *

Même si on galvaude trop souvent cette expression « une famille en or », je peux assurer qu'elle est on ne peut plus appropriée pour ce qui concerne ma belle belle-famille.

– ÉPILOGUE –

Danse avec l'espoir… Ce titre n'est pas seulement un clin d'œil à l'émission qui m'a permis de conquérir ma « douce France », ce pays que célèbre le prénom de la femme que j'aime : c'est le symbole de ma vie. Et je souhaite qu'il soit un guide pour la vôtre.

Car la vie est une danse. On répète longuement ses pas, mais sur le plancher fragile de nos émotions, sur le parquet glissant de l'adversité, il faut savoir improviser, anticiper parfois, sentir quand on doit changer de direction, faire en sorte de réussir sans brimer les élans du cœur, avoir le courage de se battre, s'obstiner, relever des défis. Si cette opiniâtreté n'est pas soutenue par l'espoir, on n'a aucune chance d'y parvenir. Il faut faire confiance à l'avenir, il vous joue souvent de vilains tours, mais vous offre aussi des solutions inattendues et de belles surprises.

À neuf ans, je voulais être architecte et j'étais amoureux fou d'une fille extraordinaire qui se contentait de « bien m'aimer ». Pour la séduire, j'ai appris la danse, et je me suis découvert une passion qui a tout supplanté. Grâce à la danse, j'ai enfin conquis ma France à moi et notre couple, à son tour, a conquis le monde. Ce monde inexorable de la compétition où, si vous perdez la foi, l'espérance, vous ne pouvez pas gagner.

L'espoir est le moteur le plus puissant qui soit. Même quand il s'agit de surmonter le pire. Le départ des siens, une enfant atteinte d'une maladie incurable et tant d'autres drames qui atteignent les uns et les autres et risquent de vous laisser « désespéré », c'est-à-dire sans espoir, donc sans goût pour la vie.

L'espoir, alors, il faut impérativement le retrouver. Dans l'amour, avant tout. L'amour des chers disparus qui vous ont donné du bonheur : cet amour-là n'est pas mort. L'amour de cette enfant pas comme les autres pour les autres mais qui est tout pour vous, l'amour de la vie qui vous réserve encore des joies si vous ne les boudez pas, l'amour des êtres qui vous aident et vous aiment alentour.

J'ai eu la chance d'être aidé et aimé. Par mes parents, mes deux familles, mes professeurs, mes employeurs, mes amis, mes élèves, mon cher fils, ma fille immobile et si belle, dont les yeux s'illuminent quand je prononce son nom… Et par France, ma femme, ma partenaire, mon alliée, mon garde-fou, mon âme sœur. Que pouvais-je apporter pour ma part à tous ces bienfaiteurs, avec mon côté excessif, hyperactif, boulimique, bouge-tout-le-temps, parle-trop-fort ? Mon acharnement à progresser, comme si je voulais damer le pion au monstre de mes cauchemars d'enfant qui me disait : « Tu es petit, tu es faible, tu n'es rien… » Qu'ai-je apporté à tous ces

« généreux » qui m'ont permis de réussir, y compris au public à qui je dois tant ?

Eh bien ils me le disent tous, mes proches comme ceux pour qui je danse ou fais le juge – et un peu le pitre – sur scène : « Tu nous emplis d'énergie, tu nous donnes de l'espoir. »

Je ne peux certes pas en distribuer à tout le monde, même si j'en ai encore beaucoup en magasin, mais à vous qui me lisez, au moins, je peux prodiguer cet ultime conseil : « Danse avec l'espoir. »

Jean-Marc Généreux

REMERCIEMENTS

À

Gilbert Jouin pour sa patience, son écoute, pour avoir lu et relu mes récits et m'avoir guidé dans toutes les étapes de l'écriture de ce livre.

Huguette Maure et Laurie Beck, qui m'ont poussé jusqu'à la ligne d'arrivée.

Michel Lafon, Nathalie Ladurantie et Margaux Mersié, qui ont dit oui à l'histoire d'un gars ordinaire qui a vécu des choses extraordinaires.

Éric Hébert, Carlos Soldevila et Pierre Paquet, de Trio Orange, qui en 2010, guidés par l'instinct… ont changé mon destin.

Jean-Louis Blot, Mister BBC Worldwide ici en France, qui a misé sur un caribou-fou-fou dont il ne connaissait pas l'existence avant les recommandations de Trio Orange.

Nonce Paolini, Jean-François Lancelier, Philippe Balland, Fabrice Bailly, Mathieu Vergne et Clémentine de La Grange, pour leurs encouragements qui me permettent d'avancer et me donnent envie de me dépasser.

Frédéric Pedraza, Déborah Nahon, Frédéric et Tristan Carné, qui par leurs talents réunis me font entrer dans les chaumières, en image et en lumière, laissant des traces dont je suis fier.

Cédric Lacolley, Sophie Eprinchard et toute la famille de *Danse avec les stars*, plus les techniciens et les danseurs pros. Pour eux, je n'aurai que deux mots : professionnalisme et chaleur… qui me vont droit au cœur !

Éric Plat, Philippe Peyrard et toutes les équipes d'ATOL, qui m'ont permis de les représenter depuis déjà plusieurs années.

Dominique Peyrard et « Rose Titane », un groupe de femmes qui sait mettre en valeur ses modèles.

ET UN GIGANTESQUE MERCI

Aux fans de #DALS et la #JMGFAMILY, Virginie, Aurélie et les autres…

À nos deux familles, les amis et les spectateurs qui sont là depuis le début autour des parquets de danse pour nous encourager, France et moi, à donner le meilleur de nous-mêmes, de la première à la dernière note.

Et à vous tous, derrière votre petit écran, à qui j'espère donner un peu d'espoir.

Je loue votre temps, je vous vends de l'espoir
et j'ose « acheter » votre… amitié !

Passion and Love… ALWAYS !

Jean-Marc

TABLE DES MATIÈRES

Direction littéraire
Huguette Maure
assistée de
Laurie Beck

Composition PCA

Impression réalisée par
Corlet Imprimeur
14110 Condé-sur-Noireau
pour le compte des Éditions Michel Lafon

IMPRIM'VERT® PEFC 10-31-1510

Imprimé en France
Dépôt légal : mai 2015
N° d'impression : 172716
ISBN : 978-2-7499-2634-6
LAF 2053